MICHAEL KRÖKEL

Die Bindungswirkung von Resolutionen des Sicherheitsrates der Vereinten Nationen gegenüber Mitgliedstaaten

Schriften zum Völkerrecht

Band 56

Die Bindungswirkung von Resolutionen des Sicherheitsrates der Vereinten Nationen gegenüber Mitgliedstaaten

Von

Dr. Michael Krökel

DUNCKER & HUMBLOT / BERLIN

CIP-Kurztitelaufnahme der Deutschen Bibliothek

Krökel, Michael

Die Bindungswirkung von Resolutionen des Sicherheitsrates der Vereinten Nationen gegenüber Mitgliedstaaten. — 1. Aufl. — Berlin: Duncker und Humblot, 1977.
(Schriften zum Völkerrecht; Bd. 56)
ISBN 3-428-03871-1

Gedruckt 1977 bei Buchdruckerei A. Sayffaerth - E. L. Krohn, Berlin 61
Printed in Germany

ISBN 3 428 03871 1

Vorwort

Die vorliegende Arbeit wurde von der Fakultät für Rechtswissenschaft der Universität Bielefeld als Dissertation angenommen. An dieser Stelle möchte ich Herrn Prof. Dr. Frowein, der die Arbeit angeregt und betreut hat, herzlich danken. Gleichzeitig danke ich Herrn Prof. Dr. Böckenförde, der die Zweitkorrektur übernommen hat.

Schließlich möchte ich mich auch bei Herrn Prof. Dr. Broermann bedanken, der die Arbeit in die „Schriften zum Völkerrecht" aufgenommen hat.

Bochum, im November 1976 *Michael Krökel*

Inhaltsverzeichnis

Abkürzungsverzeichnis

ArchdVR	=	Archiv des Völkerrechts
AfDI	=	Annuaire Français de Droit International
AJIL	=	American Journal of International Law
AöR	=	Archiv des öffentlichen Rechts
BYBIL	=	British Yearbook of International Law
GAOR	=	General Assembly Official Records
GV	=	Generalversammlung
ICJ	=	International Court of Justice
IGH	=	Internationaler Gerichtshof
ILR	=	International Law Reports
IO	=	International Organization
ÖZöR (NF)	=	Österreichische Zeitschrift für öffentliches Recht (Neue Folge)
ONUC	=	United Nations Operations in the Congo
RdC	=	Recueil des Cours de l'Academie de la Haye de Droit International
RDI	=	Rivista di Diritto Internazionale
RGDIP	=	Revue Général de Droit International Public
SCOR	=	Security Council Official Records
SR	=	Sicherheitsrat
StatIGH	=	Statut des Internationalen Gerichtshofes
StIGH	=	Ständiger Internationaler Gerichtshof
SVB	=	Satzung des Völkerbundes
SVN	=	Satzung der Vereinten Nationen
SZ	=	Süddeutsche Zeitung
UK	=	United Kingdom
UNCIO	=	United Nations Conference on International Organization
UNEF	=	United Nations Emergency Force
UNFICYP	=	United Nations Force in Cyprus
UNIPOM	=	United Nations India - Pakistan Observation Mission
UNOGIL	=	United Nations Observer Group in Lebanon
UNMOGIP	=	United Nations Military Observer Group in India and Pakistan
UNTSO	=	United Nations Truce Supervision Organization
UNYOM	=	United Nations Yemen Observation Mission
VB	=	Völkerbund
ZaöRVR	=	Zeitschrift für ausländisches öffentliches Recht und Völkerrecht

A. Einleitung

Am 29. 7. 1970 beschloß der SR auf seiner 1529. Sitzung mit 12 Ja- und keiner Nein-Stimme bei Stimmenthaltung von Großbritannien, Polen und der Sowjetunion die Resolution 284 (1970). Im operativen Teil dieser Resolution heißt es u. a.:

„The Security Council,

1. Decides to submit in accordance with Article 96 (1) of the Charter, the following questions to the International Court of Justice with the request for an advisory opinion which shall be transmitted to the Security Council at an early date: ‚What are the legal consequences for States of the continued presence of South Africa in Namibia, notwithstanding Security Council resolution 276 (1970)?'"

Nach einer längeren mündlichen Verhandlung und der Erledigung prozeduraler Vorfragen[1] erstattete der IGH am 21. 6. 1971 sein Gutachten[2].

I. Die Mehrheitsauffassung

Die das Gutachten tragende Mehrheit der Richter des IGH befaßt sich zunächst mit der Rechtsgrundlage der Resolutionen 264 (1969), 269 (1969) und 276 (1970) und stellt dazu fest,

„that the Security Council, when it adopted these resolutions, was acting in the exercise of what it deemed to be its primary responsibility, the maintenance of peace and security, which, under the Charter, embraces situations which might lead to a breach of the peace"[3].

Nach der Auffassung der Mehrheit der Richter des IGH ist der SR zur Verabschiedung der Resolutionen — auch ohne eine gesonderte Ermächtigung in den Kap. VI, VII, VIII oder XII — aufgrund des Art. 24 SVN ermächtigt. Der IGH stützt sich dabei auf ein Statement des GenSekr. vom 10. 1. 1947, wonach

[1] Die mündliche Verhandlung fand am 27. 1. 1971 und vom 8. 2. - 17. 3. 1971 statt. Zuvor hatte der IGH am 26. 1. 1971 die Auffassung Südafrikas, die Richter Zafrulla Khan, Padilla Nervo und Mozorow seien wegen Befangenheit abzulehnen, zurückgewiesen. Siehe ICJ Reports 1971 S. 4 f. Order No. 1, 2, 3 vom 26. 1. 1971.

[2] Dem Gutachten sind eine Erklärung Zafrulla Khans, seperate opinions des Vizepräsidenten Ammoun und der Richter Padilla Nervo, Petrén, Onyeama, Dillard und de Castro und dissenting opinions der Richter Sir Gerald Fitzmaurice und Gros beigefügt.

[3] ICJ „Legal Consequences" ICJ Reports 1971 S. 39.

„the powers of the Council under Article 24 are not restricted to the specific grants of authority contained in Chapters VI, VII, VIII and XII ... the Members of the United Nations have conferred upon the Security Council powers commensurate with its responsibility for the maintenance of peace and security. The only limitations are the fundamental principles and purposes found in Chapter I of the Charter“[4].

Inwieweit diese Meinung tatsächlich die Auffassung der Gründungsmitglieder der VN wiedergibt, wird weder im Gutachten des IGH noch im zitierten Statement des GenSekr. belegt. Auch bleibt unerörtert, ob das Statement, das zu einer Frage von erheblich geringerer politischer Bedeutung abgegeben wurde und zudem 24 Jahre zurücklag, auf das brisante Problem Namibia angewandt werden kann.

Nachdem der Ermächtigungsrahmen für Resolutionen des SR abgesteckt worden ist, wendet sich der IGH der Frage der Resolutionen zu. Ausgangspunkt der Analyse ist dabei par. 2 des operativen Teils der Res. 276 (1970):

„(The Security Council) declares that the continued presence of the South African authorities in Namibia is illegal and that consequently all acts taken by the Government of South Africa on behalf of or concerning Namibia after the termination of the Mandate are illegal and invalid.“

Hinsichtlich dieses Teils der Resolution stellt der IGH schon zu Beginn der Erörterung fest:

„It would be an untenable interpretation to maintain that, once such a declaration has been made by the Security Council under Article 24 of the Charter, on behalf of all member States, those members would be free to act in disregard of such illegality or even to recognize violations of law resulting from it. When confronted with such an internationally unlawful situation, Members of the United Nations would be expected to act in consequence of the declaration made on their behalf[5].“

Ungeklärt bleibt, wieso Art. 24 den SR zu einer „declaration“ ermächtigt, die die Mitgliedstaaten verpflichtet. Der IGH führt als Begründung lediglich an, daß eine andere Interpretation unhaltbar („untenable“) sei, da der SR im Namen der Mitgliedstaaten gehandelt habe. Durch diese Auslegung des Art. 24 schafft der IGH dem SR eine Stellung, die über die in San Francisco festgelegte weit hinausgeht: Wenn sich allein aus der Kennzeichnung einer Situation als „unlawful“ konkrete Verpflichtungen der Mitgliedstaaten ergeben, dann ist damit der Handlungsrahmen der Kap. VI und VII gesprengt. Denn die Feststellung des Tatbestandes einer Norm in diesen Kapiteln zieht keine automatischen Konsequenzen nach sich. Vielmehr steht es im Ermessen des

[4] SCOR 2nd Year 91th Meeting, S. 45. Diese Äußerung des GenSekr. fiel anläßlich der Diskussion um das „Statute of the Free Territory of Trieste“ (s. u. C. II. 1.).

[5] ICJ „Legal Consequences“ ICJ Reports 1971 S. 52.

SR, welche Schritte er unternimmt. Außer acht wird auch die Unterscheidung zwischen den dem SR zur Verfügung stehenden Handlungsmitteln „Empfehlung" und „Entscheidung" gelassen. Der IGH überspielt sie, indem er konkrete Handlungsanweisungen für Staaten allein aus der „declaration" ableitet.

Soweit der IGH auf den Wortlaut des Art. 24 zurückgreift, ist zu berücksichtigen, daß die Formulierung „acts on behalf of" nicht den Schluß auf die Rechtsverbindlichkeit von Resolutionen zuläßt: Denn der SR handelt in jedem Fall, auch wenn er unstreitig nur empfehlend tätig wird, im Namen der Mitglieder[6]. Nachdem der IGH die rechtliche Bindung der Mitglieder der VN an die Resolution schon bejaht hat, stellt er die nach seiner Argumentation bereits beantwortete Frage nach der Auslegung des Art. 25. Dieses Problem wird zunächst abstrakt und ohne Bezug auf die Resolution 276 (1970) erörtert.

„It has been contended that Article 25 of the Charter applies only to enforcement measures adopted under Chapter VII of the Charter. It is not possible to find in the Charter any support for this view. Article 25 is not confined to decisions in regard to enforcement action but applies to ‚the decisions of the Security Council', adopted in accordance with the Charter. Moreover, that Article is placed, not in Chapter VII, but immediately after Article 24 in that part of the Charter which deals with the functions and powers of the Security Council. If Article 25 had reference solely to decisions of the Security Council concerning enforcement action under Articles 41 and 42 of the Charter, that is to say, if it were only such decisions which had binding effect, then Article 25 would be superfluous, since this effect is secured by Articles 48 and 49 of the Charter[7]."

Damit ist die gestellte Frage nur negativ beantwortet: Der IGH beschränkt Art. 25 nicht auf Entscheidungen i. S. d. Kap. VII; welche Resolutionen darüber hinaus gem. Art. 25 die Mitgliedstaaten binden, bleibt ungewiß. Neben der systematischen Argumentation, auf deren Bedeutung noch eingegangen wird[8], berücksichtigt der IGH noch die Praxis des SR und den Wortlaut der Resolutionen[9] zur Stützung seiner Auffassung.

„In view of the nature of the powers under Article 25, the question whether they have been in fact exercised is to be determined in each case, having regard to the terms of the resolution to be interpreted, the discussions leading to it, the Charter provisions invoked and, in general, all circumstances that might assist in determining the legal consequences of the resolution of the Security Council[10]."

Anschließend analysiert der IGH indes lediglich par. 3 der Präambel zu Res. 269 (1969), in dem der SR ausdrücklich Art. 25 zitiert. Aus der

---

[6] s. u. C. I.

[7] ICJ „Legal Consequences", ICJ Reports 1971 S. 40 f.

[8] s. u. C. IV.

[9] Dazu s. u. E. II. 2.

[10] ICJ „Legal Consequences" ICJ Reports 1971 S. 53.

Resolution geht allerdings nicht eindeutig hervor, ob die in par. 5, 7 und 8 des operativen Teils enthaltenen konkreten Handlungsanweisungen die in par. 3 der Präambel geforderte „necessary action" darstellen oder ob nicht erst die für den Fall der Weigerung Südafrikas in par. 6 angedrohten „effective measures" der Präambel entsprechen. Der IGH geht weiter davon aus, daß die Res. 276 (1970) deshalb ebenfalls unter Art. 25 fällt, weil sie Bezug auf die Res. 269 (1969) nimmt. Dabei bleibt indes unberücksichtigt, daß der SR in der Resolution 276 (1970) an die Resolution 269 (1969) lediglich „erinnert", sie jedoch nicht „bestätigt"[11].

Schließlich greift der IGH zur Stützung seiner Auffassung noch auf das IGH-Gutachten „Reparation for Injuries" zurück, das an der zitierten Stelle jedoch lediglich den Wortlaut der Art. 2 Abs. 5 und 25 wiedergibt[12].

Betrachtet man die Argumentation des IGH insgesamt, so fällt auf, daß die Bindungswirkung der Feststellung eines Zustandes und die der sich daraus ergebenden Verhaltensweisen durch die Einführung der Kategorie „unlawful" vermengt werden: Der IGH prüft zunächst nur, ob die Feststellung des SR über die illegale Besetzung Namibias rechtlich verbindlich ist; erst in einem nachfolgenden Abschnitt wird gleichsam nebensächlich die Rechtsverbindlichkeit des zu Beginn seiner Argumentation als zentral herausgestellten[13] par. 5 der Res. 276 (1970) bejaht[14]. Obgleich sich der IGH auf den Standpunkt stellt, daß es Sache des SR sei, die weiteren konkreten Einzelmaßnahmen zu bestimmen[15], führt er doch eine Reihe von Maßnahmen an, die gemäß der SVN und dem allgemeinen Völkerrecht nicht gestattet sind, da sie als Anerkennung der südafrikanischen Herrschaft über Namibia aufgefaßt werden können[16].

II. Die Sondervoten

Diese Auffassung war, wie ein Blick auf die separate opinions zeigt, schon innerhalb der das Gutachten stützenden Mehrheit umstritten[17]. Padilla Nervo äußert sich zur Auslegung des Art. 25 nicht, sondern

---

[11] Zur Funktion der Rezitierung s. u. E. II. 3.

[12] ICJ „Reparation for Injuries" ICJ Reports 1949 S. 178.

[13] ICJ „Legal Consequences" ICJ Reports 1971 S. 51.

[14] ICJ „Legal Consequences" ICJ Reports 1971 S. 53.

[15] ICJ „Legal Consequences" ICJ Reports 1971 S. 55.

[16] ICJ „Legal Consequencese ICJ Reports 1971 S. 55 ff.

[17] Eine Sonderstellung nimmt dabei die sep. op. des Richters Ammoun ein, der über die Mehrheitsmeinung insoweit hinausgeht, als er die Besetzung Namibias als bewaffneten Angriff Südafrikas gegen Namibia ansieht; die Verhaltensweisen der Mitgliedstaaten leitet er aus einer von ihm angenommenen Verpflichtung zur Neutralität gegenüber den kriegführenden Parteien ab. (ICJ „Legal Consequences" ICJ Reports 1971 S. 89 ff.)

stellt nur fest, daß „the steps mentioned in Res. 283 (1970)" unter Art. 25 fallen[18]. Petrén dagegen geht davon aus, daß Mitgliedstaaten zwar rechtlich verpflichtet sind, die Besetzung Namibias nicht anzuerkennen[19], weil die VN die Kompetenz haben, Südafrika das Mandat für Namibia zu entziehen und von diesem Recht Gebrauch gemacht haben. Darüber hinaus verneint er jedoch die Frage, ob die Mitgliedstaaten verpflichtet sind, aktive Schritte zur Beseitigung des rechtswidrigen Zustandes zu unternehmen[20]. Vielmehr vertritt er die Auffassung,

> „that Articles 24 and 25 cannot have the effect of evading the conditions which Chapter VII lays down for the Security Council to be able to order, with binding effect for States, the kind of measures involved here, more particularly the partial interruption of economic relations"[21].

Da weder die Res. 276 (1970) noch 283 (1970) auf Kap. VII Bezug nehmen, hält er sie für bloße Empfehlungen. Auch Onyeama geht davon aus, daß par. 2 und 5 der Res. 276 (1970) keinerlei rechtliche Verpflichtungen enthalten, weil er bezweifelt, daß der SR befugt ist, eine Erklärung wie in par. 2 der Res. 276 (1970) abzugeben[22]. Onyeama unterscheidet zwischen Konsequenzen, die sich aus allgemeinem Völkerrecht[23] und solchen, die sich aus der Satzung ergeben. Voraussetzung für die Letztgenannten ist jedoch, daß der SR von seinen Befugnissen, insbesondere den Zwangsmaßnahmen, Gebrauch gemacht hat[24]. Die rechtliche Bindungswirkung dieser Maßnahmen kann ausschließlich an der Satzung gemessen werden und ergibt sich nicht automatisch aus dem Verhalten Südafrikas. Da der SR derartige Schritte bisher nicht unternommen hat, unterliegen die Staaten nach seiner Auffassung nur der sich aus allgemeinem Völkerrecht ergebenden Verpflichtung, die Besetzung Namibias nicht anzuerkennen[25]. Die Unterscheidung zwischen allgemeinem Völkerrecht und SVN vollzieht auch Dillard[26]. Er geht ebenfalls davon aus, daß keine der zu beurteilenden Resolutionen des SR in Anwendung des Kap. VII verabschiedet wurden; die Res. 276 (1970) enthalte vielmehr nur die Wiedergabe und Anwendung eines Satzes des allgemeinen Völkerrechts, der für Staaten verpflichtend sei[27]. De Castro bejaht zwar ebenfalls die Rechtspflicht der Staaten

[18] ICJ „Legal Consequences" ICJ Reports 1971 S. 120.

[19] ICJ „Legal Consequences" ICJ Reports 1971 S. 134 f.

[20] ICJ „Legal Consequences" ICJ Reports 1971 S. 135 f.

[21] ICJ „Legal Consequences" ICJ Reports 1971 S. 136.

[22] ICJ „Legal Consequences" ICJ Reports 1971 S. 147. Die rechtlich bindende Beendigung des südafrikanischen Mandats stützt er auf die Resolution 2145 (XXI) der GV (ebenso Kooijmans, The Advisory Opinion on Namibia, S. 23).

[23] ICJ „Legal Consequences" ICJ Reports 1971 S. 148.

[24] ICJ „Legal Consequences" ICJ Reports 1971 S. 148.

[25] ICJ „Legal Consequences" ICJ Reports 1971 S. 148 f.

[26] ICJ „Legal Consequences" ICJ Reports 1971 S. 165.

[27] ICJ „Legal Consequences" ICJ Reports 1971 S. 166.

zur Nichtanerkennung der Besetzung Namibias, läßt jedoch offen, ob er sie aus der Res. 276 (1970) ableitet[28].

Die dissentierenden Richter Fitzmaurice und Gros setzen sich grundsätzlich von der Mehrheitsauffassung ab:

„... only when the Council is acting under Chapter VII, or possibly in certain cases under Chapter VIII, will its resolutions be binding on member States. In other cases their effect would be recommendatory or hortatory only. ... These limitations apply equally to the effect of Article 25 of the Charter, by reason of the proviso ‚in accordance with the present Charter'. If, under the relevant chapter or article of the Charter, the decision is not binding, Article 25 cannot make it so. If the effect of that Article were automatically to make all decisions of the Security Council binding, then the words ‚in accordance with the present Charter' would be quite superfluous"[29].

„It was to keep the peace, not to change the world order, that the Security Council was set up.

These limitations on the powers of the Security Council are necessary because of the all too great ease with which any acutely controversial international situation can be represented as involving a latent threat to peace and security, even where it is really too remote genuinely to constitute one. Without these limitations, the functions of the Security Council could be used for purposes never originally intended ...[30]."

„As for the contention that the Security Council was entitled under Articles 24 and 25 of the Charter to intervene directly in the revocation of the Mandate and take decisions binding on States because the situation was being dealt with under the head of the maintenance of international peace and security, that is another attempt to modify the principles of the Charter as regards the powers vested by States in the organs they instituted. To assert that a matter may have a distant repercussion on the maintenance of peace is not enough to turn the Security Council into a world government[31]."

Schon bei einer ersten Analyse der gegensätzlichen Ansichten fallen einige grundlegende Unterschiede auf: Die Mehrheitsmeinung stützt sich auf die systematische Interpretation der einschlägigen Normen. Eine historische Analyse findet nicht statt; die Formulierung „it is not possible to find *in the Charter* any support" für die Ansicht, Art. 25 beziehe sich nur auf Maßnahmen gem. Kap. VII, könnte im Gegenteil darauf hindeuten, daß die Entstehungsgeschichte der Satzung gerade ausgeklammert werden soll. Die Praxis des SR, ebenso wie der Wortlaut der Resolutionen, werden als Elemente der Interpretation zwar abstrakt anerkannt. Sie werden jedoch auf die analysierten Resolu-

[28] ICJ „Legal Consequences" ICJ Reports 1971 S. 218: „These consequences (Verpflichtungen für Südafrika) have acquired executory force by virtue of Security Council resolution 276 (1970)."

[29] ICJ „Legal Consequences" ICJ Reports 1971, Diss. op. Fitzmaurice S. 293.

[30] ICJ „Legal Consequences" ICJ Reports 1971, Diss. op. Fitzmaurice S. 294.

[31] ICJ „Legal Consequences" ICJ Reports 1971, Diss. op. Gros S. 340.

tionen nur teilweise angewandt. Schließlich wird keinerlei Bezug auf die dem Verhältnis SR — Mitgliedstaat zugrunde liegende politische Struktur der internationalen Beziehungen genommen.

Einige Richter, die die Mehrheitsauffassung grundsätzlich tragen, weisen demgegenüber in seperate opinions darauf hin, daß der IGH zur Auslegung des Art. 25 Stellung bezogen hat, obgleich dazu kein Anlaß bestand[32]. Denn für die Frage, ob der SR befugt ist, die Mandatsübertragung an Südafrika zu widerrufen, ist Art. 25 nicht einschlägig. Bejaht man sie, so ergeben sich nach der Auffassung des IGH Konsequenzen für Südafrika und die anderen Staaten schon aus allgemeinem Völkerrecht[33].

Die dissentierenden Richter grenzen sich dagegen von der Auslegung der Art. 24, 25 durch die Mehrheitsmeinung grundsätzlich ab. Diese Stellungnahme ist für Fitzmaurice deshalb notwendig und konsequent, weil er Südafrika als rechtmäßige Mandatsmacht ansieht[34] und daher kein Anknüpfungspunkt für Reaktionen nach allgemeinem Völkerrecht besteht. Bei der Auslegung der Satzung kommen sie dann — maßgeblich — aufgrund einer historischen Interpretation und unter Berücksichtigung der Auswirkungen der Mehrheitsauffassung auf die internationalen Beziehungen zu einem der Mehrheit genau entgegengesetzten Ergebnis.

III. Die Diskussion des Gutachtens im SR

Die durch das Gutachten des IGH aufgeworfene Frage der Auslegung des Art. 25 — „the most revolutionary feature of the Court's opinion"[35] — führte im SR zu Auseinandersetzungen, ohne daß indessen weitere Argumente angeführt wurden. Die Staaten, die die Ansicht des IGH unterstützten, gingen auf die Frage der Auslegung des Art. 25 nicht ein. Sie stellten lediglich ihre Übereinstimmung mit der Auffassung des IGH heraus[36]. Die einzige Ausführung zur Interpretation machte Grimes (Liberia):

---

[32] Ebenso Kooijmans, The Advisory Opinion on Namibia, S. 23.

[33] ICJ „Legal Consequences" ICJ Reports 1971 S. 55: In par. 121 werden die konkreten Verpflichtungen der Mitgliedstaaten sowohl auf die Satzung als auch auf das allgemeine Völkerrecht gestützt.

[34] ICJ „Legal Consequences" ICJ Reports 1971 S. 283 ff. (diss. op. Fitzmaurice); ebenso S. 339 (diss. op. Gros).

[35] Dugard, South West Africa, S. 488.

[36] Vgl. die Stellungnahmen: Ould Daddah (Mauretanien) SCOR 26th Year 1583rd Meet. S. 1 ff.; Ghalib (Somalia) ebd. 1584th Meet. S. 14 ff.; Makonnen (Äthiopien) ebd. 1587th Meet. S. 1 ff.; Aripko (Nigeria) ebd. 1587th Meeting S. 5 ff.; Hassane (Tschad) ebd. 1588th Meeting S. 3 ff.; Khalid (Sudan) ebd. 1588th Meeting S. 6 ff.; Malik (SU) ebd. 1588th Meeting S. 13 ff.; Sen (Indien) ebd. 1595th Meeting, S. 6 ff.

„I submit that the obligation in Article 25 is binding independently of the obligations connected with specific decisions and actions made or taken by the Council under Chapter VII of the Charter[37]."

Welche Resolutionen des SR außerhalb Kap. VII rechtsverbindlich sein könnten, stellt Grimes nicht klar. In der Sitzung des SR vom 14. 10. 71 führte er lediglich Beispiele an und verwies auf die Entstehungsgeschichte der Satzung:

„There had never been a clear understanding on the limits of the Council's decision-making authority. During the United Nations Conference on International Organization at San Francisco in 1945, attempts to restrict the power of the Council were defeated. In 1951 when restrictions on the passage of ships through the Suez Canal was before the Security Council, the United Kingdom representative argued that the Council had undoubted authority to take a decision that the restrictions be removed ... Moreover the Security Council took important decisions considered by all Members of the United Nations, including the United Kingdom and France, to be binding in connexion with the Congo. Neither the United Kingdom nor France had been consistent in its approach to the question of whether or not the Council's decisions were binding[38]."

Demgegenüber stellten sich die Vertreter der USA[39], Frankreichs[40], Italiens[41], Großbritanniens[42] und Südafrikas[43] auf den Standpunkt, die Befugnis des SR, Entscheidungen i. S. d. Art. 25 zu erlassen, sei nur unter den Voraussetzungen des Art. 39 gegeben[44]. Dabei müsse — so der Vertreter Frankreichs — die Resolution „in the very text"[45] klar aufzeigen, daß sie unter Art. 39 falle. Auch wurde darauf angespielt, daß der SR — zumindest die Staaten, die sich von der Ansicht des IGH distanzierten — niemals daran gedacht hatte, bindende Entscheidungen zu verabschieden[46]. Die weitergehende Ansicht Mullers (Südafrika), der SR sei auf die Befugnisse gem. Art. 24 Abs. 2 Satz 2 beschränkt[47], wurde allerdings von keiner Delegation unterstützt. Die Sowjetunion verlangte zwar „effective ways and means", um Südafrika zur Freigabe Namibias zu zwingen, vermied jedoch eine Stellungnahme zu

[37] SCOR 26th Year, 1585th Meeting S. 5.

[38] UN Monthly Chronicle, November 1971, S. 26. Vgl. auch Lissitzyn, International Law, S. 64.

[39] SCOR 26th Year 1598th Meeting S. 3.

[40] SCOR 26th Year 1588th Meeting S. 2 f., 1598th Meeting S. 2 f.

[41] SCOR 26th Year 1589th Meeting S. 10 f.

[42] SCOR 26th Year 1589th Meeting S. 5.

[43] SCOR 26th Year 1584th Meeting S. 9 f.

[44] Ebenso Röling, International Law, S. 25 f.; Dugard, Namibia, S. 31 f.; Dugard, South West Africa, S. 489.

[45] SCOR 26th Year 1588th Meeting S. 3; die Forderung nach Textklarheit steht im Widerspruch zur Haltung Frankreichs anläßlich der Resolution 91 (1951).

[46] Crowe (UK) SCOR 26th Year 1589th Meeting S. 6.

[47] SCOR 26th Year 1584th Meeting S. 9 f.

Art. 25 und zur Anwendung der Art. 41, 42[48], ohne indes ihre grundsätzliche Zustimmung zu den Ergebnissen des Gutachtens in Frage zu stellen. Demgegenüber forderten die Vertreter der „3. Welt" den SR auf, Kap. VII anzuwenden und Südafrika zu zwingen, Namibia zu räumen[49]. Dabei spielten rechtliche Überlegungen eine untergeordnete Rolle:

„We ... do not want to engage in a sterile juridical discussion. We can produce a forest of legal opinions and interpretations regarding the competence of the Council and the Assembly; that would not help. The problem is not a juridical one; it is a political and moral one[50]."

Betrachtet man die Diskussion insgesamt, so fällt auf, daß die Position der Staaten, die die Ansicht der Mehrheit im SR nicht teilten, mit ihrem früheren Verhalten nicht übereinstimmt. Insbesondere hatten sie bei früheren Gelegenheiten die Auffassung vertreten, der SR sei auch außerhalb des Kap. VII zur Verabschiedung von Entscheidungen befugt[51].

Die Bedeutung des Gutachtens für die Praxis des SR darf nicht überschätzt werden[52]. Die Stellungnahmen der westlichen Staaten machen deutlich, daß sie dem Gutachten zumindest im Hinblick auf ihre rechtlichen Verpflichtungen gegenüber Namibia nicht zustimmen. Auch die zurückhaltende Äußerung Maliks läßt erkennen, daß die UdSSR sich zumindest die Auslegung des Art. 25, die zu ihrer bisher geübten Praxis in Widerspruch steht, nicht zu eigen macht. Die in der völkerrechtlichen Literatur seit langem strittige Frage der Bindungswirkung von Empfehlungen und Entscheidungen des SR erhielt jedoch durch das Gutachten neue Impulse[53] und bildet auch den Gegenstand der vorliegenden Arbeit.

---

[48] SCOR 26th Year 1588th Meeting S. 16; 1595th Meeting S. 8.

[49] s. o. Fn. 36 dieses Abschnitts mit Ausnahme der SU. Die Vertreter der 3. Welt haben jüngst versucht, den SR zu veranlassen, die fortdauernde Besetzung Namibias durch Südafrika als Bedrohung des Friedens i. S. d. Art. 39 zu qualifizieren, um so ein Waffenembargo und einen Wirtschaftsboykott gegen Südafrika durchzusetzen (SZ vom 5. 6. 1975). Dabei wurde daran gedacht, wie in Korea Zwangsmaßnahmen zu empfehlen. Gegen den Resolutionsentwurf legten die USA, Großbritannien und Frankreich jedoch ihr Veto ein (SZ vom 9. 6. 1975 S. 7).

Die Möglichkeit, schon die Resolution 269 (1969) als Anwendung des Art. 41 auszulegen, bejaht Rovine, Namibia, S. 229 f., allerdings ohne der Wortwahl des SR in der genannten Resolution Beachtung zu schenken (dazu s. u. E. II. 2.).

[50] Khalid (Sudan) SCOR 26th Year 1588th Meeting S. 6 f.; vgl. auch Romeh (Syrien) ebd. 1593th Meeting S. 6.

[51] USA und Frankreich anläßlich der Res. 95 (1951) (vgl. SC Rep. 52/55, S. 161 f.); Großbritannien beim Corfu-Kanal-Zwischenfall (s. u. E. I. 2. c); USA und Frankreich anläßlich der Auslegung des Art. 34 bei der Greek Frontier Question (SCOR 2nd Year 147th Meeting S. 1124; SCOR 2nd Year 166th Meeting S. 1523).

[52] Wengler, Nichtanerkennung, S. 1493.

IV. Aufbau der Arbeit, Begrenzungen

Der Aufbau der Arbeit wird von dem Problem bestimmt, inwieweit politische und rechtliche Struktur des SR übereinstimmen, in welchen Bereichen und aus welchen Gründen sich Diskrepanzen zeigen und welche Konsequenzen daraus für die Interpretation der Satzung zu ziehen sind. Sowohl die Entstehungsgeschichte der Charta als auch die „subsequent practice" des SR stehen daher im Mittelpunkt der Arbeit.

Diese Zweiteilung findet ihre Rechtfertigung auch darin, daß die Handlungsmittel „Entscheidung" und „Empfehlung" historisch auf unterschiedliche Aufgaben bezogen waren. Verschiebt man daher die Reichweite des Handlungsmittels „Entscheidung", so ändert man zugleich den Bereich, dem die „Empfehlung" zugeordnet ist. Beide Handlungsmittel verhalten sich zueinander wie kommunizierende Röhren: Drängt man die „Entscheidung" als Handlungsmittel zurück, so wächst die „Empfehlung" in Bereiche hinein, für die „an sich", d. h. strukturell und historisch gewollt, das Handlungsmittel „Entscheidung" kongruent war. Die Frage nach der Bindungswirkung der Handlungsmittel „Entscheidung" und „Empfehlung" muß zudem auch die praktische Durchsetzung beachten. Denn der SR hat die Aufgabe, „schnelles und effektives" Handeln der Vereinten Nationen zu gewährleisten. Die Analyse der Praxis des SR kann daher nicht bei der Entscheidung, ob eine Resolution rechtlich verbindlich oder unverbindlich ist, stehenbleiben, sondern muß zugleich die Ursachen und Konsequenzen der Wahl des jeweiligen Handlungsmittels umgreifen.

Ausgeklammert werden sollen Resolutionen des SR gegenüber dem GenSekr. und der GV, für deren Rechtsqualität die hier zu interpretierenden Normen nicht einschlägig sind. Unberücksichtigt bleibt ferner das Verhältnis des SR zum GenSekr. und der GV, da dieses Problem nur unter Berücksichtigung weiterer Aspekte, die mit dem Gegenstand der Arbeit in keinem Zusammenhang stehen, diskutiert werden kann. Schließlich bleiben auch die Befugnisse des SR gem. der Kapitel VIII und XII außer Betracht, da sie entweder nur von marginaler Bedeutung sind (Kap. XII) oder für die Frage der Bindungswirkung von Resolutionen nichts erbringen (Kap. VIII). Die Arbeit ist daher auf die Kap. VI und VII, die die zentralen Befugnisse des SR enthalten, sowie — am Rande — auf Art. 94 Abs. 2 konzentriert.

---

[53] Vgl. Higgins, Namibia, S. 270 ff.; Kewenig, Bindungswirkung, S. 259 ff.; Kooijmans, The Advisory Opinion on Namibia, S. 17 ff.; Frowein, Friedenssicherung, S. 59 f.; Dugard, Namibia, S. 14 ff.; Rovine, Namibia, S. 203 ff.; Nisot, La Namibie, S. 933 ff.; Lissitzyn, International Law, S. 50 ff.; Mani, Namibia, S. 467 ff.; einen Reader einschlägiger Entscheidungen, Stellungnahmen von Regierungen, Aufsätzen usw. hat Dugard herausgegeben („South West Africa").

Für die Arbeit soll trotz der prinzipiellen Gleichrangigkeit aller fünf Fassungen der Satzung (Art. 111 SVN) von der englischen und französischen ausgegangen werden. Die anderen Fassungen werden nur für den Fall berücksichtigt, daß sich Anhaltspunkte einer unterschiedlichen Wortbedeutung ergeben. Für diese Entscheidung waren folgende Gründe ausschlaggebend: Verhandlungssprachen in San Francisco waren Englisch und Französisch[54]; nach dem Vorschlag der vier einladenden Mächte sollte sogar nur in Englisch verhandelt werden[55]. Auf der ersten Sitzung des „Steering-Committee“, dem „directing organ of the conference“[56], wurde jedoch auch Französisch zur Verhandlungssprache erhoben. Dennoch verhandelte man weitgehend in englischer Sprache[57]. Die Ursprungsfassung der Satzung war in englischer Sprache abgefaßt; alle anderen Fassungen stellen nur Übersetzungen dar[58]. Schließlich werden auch Urteile und Gutachten des IGH gemäß Art. 39 Nr. 1 StatIGH in Englisch und Französisch abgefaßt, auch wenn sie den Wortlaut anderssprachiger Normen und Begriffe interpretieren[59].

---

[54] Goodrich / Hambro 1. Aufl., S. 17.

[55] Russell / Muther, S. 633.

[56] Russell / Muther, S. 632 f.

[57] Goodrich / Hambro 1. Aufl., S. 300; Bühler, Anmerkungen zu den Vorschlägen von Dumbarton Oaks, in: Grabowski, Die Charta von San Francisco, S. 141.

[58] Goodrich / Hambro 1. Aufl., S. 300.

[59] Vgl. dazu die Stellungnahme der USA in ICJ „Certain Expenses“ ICJ Reports 1962 Vol. I S. 194.

B. Die Begriffe „decision“, „recommendation“ und „resolution“

Nach dem normalen und weitgehend unangefochtenen völkerrechtlichen Wortgebrauch besteht der Unterschied zwischen „decision“ und „recommendation“ in der Bindungskraft gegenüber dem Adressaten der Resolution. Dieser Wortgebrauch, der die Definition im Verhältnis der internationalen Organisation zum Mitgliedstaat vornimmt, ist auch in der Literatur verbreitet[1] und führt bei einer Vielzahl von Autoren zu der Ansicht, Empfehlungen des SR seien nicht bindend[2].

Daneben wird der Begriff „decision“ auch als Oberbegriff rechtsverbindlicher und -unverbindlicher Resolutionen aufgefaßt[3]. Diese Doppelbedeutung des Begriffs wird auch im Wortgebrauch der SVN deutlich[4].

---

[1] Nagel, Lassen die Empfehlungen ..., S. 53; Castaneda, Legal Effects, S. 8; Salomon, Le Conseil de Securité, S. 114; Virally, La valeur, S. 66, 83 f.; Tammes, Decisions, S. 338 f.; Malintoppi S. 359 f.; Bourquin, L'état, S. 30; Dahm, Die völkerrechtliche Verbindlichkeit, S. 361 f.; demgegenüber sieht Scharnow, Vereinigte Nationen, S. 326 das kennzeichnende Merkmal einer Empfehlung darin, daß sie „durch weitere Verhandlungen geändert werden kann“. Damit ist der Unterschied jedoch nicht erfaßt, denn auch Entscheidungen können aufgrund nachfolgender Verhandlungen durch das erlassende Organ geändert werden. Des weiteren klärt Scharnow nicht, was beim Ausbleiben von Verhandlungen geschieht. Sollen Empfehlungen dann verbindlich sein?

ICJ „Competence of the Assembly“ (diss. op. Alvarez) ICJ Reports 1950 S. 28; ICJ „Corfu Channel; Judgement on Preliminary Objection“ (joint sep. op. Basdevant, Alvarez, Winiarski, Zoricić, de Visscher, Badawi, Krylow) ICJ Reports 1948, S. 32: „... having regard (1) to the normal meaning of the word recommendation, a meaning which the word has retained in diplomatic language, as is born out by the practice of the Pan-America-Conferences, of the League of Nations, of the International Labour Organisations ... it appears impossible to us to accept an interpretation according to which this article (i. e. Art. 36 SVN) without explicitly saying so, has introduced more or less surreptitiously, a new case of compulsory jurisdiction“.

[2] Garcia Arias, El primer ..., S. 434; de Szekely, Le règlement, S. 327; Vallat, Peaceful settlement, S. 161; Bindschedler, La délimination, S. 345; Bowett, The Law, S. 32; Chaumont, La force, S. 405; Dahm, Völkerrecht, Bd. II, S. 211 f.; Delbrück, Die Entwicklung, S. 24; Eagleton, The jurisdiction, S. 513 f.; Goodrich / Simons S. 14; Halderman, The United Nations, S. 169; Hinsley, Power, S. 337, 339; Jully, Le premier arrêt, S. 151; Nisot, La Namibie, S. 941; Roy, The world court, S. 254 f.; ICJ „Legal Consequences“ ICJ Reports 1971 Vol. I S. 524 (Südafrika); ICJ „Corfu Channel“ ICJ Reports 1950 Vol. III S. 25 (Vochoč, Albanien). Brief der albanischen Regierung an den IGH vom 2. 7. 1947 in: ICJ „Corfu Channel; Judgement on Preliminary Objection“ ICJ Reports 1948 S. 18. Dagegen: Quadri, Diritto internazionale publico, 1. Aufl. Palermo 1949, S. 244 zit. bei: Malintoppi, Raccomendazioni, S. 122; ICJ „Corfu Channel“ ICJ Reports 1950 Vol. III S. 77 (Shawcross, UK).

Art. 39 und 94 enthalten parallel die Begriffe „decision" und „recommendation". Daraus läßt sich der Schluß ziehen, daß der Begriff „decision" in ihnen nicht als Oberbegriff, sondern zur Kennzeichnung eines spezifischen Handlungsmittels („Entscheidung") zu verstehen ist[5]. Ob daraus auch weiter gefolgert werden kann, der Begriff „decision" habe in den Art. 25, 39 und 94 Abs. 2 SVN identische Bedeutung und umfasse die Empfehlung nicht[6], scheint zweifelhaft. Denn zum einen kann aufgrund der unterschiedlichen Stellung der Normen eine differierende Bedeutung des Begriffs möglich sein; zum anderen kann sich die Grundlage des Arguments, die Sachlogik, als trügerisch erweisen: Denn die Satzung stellt, wie die Erörterung der Entstehungsgeschichte und der späteren Interpretation durch die Mitgliedstaaten und Organe erweist, einen Vertrag dar, der einer auf Systematik und innerer Folgerichtigkeit aufbauenden Interpretation nur bedingt zugänglich ist.

Art. 27 SVN bestimmt, daß „decisions" des SR zu Verfahrens- und allen sonstigen Fragen einer Mehrheit von 9 Mitgliedern bedürfen, wobei den „decisions" über „sonstige Fragen" alle ständigen Mitglieder zustimmen müssen. Allerdings müssen sich die Streitparteien, gleichgültig, ob es sich um ständige oder gewählte Mitglieder des SR handelt, bei „decisions" im Rahmen des Kap. VI und gem. Art. 52 Abs. 3 SVN der Stimme enthalten. Art. 27 ist die einzige Vorschrift der Satzung, die die Abstimmung im SR regelt. Daraus und aus ihrer Stellung im Kap. V, das die allgemeinen Vorschriften über den SR enthält, läßt sich schließen, daß sie den gesamten Bereich der Beschlußfassung des SR abdeckt. Die Satzung enthält nun aber unbestritten Normen wie z. B. Art. 26, die dem SR nur ein nichtbindendes Handlungsmittel zur Verfügung stellen. Bezieht Art. 27 SVN sich auf diese Handlungsmittel nicht, dann ist die Abstimmung über sie in der Satzung nicht geregelt[7]. Wenn Art. 27 Abs. 3 SVN von „Entscheidungen aufgrund von Kap. VI" spricht und damit jede Handlung des SR im Bereich des Kap. VI erfassen will[8], andererseits Kap. VI SVN explizit nur das Handlungsmittel Empfehlung enthält, dann läßt sich — will

---

[3] So Scharnow, Vereinigte Nationen, S. 102; vgl. Dahm, Die völkerrechtliche Verbindlichkeit, S. 361.

[4] Deshalb geht auch die Argumentation Nagel's „Lassen die Empfehlungen ...", S. 53 fehl, Art. 25 enthalte nicht den Oberbegriff wie z. B. „resolution" und beziehe sich daher nur auf rechtsverbindliche Entscheidungen. Denn der Begriff „decision" selbst kommt in der Satzung sowohl als Ober- als auch als Unterbegriff vor.

[5] Vgl. Stone, Legal Controls, S. 218.

[6] So ICJ „Corfu Channel" (Vochoč, Albanien) Vol. III ICJ Reports 1950 S. 26 f.

[7] Vgl. Fitzmaurice, The Law and Procedure 1952, S. 30.

[8] Wollte man ihn auf den Bereich möglicher „Entscheidungen" in Kap. VI beschränken, so würde für die übrigen Handlungen des SR in diesem Bereich das gleiche Problem wie für Art. 26 entstehen.

man eine begriffliche Widersprüchlichkeit der Satzung vermeiden — daraus der Schluß ziehen, daß Art. 27 Abs. 3 SVN sowohl die Empfehlung als auch die Entscheidung umfaßt[9, 10]. Mit diesem Ergebnis ist jedoch entgegen der Ansicht Azevodos[11] noch keine eindeutige Aussage über die Reichweite des Begriffs „decision“ in Art. 25 SVN getroffen. Denn es ist durchaus denkbar, daß ein und derselbe Begriff in verschiedenen Normen der Satzung mit unterschiedlichem Inhalt benutzt wird[12]. Zu beachten ist insoweit, daß Art. 25 und 27 SVN zwar in demselben Kapitel der Satzung stehen, jedoch unterschiedliche Bereiche betreffen. Die Frage der Abstimmung und die der Konsequenzen aus der Abstimmung können trotz gleicher Begriffe nach unterschiedlichen Kriterien beurteilt werden[13].

---

[9] Zu diesem Schluß führt auch die Argumentation, die aus Art. 27 Abs. 3 SVN ableitet, daß Kap. VI dem SR das Handlungsmittel „Entscheidung“ zur Verfügung stellt, jedoch die weitere Frage anschließt, ob durch Art. 27 Abs. 3 alle zu Resolutionen ermächtigenden Normen des Kap. VI umfaßt werden oder ob die Frage der „Empfehlung“ oder der „Entscheidung“ im Bereich des Kap. VI erst durch eine Analyse der jeweiligen Normen beantwortet werden kann; vgl. Fitzmaurice, The Law and Procedure 1952, S. 30 f.

[10] So die h. M.: Fitzmaurice, The Law and Procedure 1952, S. 30 f.; Chaumont, Les Organisations, S. 190; Jessup, Parliamentary Diplomacy, S. 202; Salomon, Le Conseil de Securité, S. 115; Ross, Constitution, S. 70 Fn. 2; Jones, Corfu Channel, S. 97; Nagel, Einige rechtsvergleichende Bemerkungen, S. 225; ICJ „Corfu Channel“ (Shawcross, UK), ICJ Reports 1950 Vol. III S. 83 f. Dagegen ist Klein, Das Vetorecht, S. 21 Fn. 39 der Ansicht, Art. 27 Abs. 3 gelte nur für „Entscheidungen“, „Beschlüsse“ und „Entschließungen“, nicht jedoch für „Vorschläge“, „Anregungen“, „Empfehlungen“ und „Wünsche“. Diese Terminologie entspricht nicht der SVN; „Entschließungen“ können überdies „Empfehlungen“ enthalten. Unklar auch Scharnow, Vereinigte Nationen, der auf S. 98 die Ansicht vertritt, „recommendations“ und die Anordnung einer Untersuchung i. S. d. Art. 34 fielen nicht unter das Veto. Auf S. 100 nimmt er hinsichtlich des Art. 34 gerade die entgegengesetzte Position ein. Schließlich ist er der Meinung (S. 102), der Begriff „decision“ könne in Art. 27 ebenso wie in Art. 25 nur im weitesten Sinn, also unter Einschluß der Empfehlungen, verstanden werden.

[11] ICJ „Competence of the Assembly“ ICJ Reports 1950 (diss. op. Azevedo), S. 28: „to reach this conclusion (i. e. unterschiedliche Begriffsbedeutung in Art. 25 und 27) it would be necessary to depart from the literal interpretation of texts“.

[12] Vgl. Ross, Constitution, S. 70 Fn. 2: „The use of the word ‚decision‘ in the Charter is very confusing.“

[13] Hierfür bietet Art. 18 ebenfalls ein Beispiel. Die Norm enthält den Begriff „decision“ in doppelter Bedeutung: Einmal i. S. v. „Resolution“ und zum zweiten als Entscheidung (vgl. ICJ „Corfu Channel“ (Shawcross, UK), ICJ Reports 1950 Vol. III S. 83; Ross, Constitution, S. 70; Galino, Las resoluciones, S. 106). Diese zweifache Bedeutung erklärt sich aus der Funktion des Art. 18 SVN. Er betrifft zum einen die Frage der Abstimmung und gleicht insoweit Art. 27 SVN. Zum anderen befaßt er sich jedoch mit dem Verhältnis der GV zu den anderen Organen der VN und zu den Mitgliedstaaten und kennzeichnet insofern ein bestimmtes Handlungsmittel, die „Entscheidung“. So führte auch der Generalsekretär aus: „With respect to the General Assembly, the term ‚decision‘ as used in Art. 18 refers to all types of action which the General Assembly takes by a vote while performing its functions under the Charter, whether it makes ‚recommendations‘ under Articles 10,

Um die differierende Bedeutung im Auge zu behalten, soll im folgenden von „Entscheidungen"[14] immer dann die Rede sein, wenn die fragliche „decision" rechtsverbindlich ist; in Anlehnung an die Praxis des SR soll dagegen mit „Resolution" die in bezug auf die Rechtsverbindlichkeit neutrale Entsprechung zu „decision" bezeichnet werden.

Wegen dieser differierenden Bedeutung läßt sich auch Art. 25 SVN nicht dahingehend interpretieren, daß der SR immer dann bindende Entscheidungen fällen darf, wenn in den jeweiligen Ermächtigungsnormen der Begriff „decision" enthalten ist[15]. Dies folgt auch daraus, daß die Satzung zur Kennzeichnung von Handlungen des SR nicht nur die Begriffe „decision" und „recommendation", sondern noch eine Vielzahl anderer benutzt: „utilize" (Art. 53 Abs. 1 S. 1), „encourage" (Art. 52 Abs. 3), „submit" (Art. 26), „call (upon)" (Art. 33 Abs. 2, 40, 41, 43, 44). Der Begriff „call" umfaßt zumindest in Art. 41 die Entscheidung i. S. d. Art. 25.

Neben die Unterscheidung in bezug auf den Adressaten tritt eine zweite:

> „A recommendation, while not the same thing in its effects as a decision, always involves a decision, namely a decision to make a recommendation[16]."

Mit dieser Aussage kann zweierlei gemeint sein:

— zum einen das Moment des „Sich-Entschließens" jedes Mitglieds des SR. Da insoweit indes kein kollektiver Akt des Organs vorliegt, kann dieser Aspekt außer acht bleiben.

11, 13, 14 and others, or takes ‚decisions' to admit a State to membership under Article 6, or acts on reports from the Councils, or gives its ‚approval' to the budget of the Organization under Article 17 and so forth." (Report of the Secretary-General 1950 par. 22, UN Doc. A/1356 Annexes (V) 49.)

[14] Der deutsche Wortgebrauch ist nicht einheitlich: In der dem Vertragsgesetz gem. Art. 59 Abs. 2 GG zugrunde gelegten Fassung wird „decisions" mit „Beschlüsse" übersetzt (BGBl 1973/II S. 451); Bühler übersetzt den Begriff dagegen in „Entscheidungen" (Bühler, Verfassungsurkunde, S. 25; so auch Garanin, Völkerrecht, Heft V S. 19); Kewenig, Bindungswirkung, passim, verwendet dagegen beide Begriffe synonym.

[15] So auch Kewenig, Bindungswirkung, S. 264.

[16] Fitzmaurice, The Law and Procedure 1952, S. 30; vgl. auch Kelsen, UN Law, S. 444 f., 95; Chaumont, L'ONU, S. 47 f.; ICJ „Legal Consequences" ICJ Reports 1971 Vol. I (Südafrika) S. 520: „Every paragraph of its resolution ... may ... be regarded as a seperate decision of the Council which reflects and sums up the opinion of the majority of its members on the particular matter which is dealt with therein. In this sense every part of the resolution is a ‚decision' in the wide sense of that term." So auch ICJ „Legal Consequences" ICJ Reports 1971 Vol. II S. 261 f. (Viall, Südafrika); ICJ „Competence of the Assembly" (diss. op. Azevedo) ICJ Reports 1950 S. 28. Vgl. auch United States Tentative Proposals for a General International Organisation vom 18. 7. 1944 Abschnitt VI-A-1: „The executive council should be empowered ... to decide upon the action to be recommended or taken ..." (Abgedruckt bei Russell / Muther S. 1000.)

— zum anderen der kollektive Akt des „Sich-Entschließens“ aller Mitglieder des SR. Für diese Auffassung ergeben sich in Art. 37 Abs. 2 und 41 SVN Anhaltspunkte, indem dort von „decide whether to take action ... or to recommend ...“ bzw. von „decide ... what measures ... are to be employed to give effect to its decisions ...“ gesprochen wird. Insoweit läßt die Satzung jedoch erkennen, daß lediglich die interne Willensbildung des SR darüber, ob eine im Außenverhältnis wirksame Resolution gefaßt werden soll, gemeint ist. Dies ergibt sich daraus, daß beide Normen im Unterschied zu Art. 25 SVN das Verb „decide“, also eine Tätigkeitsbezeichnung, enthalten, nicht dagegen das entsprechende Substantiv, d. h. die Beschreibung eines Zustandes oder Ergebnisses[17]. Der Wert dieser Definition für Art. 25 SVN ist deshalb zweifelhaft. Denn Art. 25 SVN betrifft seinem Wortlaut nach die Bindungswirkung von „decision“ des SR im Hinblick auf die Mitgliedsstaaten. Allein aus der Tatsache, daß sich der SR zu einer Resolution entschließt, kann noch nichts in bezug auf die Art der decision — u. a. ihre Bindungswirkung — gefolgert werden.

Betrachtet man die Vorschriften der Hauptorgane der VN mit Ausnahme des IGH und des Generalsekretärs[18] insgesamt, so ergibt sich, daß alle in der Norm, die das Mehrheitsverhältnis für die Annahme von Resolutionen festsetzt (Art. 18 Abs. 2, 3; Art. 27 Abs. 2, 3; Art. 67 Abs. 2; Art. 89 Abs. 2), den Begriff „decision“ enthalten. Dies erfolgt unbeschadet der Tatsache, daß manchen Organen im Verhältnis zu den Mitgliedstaaten nur das Handlungsmittel „Empfehlung“ zur Verfügung steht und anderen daneben noch die Verabschiedung von Entscheidungen möglich ist; es erfolgt auch unabhängig davon, daß die Vorschriften teilweise das interne Verfahren der Organe betreffen.

Hieraus läßt sich einmal folgern, daß die Satzung den Begriff „decision“ in zweierlei Bedeutung benutzt: I. S. v. „Resolution“ und „Entscheidung“. Im ersteren Sinne wird der Begriff jeweils in den Vorschriften verwendet, die die Abstimmung regeln; im letzteren in denen, die konkrete Handlungsmittel bezeichnen. Dabei können jedoch, wie Art. 18 zeigt, beide Bereiche in einer Norm geregelt werden. Zum anderen wird deutlich, daß die Satzung das Handlungsmittel „Entscheidung“ auf verschiedene Bereiche erstreckt: auf die internen (Verfahrens-)Fragen der Organe, das Verhältnis der Organe zueinander und

---

[17] Vgl. Roy, The World Court, S. 254.

[18] Beide nehmen eine Sonderstellung ein: Der Generalsekretär kann nicht mit sich abstimmen; Handlungsmöglichkeiten gegenüber Mitgliedstaaten außerhalb des Verfahrens in den Organen besitzt er nicht; der IGH hat keine vergleichbaren Handlungsmittel. Zieht man jedoch die Parallele Gutachten - Empfehlung, Urteil - Entscheidung, so fällt auf, daß nach Art. 55 Abs. 1 StatIGH i. V. m. Art. 68 StatIGH sowohl Urteile als auch Gutachten in der Vorschrift über die Abstimmung als „decisions“ bezeichnet werden.

schließlich die Beziehungen zwischen der Organisation und den Mitgliedstaaten sowohl was den organisationsrechtlichen Aspekt (Aufnahme und Ausschluß, Entzug von Mitgliedschaftsrechten) als auch die Ausübung der dem jeweiligen Organ zugewiesenen inhaltlichen Aufgabe (z. B. Kap. VI, VII) anbetrifft. Da es in bezug auf die anderen Organe an einer dem Art. 25 SVN entsprechenden Norm fehlt, stellt sich die Frage, worauf die Bindungswirkung von Beschlüssen in den nicht von Art. 25 SVN geregelten Bereichen beruht: Denn „es muß so sein“, daß beispielsweise der Entzug der Mitgliedschaftsrechte durch die GV den betroffenen Staat bindet. Gleichwohl enthält Art. 18 SVN keine ausdrückliche Regelung der Bindungswirkung, sondern den — in doppelter Bedeutung benutzten — Begriff „decision“. Daraus kann gefolgert werden, daß Art. 25 SVN nicht „notwendig“ ist, um die Bindungswirkung bestimmter Entscheidungen des SR zu konstituieren; daß vielmehr die Bindungswirkung aus der das konkrete Handlungsmittel enthaltenden Norm folgt. Diese Möglichkeit bestätigt die schon angeführte Vermutung, daß die Satzung einer auf begrifflicher Folgerichtigkeit und Systematik aufbauenden Auslegung nur bedingt zugänglich ist. Denn die Bedeutung des Art. 25 SVN kann erst verständlich werden, wenn die Motive, die die vertragschließenden Parteien zur Aufnahme der Norm veranlaßt haben, aufgehellt werden. Die Konferenzteilnehmer in San Francisco waren zwar sicherlich darauf bedacht, die Satzung möglichst präzise zu fassen; doch spielten für sie andere Zielsetzungen — z. B. Herausstreichung der sich vom Völkerbund unterscheidenden Regelungen — ebenfalls eine Rolle, die bei der Interpretation nicht deshalb „unterschlagen“ werden dürfen, weil sie im Hinblick auf eine Auslegung, die ausschließlich den Vertrag und nicht die Vertragsparteien berücksichtigt, überflüssig erscheinen.

C. Die Stellung des Sicherheitsrates gegenüber Mitgliedstaaten und die Bindungswirkung von Resolutionen ohne Berücksichtigung der einzelnen Handlungsermächtigungen

Unter Hintansetzung der einzelnen Handlungsermächtigungen — besonders in Kap. VI und VII — wird das Verhältnis des SR zu den Mitgliedstaaten durch folgende Normen gekennzeichnet:

— Gem. Art. 24 handelt der SR „in ihrem Namen", wenn er seine sich aus der Aufgabenstellung „Wahrung des Weltfriedens und der internationalen Sicherheit" ergehenden Befugnisse wahrnimmt; dabei hat er in Übereinstimmung mit den „Zielen und Grundsätzen" der Organisation zu handeln.

— Die Mitgliedstaaten der VN erklären sich bereit, gem. Art. 25 die „decisions" des SR „im Einklang mit dieser Charta anzunehmen und auszuführen".

— Zudem verpflichten sie sich, gem. Art. 2 Abs. 5 den VN „jeglichen Beistand bei jeder Maßnahme, welche die Organisation im Einklang mit dieser Charta ergreift", zu leisten; insbesondere, keinem Staat Beistand zu leisten, gegen den die Organisation Vorbeugungs- oder Zwangsmaßnahmen ergreift.

— Schließlich räumen sie dem SR gem. Art. 48 ein Ermessen dahingehend ein, daß er alle oder nur einige Mitglieder der VN mit der Durchführung der Maßnahmen beauftragt, die für die Vollstreckung der Beschlüsse zur Wahrung des Weltfriedens und der internationalen Sicherheit erforderlich sind.

I. Art. 24

Der IGH betont in den Gutachten „Legal Consequences" hinsichtlich der rechtlichen Verbindlichkeit des par. 2 der Res. 276 (1970) mehrfach, daß der SR gem. Art. 24 im Namen der Mitglieder der VN handelt und daß diese daher dem o. g. Teil der Resolution nicht zuwider handeln dürfen[1]. Gegen die Auslegung können zwei Bedenken geltend gemacht werden:

---

[1] ICJ „Legal Consequences" ICJ Reports 1971 S. 52.

Zum einen erscheint es fraglich, ob das differenzierte Handlungssystem des SR mit Hilfe der allgemeinen Formulierung des Art. 24 überspielt werden kann. Ross entnimmt Art. 24 zwar, daß schon die Empfehlungen des SR gegenüber den Mitgliedstaaten eine „certain authority" entfalten, sagt indes ausdrücklich, daß sie — auch unter Berücksichtigung des Art. 24 — nicht verbindlich sind[2].

Zum anderen ist zweifelhaft, ob aus dem Begriff „acts on behalf of" auf ein bestimmtes rechtliches Verhältnis zwischen SR und Mitgliedstaaten geschlossen werden kann. Seyersted[3] bezeichnet den Begriff als „misleading" und ist der Ansicht, daß eine präzisere Festlegung hätte getroffen werden müssen,

„to effect a delegation to an international organ of the power to assume international obligations on behalf of the States which established it".

Kelsen hält die Bestimmung für rechtlich irrelevant und zudem nicht zutreffend[4]. Denn der SR handele als ein Organ der VN nur für die Organisation, nicht indessen für die Mitgliedstaaten[5]. Falls man der Ansicht sei, der SR werde als „agent or representative" tätig, so sei dies ebenfalls inkorrekt, da nicht alle Mitgliedstaaten im SR vertreten seien und der SR Mehrheitsentscheidungen treffen könne[6]. Schließlich widerspreche Art. 24 noch insoweit Art. 25, als hier von einer Unterordnung der Mitgliedstaaten unter Entscheidungen des SR gehandelt werde, die mit der Feststellung in Art. 24 unvereinbar sei. Die Formulierung des Art. 24 führt Kelsen auf das „sovereignty-dogma" zurück, das nach seiner Auffassung mit den Rechtspflichten, die sich aus der Mitgliedschaft in einer internationalen Organisation ergeben, unvereinbar ist[7]. Andere Autoren leiten dagegen aus Art. 24 Abs. 1 eine Vertretung der Mitgliedstaaten durch den SR her[8] oder sind der Auffassung, es läge eine Delegation von Befugnissen vor[9].

Die Entstehungsgeschichte besagt über die Wahl der Terminologie des Art. 24 nichts ausdrücklich[10]. Es kann jedoch davon ausgegangen werden, daß der Wortlaut des Art. 24 Abs. 1 das besonders enge und

---

[2] Ross, Peace and Progress, S. 122.

[3] Seyersted, Objective, S. 42.

[4] Kelsen, UN Law, S. 280.

[5] Kelsen, UN Law, S. 280.

[6] Kelsen, UN Law, S. 280; ähnlich Kappelmann, Die Geschäftsordnungen, S. 22.

[7] Kelsen, UN Law, S. 280.

[8] Uschakow, Das Prinzip, S. 50; Bowett, The Law, S. 30.

[9] Jiménez de Arechaga, Derecho, S. 233; Cavaré, Les sanctions dans le Cadre de l'UNO, S. 256; Bentwich / Martin, S. 62.

[10] Auch der UK Commentary, S. 7 wiederholt z. B. nur den Wortlaut der Vorschläge von Dumbarton Oaks, ohne eine Erläuterung zu geben.

direkte Verhältnis zwischen SR und Mitgliedstaat hervorheben soll. Im Gegensatz zum VB, bei dem jeder Staat individuell entscheiden konnte, ob die Voraussetzungen von Zwangsmaßnahmen erfüllt waren, sollte in der SVN klar festgelegt werden, daß der SR als zentrale Instanz für alle Mitgliedstaaten verbindlich z. B. den Art. 39 auslegt und anwendet[11]. Weiterhin sollte klargestellt werden, daß alle Mitgliedstaaten, obgleich sie nicht alle Vertreter in den SR entsenden, durch Entscheidungen des SR gebunden sind. Insoweit ist ein enger Zusammenhang zwischen Art. 24 und 25[12] und zwischen der „primary responsibility" und dem Handeln „on behalf of" gegeben[13]. Kelsens Schlußfolgerung ist daher nicht zuzustimmen, da gerade die enge Beziehung von SR und Mitgliedstaaten als eine Durchbrechung des im VB noch überbetonten Souveränitätsdogmas anzusehen ist. Schließlich soll durch die Terminologie zum Ausdruck gebracht werden, daß der SR — weil er für alle Mitgliedstaaten handelt — auch die Interessen aller Staaten wahrzunehmen hat[14].

Ob sich indessen aus Art. 24 schon etwas für die Bindungswirkung von Empfehlungen ableiten läßt, erscheint fraglich. Die über Art. 24 Abs. 2 Satz 1 bestehende Bindung des SR an Art. 2 Abs. 1 verweist — allerdings weniger in der Terminologie als vielmehr in der Motivation, die zur Aufnahme dieser Norm führte — auf die rechtliche Unverbindlichkeit von Empfehlungen zur friedlichen Streitschlichtung. Bei den amerikanischen Vorarbeiten zum Satzungsentwurf war der Grundsatz der „sovereign equality" unbestritten. Er sollte dazu dienen, auf der einen Seite die Gefahr der Schaffung eines „Superstaates" unter der Diktatur der Großmächte zu vermeiden und auf der anderen Seite nicht der einer Überbetonung nationaler Souveränität zu erliegen[15]. Auch in Dumbarton Oaks einigte man sich ohne Mühe auf die Aufnahme des Prinzips in die Satzung[16]. Großbritannien vertrat dabei die auch von den anderen Konferenzteilnehmern übernommene Ansicht, daß die souveräne Gleichheit der Staaten sowohl die territoriale Integrität als auch die politische Unabhängigkeit der Staaten umfaßt[17]. Die Über-

---

[11] Darauf weisen besonders Bentwich / Martin S. 61 hin.

[12] Jiménez de Arechaga, Derecho, S. 234; Cavaré, Les sanctions dans le Cadre de l'ONU, S. 256.

[13] UK, Commentary, S. 7; Ross, Peace and Progress, S. 122; ders., Constitution, S. 71; Jiménez de Arechaga, Derecho, S. 234.

[14] Hasluck, Workshop, S. 29; Scharnow, Vereinigte Nationen, S. 111; Engelhardt, Vetorecht, S. 381 f.; Truman zit. bei Cohen, Principles, S. 154; Conally in: UNCIO Vol. 11 S. 493; Uschakow, Das Prinzip, S. 52 f.; Polak, Das System, S. 548; Korowin, Second World War, S. 476; Garanin, Völkerrecht, Heft II S. 115 f.; UK, Charter of the UN, S. 16.

[15] Russell / Muther S. 207, 212, 358, 360 f.; Weinschel, Equality, S. 427.

[16] Russell / Muther S. 456 f.

[17] Russell / Muther S. 456 f.

nahme des Prinzips in die Satzung sollte die Staaten gegen „arbitrary action" anderer Staaten oder der Organisation schützen; Grenzveränderungen gegen den Willen des betroffenen Staates sollten z. B. ausgeschlossen sein, „even if all the other members of the Organization thought such a change was just and desirable"[18]. In San Francisco wurde das Verhältnis von Art. 2 Abs. 1 und 25 zwar nicht ausdrücklich angesprochen. Doch übernahm der Berichterstatter der Kommission, die sich mit der Formulierung des Art. 2 befaßte, in seinen Bericht, daß Art. 2 Abs. 1 u. a. die „territorial integrity and political independence" umfaßt[19]. Gerade nach dem 2. Weltkrieg kam der „souveränen Gleichheit" der Staaten eine besondere Bedeutung zu:

„What the founding fathers of the Organization had in mind, above all, was the reaffirmation of certain previously accepted legal principles which the fascist Axis had so ruthlessly trampled, and which they now sought to build into the foundation of a new democratic international order[20]."

Eine der gravierendsten, auch in San Francisco angesprochenen Verletzungen dieser Prinzipien war das Münchner Abkommen, das den kleineren Staaten die Gefahr einer Diktatur der Großmächte deutlich vor Augen führte. Um ein derartiges Abkommen für die Zukunft zu vermeiden, beharrte man auf der Feststellung des Art. 2 Abs. 1. Berücksichtigt man zusätzlich die o. g. Ausführungen im britischen Kommentar zu den Vorschlägen von Dumbarton Oaks, so ergibt sich als weiterer Aspekt ein Zusammenhang zwischen Art. 2 Abs. 1 und der rechtlichen Unverbindlichkeit von Empfehlungen gem. Kap. VI. Durch die Formulierung der Norm sollte verhindert werden, daß die Großmächte allein aufgrund ihrer faktisch überlegenen Stellung „terms of settlement" zwangsweise durchsetzen[21].

Vornehmlich dem Schutz kleinerer Staaten sollte auch Art. 2 Abs. 7 dienen, den der SR gem. Art. 24 bei seinen Handlungen ebenfalls beachten muß. Dabei bestand in San Francisco Einigkeit darüber, daß schon Empfehlungen an Einzelstaaten eine verbotene Einmischung in die inneren Angelegenheiten eines Staates darstellen können[22]. Daraus kann indes nicht auf den rechtlich verbindlichen Charakter derartiger Empfehlungen rückgeschlossen werden. Denn da die Frage der Rechtsverbindlichkeit einer Empfehlung unabhängig von der Zahl ihrer Adressaten ist, bliebe unerklärlich, weshalb Empfehlungen an eine

[18] UK Commentary S. 5.

[19] UNCIO Vol. 6 S. 457.

[20] Nincic, Sovereignty, S. 46; vgl. auch UK, Commentary, S. 2.

[21] So i. E. und ohne Berücksichtigung der Entstehungsgeschichte auch ICJ „Competence of the Assembly", ICJ Reports 1950 S. 27 (diss. op. Azevedo) und Virally, La valeur, S. 83.

[22] Gilmour, Intervene, S. 349; Nincic, Sovereignty, S. 166; Vallat, Competence, S. 238.

unbestimmte Vielzahl von Staaten erlaubt[23], solche mit einem oder mehreren Adressaten hingegen verboten sind.

Der Grund dieser Differenzierung liegt vielmehr darin, daß den Konferenzteilnehmern in San Francisco die trotz der rechtlichen Bindungslosigkeit gegebene faktische Bedeutung einer Empfehlung an einzelne Staaten gegenwärtig war[24].

Läßt man die Andeutung in Art. 2 Abs. 1 außer Betracht, so ist die Bindungswirkung von Resolutionen durch die allgemeine Beschreibung des Verhältnisses SR — Mitgliedstaat in Art. 24 noch nicht präzisiert.

II. Art. 25

Art. 25 enthält die allgemeine Verpflichtung „to accept and carry out the decisions of the Security Council in accordance with the present Charter".

Sowohl die Bedeutung des Begriffs „decision" als auch der Bezugspunkt des Satzteils „in accordance with the present Charter" sind umstritten[25].

Die Norm läßt sich in ihrem historischen Inhalt nur mit Mühe rekonstruieren. Denn bei den Vorarbeiten zur Satzung stand weniger die Frage der abstrakten Festlegung von Befugnissen als vielmehr die konkrete einzelne Befugnis im Zentrum der Diskussion[26]. Im Outline Plan findet sich eine Bestimmung über die Verpflichtung zur Durchführung einzelner Maßnahmen:

„4. To accept as binding the decisions of the Executive Council in the settlement of a dispute of which the Council takes jurisdiction and to carry out in good faith the recommendations of the Council with respect to conditions or situations deemed by it as likely to endanger the peace[27]."

Auch in den Tentative Proposals wird die Pflicht zur Ausführung bestimmter Maßnahmen im Rahmen der friedlichen Streitschlichtung und bei einer Bedrohung oder einem Bruch des Friedens noch gesondert aufgeführt[28]. An beiden Vorschlägen fällt auf, daß die Verpflichtung zur Beachtung von Maßnahmen im Bereich der friedlichen Streit-

[23] Siehe Art. 62 Abs. 1.

[24] Insoweit ist Gross, L., Domestic Jurisdiction, S. 139 nicht zuzustimmen, wenn er davon ausgeht, daß Empfehlungen allein schon wegen ihrer rechtlichen Unverbindlichkeit keine Intervention darstellen.

[25] Kelsen, UN Law, S. 95; Levontin, The Myth, S. 197; Manin, Le maintien, S. 13 f.; Roy, The World Court, S. 232.

[26] Vgl. Claude, Power, S. 156.

[27] Abgedruckt bei Russell / Muther S. 995.

[28] Abgedruckt bei Russell / Muther S. 1000 (V-8, V-9, V-11), S. 1000 f. (VI-A-1).

schlichtung jeweils besonders hervorgehoben wird. Erst in den Vorschlägen von Dumbarton Oaks findet sich eine allgemeine Vorschrift:

„All Members of the Organization should obligate themselves to accept the decisions of the Security Council and to carry them out in accordance with the provisions of the Charter[29]."

Aus den ausgewerteten Quellen läßt sich nicht nachweisen, daß diese Vorschrift Gegenstand von Diskussionen war. In der Veränderung gegenüber den vorangehenden Vorschlägen lag jedoch der Ansatzpunkt der Auseinandersetzung in San Francisco. Denn der Outline Plan und die Tentative Proposals machten durch die Formulierung deutlich, auf welche Befugnisse des SR bzw. seiner Vorläufer sich die Verpflichtung der Mitglieder bezog[30]. Der belgische Delegierte schlug in San Francisco vor:

„... that confidence in the exercise of the Council's powers could be reinforced if in paragraph 4 (i. e. Art. 25) it should be clearly stated that the Council was acting with respect to Chapter VIII. He therefore moved an amendment to add after the words ‚decisions of the Security Council' the words ‚taken under Chapter VIII'"[31].

Kap. VIII der Vorschläge von Dumbarton Oaks umfaßte die friedliche Streitschlichtung, die Zwangsmaßnahmen und die regionalen Abkommen. Ob der belgische Vorschlag alle diese Funktionen betreffen sollte oder ob er davon ausging, daß nur bestimmte Vorschriften des Kap. VIII zu „decisions" ermächtigen und insoweit auch nur diese Normen erfaßt werden sollten, geht aus der Diskussion nicht eindeutig hervor. Ein Anhaltspunkt, daß nur Zwangsmaßnahmen gemeint sein sollten, läßt sich allenfalls aus der auf dem belgischen Vorschlag aufbauenden Frage des kanadischen Delegierten entnehmen:

„... whether or not under this paragraph (i. e. par. 4 = Art. 25) (the Security Council) could call on a member to take military action not covered in the special agreement (gem. Art. 43)"[32].

Der amerikanische Vertreter ging in der sich anschließenden Diskussion nur auf die Frage des kanadischen Teilnehmers ein:

„The Delegate of the United States again emphazised that the Charter must be construed in its entirety and that no single paragraph could be separated from the rest of the document. There were no special provisions which would override general provisions, and the answer to the question (des kanadischen Delegierten) was a categorical ‚No'[33]."

[29] VI-B-4 abgedruckt bei Russell / Muther S. 1022.

[30] In diesem Zusammenhang ist interessant, daß Undén, The Procedure of Conciliation and Mediation, in: Swedish Institute S. 116 forderte, daß die Empfehlungen im Rahmen der friedlichen Streitschlichtung unverbindlich sein sollten und diese Äußerung als Kritik an den Vorschlägen von Dumbarton Oaks auffaßte.

[31] UNCIO Vol. 11 S. 380 f.

[32] UNCIO Vol. 11 S. 381.

[33] UNCIO Vol. 11 S. 381.

Die Vertreter des UK und der UdSSR sahen die Gefahr des belgischen Vorschlags vornehmlich in der Beschränkung des SR, bindende Entscheidungen nur im Rahmen des Kap. VIII zu erlassen:

„The Representative of the United Kingdom noted that while the Belgian amendment seemed to be a very simple one it was really one of substance and of very great importance. The Council had other duties besides those presented in Chapter VIII ... He suggested that the phrase ‚in accordance with the provisions of the Charter', sufficiently met the point raised by the Belgian Delegate. He pointed out that paragraph 1 of Chapter XII concerning transitional arrangements provided that the states parties to the Moscow Declaration should consult with one another and, as occasion arose, with other members of the Organization, with a view to ... joint action ... This implied action by the Security Council even though it was not specifically mentioned. If the application of paragraph 4 were to be limited, perhaps both Chapter XII and Chapter VIII ought to be specified[34]." „The Delegate (der UdSSR) ... stated ... that if the Belgian amendment were accepted the Council would be restricted to the functions and powers under Chapter VIII. Paragraph 4 did not give unlimited powers to the Security Council[35]."

In welchem Umfang Kap. VIII zu Entscheidungen ermächtigt, wurde in dieser Diskussion nicht behandelt. Daß die Vertreter Großbritanniens und der Sowjetunion davon ausgingen, daß nicht alle Resolutionen gem. Kap. VIII Entscheidungen i. S. d. jetzigen Art. 25 sind, läßt sich allenfalls aus der Verweisung auf „in accordance with the provisions of the Charter" und aus dem Hinweis schließen, auch par. 4 gebe dem SR keine unbegrenzten Befugnisse. Im Ergebnis wurde der belgische Vorschlag abgelehnt. Zwar stimmten 14 Delegierte für ihn und nur 13 dagegen; doch verfehlte er die notwendige Zweidrittelmehrheit[36].

Wenngleich die Diskussion um den Begriff „decision" nichts über die Bindungswirkung von Empfehlungen aussagt, so könnte doch die um den Bezugspunkt des Satzteils „in accordance with the present Charter" weiterhelfen. Einige Autoren sind der Ansicht, der Satzteil beziehe sich auf „to accept and carry out"[37]. Sie führen als Begründung an,

[34] UNCIO Vol. 11 S. 381, 394.

[35] UNCIO Vol. 11 S. 394.

[36] UNCIO Vol. 11 S. 395; auch während der Behandlung der übrigen Änderungsvorschläge zum Art. 25 (UNCIO Vol. 11 S. 557 f., 771) wurden keine Ausführungen zum Begriff „decisions" gemacht.

[37] Bailey S., Voting, S. 36; Dahm, Völkerrecht, Bd. II, S. 212; Higgins, Lawmaking, S. 46; vgl. auch die verschiedenen deutschsprachigen Fassungen des Art. 25: Nach der dem Vertragsgesetz gem. Art. 59 Abs. 2 GG zugrunde gelegten Fassung lautet Art. 25: „Die Mitglieder der Vereinten Nationen kommen überein, die Beschlüsse des Sicherheitsrates im Einklang mit dieser Charta anzunehmen und auszuführen." (BGBl 1973/II, S. 451). Dagegen übersetzt Bühler: „Die Mitglieder der Vereinten Nationen kommen überein, gemäß der vorliegenden Urkunde die Entscheidungen des Sicherheitsrates anzunehmen und auszuführen." (Verfassungsurkunde, S. 25; insoweit gleichlautend Garanin, Völkerrecht, Heft V S. 19.)

daß die Vorteile der Zentralisierung der Entscheidungskompetenz beim SR zunichte würden, wollte man dem einzelnen Mitgliedstaat das Recht zuerkennen, jeweils für sich verbindlich über die Rechtmäßigkeit einer Entscheidung des SR zu befinden[38].

„Denn wäre etwa gemeint, daß die Mitglieder die Entscheidung des Sicherheitsrates auf ihre Vereinbarkeit mit der Satzung nachprüfen könnten, so höbe die 2. Hälfte des Satzes auf, was die erste verheißt. Denn die Mitglieder versprechen ja im ersten Teil des Art. 25, die Entscheidungen des Sicherheitsrates ‚anzunehmen', sie also nicht noch einmal mit gleichviel welcher Begründung in Frage zu stellen. Wollte man anders auslegen, so wäre der ganze Sanktionsmechanismus in Frage gestellt[39]."

Die Entstehungsgeschichte, auf die auch Higgins sich bezieht[40], deutet jedoch darauf hin, daß sich „in accordance with the Charter" auf die Entscheidungen des SR bezieht. Im Coordination Committee der III Commission wurde der Text der Vorschläge von Dumbarton Oaks[41] in die jetzige Fassung umgeändert, um klar zu machen, daß die Verpflichtung zur Annahme und Ausführung sich nur auf die Entscheidungen bezieht, die in Übereinstimmung mit der Satzung stehen[42]. Diese Auslegung, für die auch die Äußerung des britischen Vertreters spricht[43], hat angesichts des Bestrebens, die Befugnisse des SR zu begrenzen, einen hohen Grad von Wahrscheinlichkeit für sich[44]. Sie kommt auch in der Formulierung des Art. 2 Abs. 5 zum Ausdruck: „... jeglichen Beistand bei jeder Maßnahme, welche die Organisation im Einklang mit dieser Charta ergreift". Aus der Verbindung zwischen „decisions" und „in accordance with the present Charter" folgt zugleich, daß Art. 25 selbst nichts darüber besagt, welche Normen den SR zur Verabschiedung von Entscheidungen ermächtigen[45].

Dem unergiebigen historischen Befund entspricht auch die Praxis des SR. Bis auf die bereits angeführte Erörterung des IGH-Gutachtens „Legal Consequences"[46], war Art. 25 in den Diskussionen des SR von untergeordneter Bedeutung. Eine einheitliche Praxis des SR läßt sich überdies nicht erkennen.

---

[38] Higgins, Lawmaking, S. 46.

[39] Dahm, Völkerrecht, Bd. II, S. 212.

[40] Higgins, Lawmaking, S. 46.

[41] VI-B-4 abgedruckt bei Russell / Muther S. 1022.

[42] Russell / Muther S. 665; Halderman, The United Nations, S. 87; US Report to the President, S. 79; US Senate, Hearings, S. 260.

[43] UNCIO Vol. 11 S. 381, 394 (vgl. Fn. 34 dieses Abschnitts).

[44] So auch neben den in Fn. 42 genannten Autoren: Jiménez de Arechaga, Derecho, S. 234; Goodrich / Hambro / Simons S. 208; Kewenig, Bindungswirkung, S. 270; ICJ „Legal Consequences" ICJ Reports 1971 S. 293 (diss. op. Fitzmaurice).

[45] Kewenig, Bindungswirkung, S. 270.

[46] s. o. A. III.

1. Statute of the Free Territory of Trieste (SC Res. 16 (1947) vom 10. 1. 1947)

Im Zusammenhang mit der Beteiligung des SR an der Verwaltung von Triest[47] wurde von verschiedenen Staaten die Frage aufgeworfen, ob der SR zur Wahrnehmung dieser Aufgaben befugt sei und welche Konsequenzen sich für Mitgliedstaaten aus der Resolution ergeben, in der der SR die Aufgaben übernimmt. Außer Australien, das sich der Stimme enthielt, waren alle Mitglieder des SR der Auffassung, daß Art. 24 Abs. 1 eine ausreichende Ermächtigungsgrundlage für die Annahme der fraglichen Resolution darstelle[48]. Australien hielt die Frage der Konsequenzen für die Mitglieder und Nichtmitglieder der Vereinten Nationen aus der Annahme der Resolution für nicht geklärt.

„Which countries will be bound by the obligation to ensure the integrity and independence of the Free Territory? ... Will it bind countries which were neither members of the Council when the resolution was adopted, nor when the obligation is implemented[49]?"

Der GenSekr. wies in seiner Antwort darauf hin:

„The record at San Francisco also demonstrates that this paragraph (i. e. Art. 25) applies to all the decisions of the Security Council[50]."

Dieser Äußerung wurde weder widersprochen, noch wurde ihr zugestimmt. Sie spielte in der weiteren Diskussion keine Rolle. Das Statement legt die Entstehungsgeschichte des Art. 25 höchst einseitig aus[51].

In diesem Zusammenhang stellte sich jedoch die Frage der Auslegung des Art. 25 nicht. Denn die Res. 16 (1947) enthielt keine Verpflichtung einzelner Staaten, sondern lediglich die Verpflichtung des SR als Organ[52]. Verpflichtungen für einzelne Staaten können erst in dem Zeitpunkt entstehen, in dem der SR zur Garantie der Unversehrtheit und Unabhängigkeit Triests Resolutionen verabschiedet. Die Bindungswirkung dieser Resolutionen beurteilt sich dann jedoch ausschließlich nach Kap. VI oder VII. Insoweit ist dem australischen Delegierten auch beizupflichten:

„The powers of the Security Council (Kap. VI und VII) operate independently of any peace treaties drawn up by the Council of Foreign Ministers, and they operate in respect to all territories, including Trieste[53]."

---

[47] Siehe dazu UN Doc. S/224 (SCOR 2nd Year Supplement No. 1 Annex 2).

[48] Vgl. SCOR 2nd Year 89th and 91st Meeting am 7. 1. und 10. 1. 1947.

[49] SCOR 2nd Year 89th Meeting S. 7.

[50] SCOR 2nd Year 91th Meeting S. 45.

[51] s. o. C. II.

[52] Vgl. auch Cadogan (UK), SCOR 2nd Year 89th Meeting S. 10.

2. Nahost

Die Nichtbefolgung der Resolution 95 (1951) vom 1. 9. 1951 durch Ägypten verursachte im SR eine Diskussion um die Rechtsgrundlage dieser Entschließung und die Auslegung des Art. 25. Die Resolution selbst enthielt keinen Hinweis auf ihre Rechtsgrundlage. Sie stellte lediglich fest,

„that the maintenance of the practice (Verbot der Passage durch den Suez-Kanal für Schiffe, die Fracht für Israel an Bord hatten) ... is inconsistent with the objectives of a peaceful settlement between the parties and the establishment of a permanent peace in Palestine"

und forderte Ägypten auf, die gerügte Praxis zu unterlassen. Die Vertreter Israels, der USA, Dänemarks, Frankreichs, Brasiliens und Kolumbiens stellten sich auf den Standpunkt, die strittige Resolution unterfalle Art. 25[54]. Begründet wurde diese Auffassung teilweise damit, daß „decisions" des SR befolgt werden müßten, wobei der Begriff nicht weiter aufgeschlüsselt wurde. Kolumbien ging noch einen Schritt weiter:

„the resolution should be respected and implemented, since the Council's function under the Charter was to maintain international peace and security and it might be assumed that its actions were directed solely towards that end"[55].

Der Resolutionsentwurf, der Ägyptens Verhalten ahnden sollte, scheiterte jedoch am Veto der Sowjetunion.

Die Resolutionen des SR, die den Abschluß und die Durchführung des israelisch-syrischen Waffenstillstandsabkommens begleiteten und förderten, wurden von Syrien durch eine Erklärung der syrischen Regierung unter Bezugnahme auf die Verpflichtung gem. Art. 25 angenommen[56]. Dabei ist darauf hinzuweisen, daß diese Resolutionen, die teilweise auf Art. 39 und 40 direkten Bezug nahmen[57], aus sich heraus nicht deutlich machten, ob sie die Adressaten rechtlich binden wollten. Insofern ist auch die syrische Erklärung unklar: Entweder sollte sie aussagen, daß Syrien Empfehlungen (freiwillig) für sich als bindend gem. Art. 25 ansah oder nur bekräftigen, daß die syrische Regierung der bereits in der Resolution enthaltenen Bindung Folge leisten wollte. Die letzte Auslegung dürfte zutreffen; Syrien wollte Israel daran erinnern, daß es zur Befolgung des Waffenstillstandes rechtlich verpflichtet

---

[53] SCOR 2nd Year 89th Meeting S. 6.

[54] SC Rep. 52/55 S. 161 f.

[55] SC Rep. 52/55 S. 162.

[56] UN Doc. S/3596 Annex 3, SCOR 11th Year Supplement for April, May, June 1956, S. 59.

[57] SC Res. 54 (1948), 62 (1948).

sei[58]. Wegen dieser Rechtspflicht sollten die von Syrien (und den übrigen arabischen Staaten) vorgetragenen, durch Israel verschuldeten Waffenstillstandsverletzungen ein besonderes Gewicht erhalten.

3. Kongo

Direkten Bezug auf Art. 25 und 49 nahm die Resolution 145 (1960) vom 22. 7. 1960 anläßlich der Kongo-Krise. Der bis zu diesem Zeitpunkt nicht erfolgte Abzug der belgischen Truppen aus Katanga und das — vorsichtig ausgedrückt — nicht eindeutige Verhältnis dieser Truppen zu den UN-Streitkräften ließen es angebracht erscheinen, Belgien nachdrücklich aufzufordern, seiner nach Ansicht der SR-Mitglieder bestehenden Verpflichtung zum Abzug gem. den Resolutionen 138 (1960) und 143 (1960) nachzukommen. Dabei spielte in der Diskussion des SR die rechtliche Verortung der Resolution keine Rolle[59]. Slim (Tunesien), der den Resolutionsentwurf einbrachte, betonte vielmehr ausdrücklich, daß Begriffe wie „aggression" oder „aggressive acts" absichtlich nicht in der Resolution enthalten seien[60]. Abs. 5 der Resolution, der die Bezugnahme auf Art. 25 und 49 enthält, sollte sich auf die Verpflichtung Belgiens, seine Truppen aus Katanga zurückzuziehen

> „and to assist in every possible way the implementation of the Council's resolutions",

beziehen. Die Diskussionsteilnehmer hielten die Zitierung der Art. 25 und 49 für ausreichend, um die Verbindlichkeit der Verpflichtung zu begründen[61].

Ob damit indessen eine rechtliche Auffüllung des Art. 25 bezweckt sein sollte, erscheint zweifelhaft. Auch das Entstehen dieser Resolution muß aus dem konkreten Zusammenhang interpretiert werden. Die Sowjetunion hatte einen Resolutionsentwurf eingebracht, der den Passus enthielt:

---

[58] Israel hatte sich ebenfalls, jedoch ohne Bezug auf Art. 25, zur Einhaltung des Waffenstillstandes bereit erklärt (UN Doc S/3596 Annex 4, SCOR 11th Year Supplement for April, May, June 1956, S. 60).

[59] Der GenSekr. vertrat die Auffassung, die Resolution wäre „implicitly adopted under Article 40 and ... based on an implicit finding under Article 39", betonte jedoch zugleich, daß seine Auffassung von der GV oder dem SR weder unterstützt noch gutgeheißen würde (GAOR XVI Sess. Suppl. No. 1 S. 27).

[60] SCOR 15th Year 886th Meeting S. 50.

[61] Vgl. z. B. Correa (Ecuador) SCOR 886th Meeting S. 11, 12. Diese Auffassung vertrat auch Koretsky (diss. op.) in: ICJ „Certain Expenses", ICJ Reports 1962 S. 270: „The references made to Articles 25 and 49 of the Charter reaffirmed that the Council's appeals were nothing else but decisions binding on all Members of the United Nations"; so auch Simmonds, Legal Problems, S. 67.

„Imposes on the Secretary-General the obligation to take decisive measures, without hesitating to use any means to that end, to remove the Belgian troops from the territory of the Congo[62].“

Die Abstimmung über diesen Vorschlag hätte zu erheblichen Spannungen zwischen USA, Großbritannien, Frankreich und Belgien auf der einen und den afrikanischen Staaten und der SU auf der anderen Seite geführt[63]. Der schließlich verabschiedete Entwurf ließ dagegen die Initiative des Handelns zunächst bei Belgien, stellte Belgien allerdings unter die Verpflichtung, bestimmte Handlungen vorzunehmen. Diese Verschärfung ergab sich aus der Weigerung Belgiens, die Resolutionen 143 (1960), 145 (1960) zu befolgen. Vermieden wurde jedoch — und das war entscheidend — die Verhängung von Zwangsmaßnahmen gegenüber Belgien.

Zudem ist zu beachten, daß alle Staaten außer Belgien den Resolutionen des SR nachkamen. Von ihrem Standpunkt aus stellte sich daher die Frage der Bindungswirkung zum Zeitpunkt der Verabschiedung der Resolution 146 (1960) nicht. Nur so ist erklärlich, daß der Vertreter Frankreichs, das auf die Beschränkung der Macht des SR zugunsten der Wahrung nationaler Souveränität bedacht war, erklärte:

„The Security Council has given the Secretary-General a mandate. No one, and least of all those who have been asked to provide military assistance, has the right to challenge its decisions and recommendations[64].“

Die Bereitstellung militärischer Einheiten erfolgte jedoch auf freiwilliger Basis[65]. Für diese Staaten spielt daher die rechtliche Qualität der Resolution faktisch keine Rolle mehr. Daher ist auch erklärlich, wieso eine Diskussion um die Reichweite des Art. 25, um die mögliche Abgrenzung zwischen Empfehlung und Entscheidung und um die rechtliche Verortung der Verpflichtung in der Satzung nicht stattfand. Die schlichte Berufung auf Art. 25 und 49 sollte den auf Belgien ausgeübten faktischen Druck rechtlich verstärken, ohne daß die Legalität dieses Verfahrens geprüft wurde. Allein dadurch, daß der SR die Absicht

---

[62] SCOR 15th Year 884th Meeting S. 21.

[63] Die SU begründete ihren Entwurf u. a. mit der Unterstützung der belgischen Bestrebungen durch die NATO. (SCOR 15th Year 884th Meeting S. 16 ff.)

[64] SCOR 15th Year 886th Meeting S. 36.

[65] Council Resolution S/4387 from 14 July 1960 (SCOR 15th Year Supplement for July, August and September 1960, S. 21); vgl. auch Simmonds, Legal Problems, S. 135; UN Doc. S/4389 „First Report of the Secretary-General on the Implementation of Security Council Resolution S/4387 from 14 July 1960“ (SCOR 15th Year Supplement for July, August and September 1960, S. 21). Gegenüber den Staaten, die ihre Truppen aus dem Kongo zurückzogen, berief sich der GenSekr. auch nicht auf Art. 25 (vgl. Bowett, United Nations Forces, S. 108 f., 380; UN Doc. S/4640, S/4668 (SCOR 16th Year Supplement for January, February and March 1961, S. 50 ff., 80 ff.).

äußert, eine Resolution rechtlich verbindlich auszugestalten, ist noch nichts für die Satzungsmäßigkeit dieser Absicht gewonnen. Denn allein durch die Terminologie kann eine Empfehlung nicht in eine Entscheidung umgewandelt werden[66]. Die schlichte Zitierung von Art. 25 in der Res. 146 (1960) läßt daher nicht den Schluß zu, eine Resolution sei schon durch die Berufung auf diese Norm für den Adressaten rechtlich verbindlich.

4. Südrhodesien

Um eine Veränderung der Machtverhältnisse in Südrhodesien herbeizuführen, verhängte der SR zwischen 1966 und 1968 sowohl militärische[67] als auch wirtschaftliche[68] Zwangsmaßnahmen. Auch in der Folgezeit verabschiedete er zu diesem Zweck Resolutionen, die inhaltlich wirtschaftliche Zwangsmaßnahmen enthalten, in ihrer Wortwahl indes deutlich machen, wie unsicher der SR in der Anwendung des Art. 25 ist.

In der Resolution 314 (1972) bezieht sich der SR zwar auf die Resolutionen 216 (1965), 217 (1965), 221 (1966), 232 (1966), 253 (1968), 277 (1970) und 288 (1970), stellt jedoch ausdrücklich klar, daß nur die Res. 253 (1968) unter Art. 25 fällt[69]. Daneben enthält die Resolution den Passus, daß der SR „in Übereinstimmung mit früheren gemäß Kap. VII der Charta getroffenen Entscheidungen des SR über Südrhodesien“ handelt und fordert schließlich alle Staaten auf, in Übereinstimmung mit ihren Verpflichtungen gem. Art. 25 und Art. 2 Abs. 6 der Charta alle Entschließungen des SR voll zu erfüllen, die Sanktionen gegen Südrhodesien enthalten. Die letztgenannte Forderung steht entweder mit der Feststellung in der Präambel, nach der nur die Res. 253 (1968) unter Art. 25 fällt, in Widerspruch oder ist so auszulegen, daß der SR jede einzelne in der Res. 253 (1968) beschlossene wirtschaftliche Zwangsmaßnahme als „decision“ i. S. d. Art. 25 auffaßt. Unberücksichtigt bleibt, daß auch die Resolution 232 (1966) ausdrücklich gem. Art. 39, 41 verabschiedet wurde und — ebenfalls ausdrücklich (par. 3) — die Mitgliedstaaten gem. Art. 25 bindet.

Die enge Verknüpfung zwischen Art. 25 und einzelnen Resolutionen wird in der Res. 333 (1973) aufgegeben. Dort drückt der SR in der Präambel seine Sorge aus, „daß einige Staaten entgegen den Entschlie-

---

[66] Halderman, The United Nations, S. 87.

[67] SC Res. 221 (1966). Die militärischen Zwangsmaßnahmen richteten sich zwar unmittelbar gegen die Flaggenstaaten der Schiffe, deren Ankunft in Beira verhindert werden sollte. Die militärische Gewaltanwendung war jedoch nur ein Hilfsmittel im Rahmen der umfassenden wirtschaftlichen Zwangsmaßnahmen gegen Südrhodesien. Insoweit war Südrhodesien das eigentliche „Opfer“ der Zwangsmaßnahmen (vgl. u. E. I. 1. a).

[68] SC Res. 232 (1966), 253 (1968).

[69] Ebenso in der Res. 318 (1972).

ßungen 232 (1966), 253 (1968), 277 (1970) und ihren Verpflichtungen gem. Art. 25 der Charta" handeln. Unklar bleibt, ob der SR durch diese Formulierung zum Ausdruck bringen will, daß alle in Bezug genommenen Resolutionen unter Art. 25 fallen. Die lediglich abstrakte Zitierung des Art. 25 verdeutlicht die — gewollte — Unsicherheit bei der Anwendung des Art. 25. Angesichts der sich auch im Abstimmungsergebnis wiederspiegelnden Meinungsverschiedenheiten[70] wird durch die mangelnde Präzision der Resolution interpretatorischen Differenzen das Tor geöffnet. Die Durchführung zentralisierter Zwangsmaßnahmen wird somit in Frage gestellt.

5. Ergebnis

Betrachtet man die Auslegung des Art. 25 in der Praxis des SR insgesamt, so läßt sich die bereits zitierte Ansicht Grimes[71] bestätigen. Die Staaten, die mit den fraglichen Resolutionen einverstanden waren — nicht deshalb, weil sie sich rechtlich gebunden fühlten[72], sondern weil sie ihren Interessen entsprachen —, beriefen sich zur „rechtlichen Überhöhung" des Verlangens auf Art. 25. Ob diese Norm anwendbar war, spielte dabei eine untergeordnete Rolle[73]. Da die Resolutionen, die auf Art. 25 Bezug nahmen, wegen des Konsenszwangs bei unterschiedlicher Interessenlage der Mitglieder des SR sprachlich[74] und in bezug auf ihre rechtliche Verortung unklar waren, blieb den Adressaten die Möglichkeit, die Verbindlichkeit der Resolution zu bestreiten. Damit ist die ursprüngliche Intention des Art. 25 — die Zentralisation der Entscheidung über die Anwendung von Zwangsmaßnahmen durchzusetzen — nicht eingehalten worden. Vielmehr gleicht der gegenwärtige Zustand dem unter dem VB, wo jeder Staat — faktisch — autonom über die Anwendung von Zwangsmaßnahmen entschied. An diesem Resultat ändert auch die Anwendung der Art. 41, 42, die in einem Teil der Resolutionen anläßlich der Südrhodesien-Krise deutlich vorgenommen wurde[75], nichts. Denn auch hier war die Übereinstimmung der Interessen das primäre Element[76], die rechtliche Fundierung war nur das

---

[70] Frankreich, Großbritannien und die USA enthielten sich der Stimme.

[71] s. o. A. III.

[72] Vgl. Lawford (UK) anläßlich der Befugnisse der Griechenlandkommission: „I do not propose to enter into a discussion of this particular question (i. e. ob die Staaten zur Duldung der Untersuchung verpflichtet sind) since ... I find myself in agreement with the President's statement that both recommendations and decisions are morally binding, whatever the legal position may be. That statement seems to me to be most apropos." (SCOR 2nd Year 168th Meeting S. 1556.)

[73] Die einzige Ausnahme hiervon sind die Res. 232 ff. in bezug auf Rhodesien.

[74] Zum Sprachstil der Resolutionen s. u. E. II. 2.

[75] SC Res. 221 (1966), 232 (1966), 253 (1968).

Ergebnis. Die Umsetzung der Art. 41, 42 macht jedoch deutlich, daß — wenn die Interessenübereinstimmung besteht — es auch zur Umsetzung der Normen in Resolutionen kommt. Wenn die Interessenübereinstimmung ein so hohes Maß erreicht hat, daß z. B. wirtschaftliche Zwangsmaßnahmen durchgeführt werden sollen, dann bereitet auch die ausdrückliche rechtliche Verortung der Resolutionen kaum noch Schwierigkeiten. Daraus läßt sich im Gegenschluß folgern, daß bei allen Resolutionen, die nicht ausdrücklich auf die entsprechenden Satzungsnormen Bezug nehmen, die Interessenübereinstimmung auch nicht so weit geht, z. B. den Tatbestand des Art. 39 festzustellen. Dann folgt jedoch auch, daß die Mitglieder des SR gerade nicht darin übereinstimmen, Zwangsmaßnahmen und damit bindende Entscheidungen zu verhängen. Aus dem mangelnden satzungsrechtlichen Bezug läßt sich daher auf die mangelnde rechtliche Verbindlichkeit der Resolution schließen[77].

Exkurs: „Implied Powers"

Weniger in der Praxis des SR als vielmehr in der völkerrechtlichen Literatur spielt die Frage der Anwendbarkeit der Lehre von den „implied powers" auf die SVN und Art. 25 eine Rolle. Inwieweit die „implied power"-Lehre auf die Organisation der VN anzuwenden ist[78],

[76] Die Initiative zur Anwendung der Art. 42 ging von Großbritannien selbst aus (s. u. E. I. 1. a).

[77] Diesen Zusammenhang, auf den in der Erörterung des Sprachstils der Resolutionen noch eingegangen wird (s. u. E. II. 2.), verkennt Rovine, Namibia, S. 229 f., der der Ansicht ist, der IGH hätte die Res. 269 (1969) als Anwendung des Art. 41 interpretieren können, obgleich die Resolution weder auf diese Norm noch Art. 39 Bezug nimmt. Dies geschah nicht zufällig, sondern absichtlich, um die Anwendung des Kap. VII gerade auszuschließen.

Aus demselben Grund ist auch die Auffassung Ammouns unzutreffend, der daraus, daß der SR die „legitimacy of the struggle of the people of Namibia against the illegal presence of the South African authorities in the territory" anerkannt hat (SC Res. 269 (1969)), folgert, der SR habe Südafrika der Aggression beschuldigt (ICJ „Legal Consequences" ICJ Reports 1971 S. 89, 95 (sep. op. Ammoun). Interessant ist die Begründung, die den Anlaß dieser Interpretation bildet: „The Security Council's action has been paralysed by the veto, or by the fear of a veto as in the Namibia question. Consequently, neutrality persists so long as wars are tolerated, whether deliberately or through weakness. This applies particularly in the case of the States Members which, evading the obligations deriving from the United Nations resolutions, for some reason or another, are at least under an obligation not to hinder the activities of or the measures adopted by the Organization of which they are Members" (ebd. S. 92). Die Staaten, die Ammoun anspricht, wollten durch die Wortwahl gerade verhindern, daß Verpflichtungen aus der Resolution entstehen.

[78] Die grundsätzliche Anwendbarkeit der Lehre von den „implied powers" auf internationale Organisationen wird nur noch vereinzelt bestritten (vgl. Carstens, Europarat, S. 88 f.; Herlitz, Coercive Measures to Maintain or Restore Peace and Security, in: Swedish Institute, S. 81). Der Bereich der Anwendbarkeit ist jedoch stark umstritten (vgl. Skubiszewski, Resolu-

und ob z. B. das Konzept der Friedensstreitkräfte sich auf sie stützen kann[79], soll hier ausgeklammert werden. Denn selbst bei einer positiven Antwort bleibt fraglich, ob der Bereich, in dem der SR Entscheidungen i. S. d. Art. 25 fassen darf, mit Hilfe dieser Lehre ausgedehnt werden kann und ob speziell Empfehlungen mit ihrer Hilfe rechtliche Verbindlichkeit zukommen kann. Beide Fragen sind zu verneinen.

---

tions, S. 510; Piotrowski, Resolutions, S. 221 f.; Kahng, Law, S. 109 f.; Rouyer-Hameray, Compétences implicites, pass.; Castaneda, Legal Effects, S. 33 f.; Rama-Montaldo, Implied Powers, S. 111 ff.; Hogg, Treaty Interpretation, S. 428, 433 f.; Reuter, Organes Subsidiaries, S. 428; Seidl-Hohenveldern, Recht, S. 217; Visscher, Theory, S. 250; Detter, Law Making, S. 31; Guckel, Streitbeilegungsvorschriften, S. 211 ff.; Seyersted, Objective, S. 30 f.; ders., Military Forces, S. 212; ders., Legal Problems, S. 458; Russell, Changing Patterns of Constitutional Development, in: Waters, United Nations, S. 95 f.; Wright, International Law and the UN, S. 31; Bothe, Streitkräfte, S. 21; Jenks, Constitutional Problems, S. 16; McDougal / Gardner, Veto, S. 266 f.; Razi, Compétence, S. 39; ICJ „Reparation for Injuries", ICJ Reports 1949 S. 180 ff.; diss. op. Hackworth, ebd. S. 196 ff.; ICJ „Effect of Awards" ICJ Reports 1954 S. 56 ff.; diss. op. Hackworth, ebd. S. 80 f.). Zweifel bestehen insofern, als die Ursache der Loslösung von der Satzung nicht in der mangelnden Adäquanz der Handlungsmittel des SR im Hinblick auf die geänderte politische Situation liegt, sondern in der durch die Uneinigkeit der Großmächte bedingten Unfähigkeit, die vorhandenen Handlungsmittel auszunutzen. Insofern sind die zu entwickelnden Befugnisse nicht „notwendig". Allerdings ist der Begriff der „Notwendigkeit" als unerläßliche Voraussetzung für die Anwendbarkeit der Lehre umstritten (vgl. McDougal, Interpretation, S. 158 ff.; Bindschedler, La Délimination, S. 327: „indespensable"; Guckel, Streitbeilegungsvorschriften, S. 210: „unerläßlich und wesentlich"; Hogg, Treaty Interpretation, S. 434: „essential"; ausdehnend bis zum Begriff der „Nützlichkeit" z. B.: Bothe, Streitkräfte, S. 21); Unterschiede ergeben sich auch aus dem Anknüpfungspunkt: Teils wird bei konkreten Kompetenzen angeknüpft (z. B. Seidl-Hohenveldern, Recht, S. 215), teils bei Zielen und Zwecken der Organisation insgesamt (Bindschedler, La Délimination, S. 327; Bothe, Streitkräfte, S. 21; Guckel, Streitbeilegungsvorschriften, S. 208; Bowett, United Nations Forces, S. 309; Castaneda, Legal Effects, S. 33 f.; Rouyer-Hameray, Compétences implicites, S. 67).

[79] So Kahng, Law, S. 109 f.: „The most significant development appears to have been made in the field of the implied power of the Council. Not only the power to determine the nature of a dispute when ‚legally' there no longer existed a dispute and the power to undertake territorial administration together with accompagnying responsibilities, but also the power to establish a non-enforcement force ... may all be regarded to have been established. The cumulative effect of this development may be such that the scope of the implied power of the Council may still expand in yet unknown direction." Ob die Theorie der „implied powers" zur Rechtfertigung dieser Entwicklungen dienen kann, erscheint zweifelhaft. Der IGH hat die Theorie bisher nur für den internen Bereich der Organisation (ICJ „Effect of Awards", ICJ Reports 1954 S. 57) und für die Frage, ob die VN Rechte von Personen, die in ihrem Dienst stehen, gegenüber Mitgliedstaaten geltend machen können (ICJ „Reparation for Injuries", ICJ Reports 1949 S. 180 ff.), angewandt. Auch der SR hat sich nur bei der Diskussion um die Verwaltung von Triest ausdrücklich auf diese Theorie berufen (UN Rep. II S. 20 f.; vgl. Manin, Le Maintien, S. 276 ff.; Kahng, Law, S. 75 ff.). In diesen Fällen waren Rechte der Mitgliedstaaten gegenüber der Organisation nicht berührt. Der französische Delegierte berief sich zur Rechtfertigung der Anwendung der Theorie im Triest-Fall ausdrücklich darauf: „... we are not faced by an instance where the provisions of the Charter should be interpreted in a restricted sense,

Auch für das US-Verfassungsrecht, in dem die Theorie entwickelt wurde, ist anerkannt:

„The doctrine (of implied powers) does not justify, under any circumstances, the assumption of an independent power by the Federal Government[80]."

Gerade dieser Effekt tritt jedoch ein, wenn die Doktrin der „implied powers" der Ausweitung der Befugnisse des SR, die Mitgliedstaaten rechtlich zu bestimmten Handlungen zu verpflichten, dienstbar gemacht wird. Denn wegen der beschränkten Mitgliederzahl des SR und seiner fehlenden Kontrolle durch die GV entstünden neue Verpflichtungen der Staaten ohne ihre Mitwirkung[81]. Aus dem in der Entstehungsgeschichte zum Ausdruck kommenden Willen der Vertragsparteien, der zur Rechtfertigung der Lehre teilweise herangezogen wird[82], läßt sich gerade ablesen, daß der Bereich, in dem der SR die Mitgliedstaaten rechtlich verpflichten kann, eng umgrenzt ist[83]. Nur wegen dieser Begrenzung waren die Mitgliedstaaten bereit, Entscheidungen des SR „anzunehmen und auszuführen". Zwar ist die sich im Laufe der Zeit entwickelnde Inkongruenz von Zielen und Zwecken der Organisation einerseits und Kompetenzen und Befugnissen andererseits Ursprung der Entwicklung von „implied powers". Doch wegen der Unbestimmtheit der Aufgabenstellung des SR kann die Angleichung der beiden genannten Komponenten nicht über das Kriterium der „Effektivität" allein zugunsten der Ziele und Zwecke erfolgen. Denn dann wird außer acht gelassen, daß die Aufgabenstellung des SR nicht präziser umschrieben wurde, weil seine Befugnisse beschränkt waren.

Ebenfalls können „implied powers" nicht herangezogen werden, um die Rechtsverbindlichkeit von Empfehlungen zu begründen. Auch in diesem Bereich gilt das Verbot der Schaffung von Rechtspflichten ohne Mitwirkung der betroffenen Staaten.

„The nature of authority granted by the Charter to each of its organs does not change with time[84]."

---

because they clash with another principle, such as, for example, the sovereignty of a State" (SCOR 1947 89th Meeting S. 16).

[80] Willoughby, The Constitutional Laws of the United States, 2. Aufl. 1929 Bd. 1, S. 81 zit. bei Kruse, Implied Powers, S. 176.

[81] Daher verneint selbst Seyersted, Legal Problems, S. 459 die Anwendbarkeit der Lehre auf diesen Bereich: „But outside these limits (prozedurale und mitgliedschaftsrechtliche Fragen), and in particular in all functional matters, the organization cannot impose obligations upon member States ... outside its inherent organic jurisdiction (die sich auf die beiden o. g. Bereiche erstreckt), or assume powers belonging to them, without a specific legal basis."

[82] Hogg, Treaty Interpretation, S. 428, 433 f.; Rouyer-Hameray, Compétences Implicites, S. 80; Seidl-Hohenveldern, Recht, S. 217; Visscher, Theory, S. 250.

[83] s. u. D. II. 1. c), D. II 2. b).

[84] Spender (sep. op.) in ICJ „Certain Expenses" ICJ Reports 1962 S. 187.

Aus dem begrenzten Anwendungsbereich der Lehre von den „implied powers" erklärt sich auch, weshalb der IGH im Gutachten „Legal Consequences" die Subsumtion der Empfehlung unter Art. 25 nicht mit ihrer Hilfe begründet. Auch bei der Frage der Rechtmäßigkeit der Empfehlungen des SR 264 (1969), 269 (1969), 276 (1970) beruft er sich lediglich darauf,

„that the Security Council ... was acting in the exercise of what it deemed to be its primary responsibility, the maintenance of peace and security, which, under the Charter, embraces situations which might lead to a breach of the peace"[85],

ohne zu berücksichtigen, inwieweit ein derartiger Rechtssatz eine Ermächtigungsgrundlage für die Verabschiedung der seiner Ansicht nach rechtsverbindlichen Empfehlungen abgibt[86].

Auch der SR hat sich seit der Triest-Frage nicht mehr ausdrücklich auf die Theorie der „implied powers" berufen. Vielmehr setzte sich eine Ansicht durch, die das Committee of Experts des SR während der Auseinandersetzungen zwischen dem Iran und der UdSSR in der Frühzeit des SR folgendermaßen formulierte:

„It would be a mistake ... to regard the problem from a purely legalistic point of view. The Charter has in fact invested the Security Council, especially under Article 24, with certain political functions of primary importance by conferring upon it the primary responsibility. Moreover, Article 1, to which Article 24 refers, stipulates that the pacific settlement of disputes shall be brought about in conformity with the principles of justice and international law[87]."

III. Art. 2 Abs. 5

Art. 2 Abs. 5 verpflichtet die Mitgliedstaaten „den Vereinten Nationen jeglichen Beistand bei jeder Maßnahme, welche die Organisation im Einklang mit dieser Satzung ergreift" zu leisten. Unter den angesprochenen Maßnahmen sind auch Entscheidungen und Empfehlungen des SR zu verstehen.

Die Entstehungsgeschichte besagt wenig über den Inhalt der Norm. In San Francisco wurde lediglich die Frage der Vereinbarkeit zwischen der Beistandspflicht und der Neutralität eines Mitgliedstaates diskutiert[88]. Der Bericht der amerikanischen Delegation stellt auf den Bezug zwischen Art. 2 Abs. 5 und den speziellen Verpflichtungen der Staaten ab.

---

[85] ICJ „Legal Consequences" ICJ Reports 1971 S. 51 f.

[86] ICJ „Legal Consequences" ICJ Reports 1971 S. 136 (sep. op. Petrén).

[87] UN Rep. II S. 48 f.

[88] UNCIO Vol. 6 S. 459 f.

„It (Art. 2 Abs. 5) means first of all that the Members will be obligated to give to the Organization any assistance which their obligations under the Charter require of them. From this general obligation stem the other more specific obligations to give assistance on particular matters which are further elaborated in other provisions of the Charter[89]."

In der Literatur ist das Verhältnis von Art. 2 Abs. 5 und Art. 25 umstritten. Teils wird Art. 2 Abs. 5 restriktiv aus Art. 25 heraus interpretiert, so daß er sich ebenso wie dieser nur auf Zwangsmaßnahmen des SR gem. Kap. VII beziehen soll[90]. Goodrich / Hambro sind der Auffassung, Art. 25 sei lex specialis zu Art. 2 Abs. 5[91]. Tammes[92] ist der Ansicht, beide Normen regelten unterschiedliche Sachbereiche: Art. 2 Abs. 5 betreffe „a Member's contribution for the performance of its (i. e. VN) function"; Art. 25 den Beitrag des Mitglieds zur Durchführung einer „resolution which is the result of the performance of the Organization's function". Die Verpflichtung der Mitgliedstaaten aus Art. 2 Abs. 5 „can be interpreted more strictly" als die aus Art. 25, da sie „functional and calculable" sei. Er ist der Auffassung, daß die Verpflichtung aus Art. 2 Abs. 5 weiter geht als die aus Art. 25. Damit steht er im Gegensatz zur südafrikanischen Regierung, die anläßlich des Rechtsstreits um Namibia 1971 ausführt: „... neither the Purposes nor the Principles add to the powers conferred elsewhere in the Charter"[93]. Schließlich vertritt Kelsen, ohne sich auf das Problem „lex specialis — lex generalis" einzulassen, die Auffassung, Art. 25 sei eine „specification of the general obligation of the Members stipulated in Art. 2, paragraph 5"[94].

Art. 2 Abs. 5 enthält selbst den Vorbehalt, daß die Mitgliedstaaten den VN nur insofern Beistand leisten, als die von dem jeweiligen Organ getroffenen Maßnahmen mit der Satzung übereinstimmen. Um welche Maßnahmen es sich dabei zulässigerweise handeln darf, regelt Art. 2 Abs. 5 nicht. Der Vorbehalt macht damit deutlich, daß sich Art und Ausmaß der Beistandspflicht nach den für die jeweilige Maßnahme bestehenden Vorschriften bestimmen. Darauf deutet auch die flexible Terminologie „Beistand leisten" hin, die der Bindungswirkung des jeweils konkret angewandten Handlungsmittels gerecht wird. Auch wegen der thematischen Gleichheit beider Normen läßt sich über

---

[89] US Report to the President, S. 42.

[90] Karaosmanoglu S. 268.

[91] 1. Aufl. S. 70; dazu Gunst, Begriff der Souveränität, S. 29, der der Auffassung ist, Art. 48, 49 seien leges speciales zu Art. 2 Abs. 5.

[92] Decisions, S. 316 f.

[93] ICJ „Legal Consequences" ICJ Reports 1971 Pleadings Vol. I S. 503.

[94] UN Law, S. 97; vgl. auch ICJ „Legal Consequences" ICJ Reports 1971 Pleadings Vol. I S. 100 (Stellungnahme des GenSekr.): Art. 2 Abs. 5 sei „a specific and supporting obligation ... in addition" zu Art. 25.

Art. 2 Abs. 5 keine den Art. 25 überschreitende Bindungswirkung von „Maßnahmen" des SR erzielen. Denn wenn Art. 25 sich nur auf Entscheidungen bezieht, dann kann auch über Art. 2 Abs. 5 eine gleiche Bindungswirkung hinsichtlich der Empfehlung nicht erreicht werden[95]. Dies hätte zur Konsequenz, daß wegen der Stellung des Art. 2 Empfehlungen aller Organe der VN für die Mitgliedstaaten verbindlich wären. Eine derartige Konsequenz sollte jedoch — besonders im Hinblick auf die GV und den Wirtschafts- und Sozialrat — gerade vermieden werden[96].

Zusammenfassend läßt sich festhalten, daß Art. 2 Abs. 5 wegen des Vorbehalts „in accordance with the Charter" und seiner flexiblen Terminologie nichts für die Bindungswirkung von Empfehlungen hergibt. Dagegen enthält Art. 2 Abs. 5, 2. Halbsatz eine in der Satzung sonst nicht wiederaufgenommene Verpflichtung der Mitgliedstaaten. Beschränkt sich der SR darauf, die Erfüllung des Tatbestandes des Art. 39 festzustellen und die weiterhin beschlossenen Maßnahmen gem. Art. 48 Abs. 1 nur durch einige Mitgliedstaaten ausführen zu lassen, so ergibt sich aus dieser Norm die Verpflichtung der nicht zur Ausführung herangezogenen Staaten, den mit Zwangsmaßnahmen belegten Staat nicht zu unterstützen[97].

IV. Art. 48, 49

Gem. Art. 48 Abs. 1 werden die Maßnahmen, die für die Durchführung der Entscheidungen des SR zur Wahrung des Weltfriedens und der internationalen Sicherheit erforderlich sind, nach dem Ermessen des SR von allen oder einigen Mitgliedstaaten getroffen. Dabei handeln diese Staaten gemäß Art. 48 Abs. 2 direkt sowie durch die „appropriate international agencies", deren Mitglieder sie sind. Bei der Durchfüh-

[95] Keinesfalls kann über die Verwendung des allgemeinen Begriffs „action" in Art. 2 Abs. 5 1. Halbsatz ein Schluß dahingehend gezogen werden: „Provided that the term ‚action' ... does not mean only ‚enforcement action', any decision of the Security Council is an action of the United Nations and to give assistance to such action includes to carry out the decision. If this interpretation is accepted there is no difference between ‚recommendations' and other decisions of the Security Council with respect to their binding character." So Kelsen, UN Law, S. 97; hier würde insoweit ein Fehlschluß vorliegen, als der Begriff „Beistand leisten" verschiedene Bedeutung haben kann, je nachdem, ob er sich auf eine Empfehlung oder eine Entscheidung bezieht.

[96] Vgl. auch die ebenso knappe wie eindeutige Diskussion in San Francisco, UNCIO Vol. 6 S. 82, 346 f.

[97] Vgl. Jiménez de Arechaga, Derecho, S. 55; UNCIO Vol. 6 S. 459 f.; US Report to the President, S. 42: „It constitutes a general pledge not to strengthen the hand of a state which has violated its obligations under the Charter to the point where preventive or enforcement action has become necessary."

rung der „decisions" leisten die Mitglieder gem. Art. 49 einander gemeinsam handelnd Beistand.

Das Verhältnis der Art. 48, 49 zu Art. 25 war weder in San Francisco noch während der Vorarbeiten Gegenstand von Auseinandersetzungen. Art. 48 bzw. Par. VIII-B-7 der Vorschläge von Dumbarton Oaks wurde weder in Dumbarton Oaks noch in San Francisco diskutiert[98]. Art. 49 beruht auf einem amerikanischen Vorschlag[99]. Er war in Dumbarton Oaks insoweit umstritten, als die SU einwandte, er sei mehr eine „welfare provision" und trage nicht zur internationalen Sicherheit bei. Außerdem sei eine gerechte Verteilung der Lasten schwierig[100]. Weil durch ihn die zur Durchführung kollektiver Zwangsmaßnahmen erforderliche Kooperation gestärkt wird, wurde eine Einigung unter den Teilnehmern doch noch erzielt[101]. Die Konferenzteilnehmer in San Francisco übernahmen ihn ohne Schwierigkeiten[102].

Betrachtet man Art. 48 im Detail, so fällt auf, daß er die Terminologie des Art. 39 nicht wieder aufnimmt. Vielmehr verweist er durch die Begriffe „maintenance of international peace and security" zurück auf Art. 24 Abs. 1. Insoweit kann der Eindruck entstehen, er bezöge sich auf sämtliche Maßnahmen des SR im Rahmen des Art. 24 Abs. 1. Dem widerspricht indes einmal die Stellung des Art. 48 im Kap. VII, zum anderen die Verwendung des Begriffs „decision", der im Zusammenhang mit Normen, die konkrete Handlungsmittel betreffen und auch unterscheiden (z. B.: Art. 39), nur als „Entscheidung" übersetzt werden kann.

Zum Verhältnis des Art. 48 zu Art. 25 stellt sich der IGH auf den Standpunkt[103], die Bindungswirkung von Entscheidungen i. S. d. Kap. VII werde durch Art. 48 bewirkt. Als Konsequenz ergibt sich für ihn, daß Art. 25 mehr als nur Entscheidungen i. S. d. Kap. VII betreffen muß[104]. Dem kann zunächst der unterschiedliche Wortlaut der beiden Vorschriften entgegengehalten werden. Während Art. 25 von der Verpflichtung der Staaten spricht, bestimmte Entscheidungen „anzunehmen und auszuführen", betont Art. 48 Abs. 1 die Befugnis des SR, alle

[98] Russell / Muther S. 466, 676.

[99] Russell / Muther S. 466.

[100] Russell / Muther S. 466.

[101] Russell / Muther S. 466 f.

[102] Russell / Muther S. 676.

[103] ICJ „Legal Consequences" ICJ Reports 1971 S. 53.

[104] Selbst wenn man diese Schlußfolgerung nachvollzieht, ergibt sich nicht notwendig, daß alle Resolutionen des SR, die er im Rahmen des Art. 24 verabschiedet, unter Art. 25 fallen. Denn wegen der Formulierung des Art. 25 „in Übereinstimmung mit der Satzung" und in Anlehnung an Art. 24 Abs. 2 läßt sich die Entscheidungsbefugnis des SR auch auf Normen der aufgezählten Kapitel beschränken, die den SR zur Verabschiedung von Entscheidungen ermächtigen.

oder nur bestimmte Staaten mit der Durchführung seiner Entscheidungen zu beauftragen. Macht der SR von dieser Ermächtigung keinen Gebrauch, so bleiben alle Staaten, ohne daß es einer gesonderten Anordnung bedarf, gem. Art. 25 verpflichtet. Art. 48 schafft daher — anders als Art. 25 — keine Verpflichtung für die Mitgliedstaaten, sondern enthält die Befugnis des SR, die Durchführung der Zwangsmaßnahmen auf bestimmte Staaten zu beschränken und damit alle übrigen Staaten von der Beteiligung an Zwangsmaßnahmen zu entbinden[105]. Die letztgenannte Wirkung ist jedoch nur ein Reflex der in Art. 48 Abs. 1 im Vordergrund stehenden Befugnis des SR[106]. Die nicht zur Ausführung herangezogenen Staaten stehen unter der gem. Art. 2 Abs. 5 2. Halbsatz konstituierten Verpflichtung, nicht der Entscheidung über Zwangsmaßnahmen zuwider zu handeln.

Um die Bedeutung beider Normen zu verdeutlichen, kann schließlich die Parallele zur Satzung des Völkerbundes gezogen werden. Im Unterschied zur damaligen Regelung strebte man ein zentralisiertes Entscheidungsverfahren für die Anwendung von Zwangsmaßnahmen an. Dem mußte die allgemeine Verpflichtung der Mitgliedstaaten entsprechen, sich dem Ergebnis dieses Entscheidungsprozesses zu unterwerfen. Resultat dieser Überlegung ist Art. 25, dessen besondere Bedeutung auch durch seine Stellung direkt im Anschluß an die grundsätzliche Beschreibung der Funktion des SR hervorgehoben wird. Auf der anderen Seite erschien es wegen der unterschiedlichen Stärke der einzelnen Staaten und des Vorteils der Lokalisierung eines Konflikts wünschenswert, dem SR die Befugnis einzuräumen, bestimmte Staaten mit der Durchführung von Zwangsmaßnahmen zu beauftragen. Auf die Gefahren, die mit der Einräumung dieses Ermessens verbunden sind, hat Herlitz schon anläßlich der Diskussion um die Vorschläge von Dumbarton Oaks hingewiesen:

> „The dangers inherent in this freedom of choice for the Security Council must be strongly emphazised. It is possible, for instance, that the enforcement action may be entrusted to a limited group of States which may unduly look after their own particular interests. Then again it is possible that individually States may arbitrarily be ordered to carry out onerous military operations[107]."

---

[105] Dahm, Völkerrecht, Bd. II, S. 400.

[106] Wegen dieses unterschiedlichen Regelungsgehaltes läßt sich auch Art. 48 Abs. 1 nicht als lex specialis zu Art. 25 auffassen. So hingegen Shawcross in: ICJ „Corfu Channel" Vol. III, ICJ Reports 1950 S. 48; dagegen läßt der überwiegende Teil der Literatur das Verhältnis offen: Wehberg, Einführung, S. 382; Goodrich / Hambro / Simons, S. 334, 337; Kelsen, UN Law, S. 97; Kelsen, Sanction, S. 539 ff.; Bloch, Security Council, S. 164; Miller, E., Legal Aspects, S. 7; Riad, The UN Action in the Congo, S. 17; Scelle, Cours, S. 892; US Report to the President, S. 98 f.; UK, Commentary, S. 9; Kewenig, Bindungswirkung, S. 274.

[107] In: Swedish Institute, Peace and Security, S. 90.

Ebenso wie Art. 48 Abs. 1 enthält auch Art. 49 keine Verpflichtung der Staaten gegenüber dem SR. Art. 49 betrifft, wie sich aus seinem Wortlaut ergibt, das Verhältnis zwischen den Mitgliedstaaten, nicht jedoch das zwischen Mitgliedstaaten und SR[108]. Die Durchführung der Maßnahmen des SR wird den Mitgliedstaaten in der Weise auferlegt, daß sie zur gegenseitigen Hilfe verpflichtet sind. Falls sie infolge der Durchführung mit besonderen wirtschaftlichen Problemen konfrontiert werden, gibt ihnen Art. 50 das Recht, den SR zu konsultieren, um die Probleme zu lösen.

Zusammenfassend läßt sich daher festhalten: Art. 48 enthält im Gegensatz zu Art. 25 primär keine Verpflichtung der Staaten, sondern eine Befugnis des SR; lediglich als Reflex bewirkt seine Anwendung, daß die nicht beauftragten Staaten von der Beteiligung an Zwangsmaßnahmen befreit sind. Art. 49 betrifft nur das Verhältnis der Mitgliedstaaten untereinander und besagt nichts über die Bindungswirkung von Entscheidungen des SR.

V. Zwischenergebnis

Die Frage, welche Normen der Satzung den SR zur Verabschiedung von Empfehlungen bzw. Entscheidungen ermächtigen, läßt sich weder anhand der Wortbedeutung von „decisions" noch durch die Auslegung der Normen beantworten, die das Verhältnis des SR zu den Mitgliedstaaten allgemein beschreiben. Denn der Begriff „decision" wird innerhalb der Satzung in doppeltem Sinn gebraucht[109].

Die Art. 24, 2 Abs. 5, 48 und 49 sind entweder nicht einschlägig (Art. 49), zu allgemein (Art. 24, 2 Abs. 5) oder modifizieren die Befugnisse des SR, *welche* Staaten er rechtlich verpflichten kann (Art. 48), ohne indes Antwort auf die hier zu untersuchende Frage zu liefern, *wann* er empfehlend bzw. entscheidend tätig werden darf.

Art. 25 selbst besagt ebenfalls weder seinem Wortlaut und seiner Entstehungsgeschichte noch seiner Anwendung durch den SR nach etwas zu den Bereichen, in denen der SR Empfehlungen bzw. Entscheidungen erlassen darf. Diese Frage läßt sich daher nur durch die Analyse der einzelnen Handlungsermächtigungen des SR beantworten.

Um die Ursachen und Konsequenzen der sich im Verlauf der Zeit ergebenden Änderungen innerhalb dieses Handlungssystems nachzuzeichnen, soll dabei zunächst auf den historisch gewollten Inhalt der Satzung eingegangen werden, dem in einem folgenden Hauptteil die Praxis des SR gegenübergestellt wird.

---

[108] Bentwich / Martin S. 105; Riad, The UN Action in the Congo, S. 17.

[109] s. o. B.

D. Ursprüngliche Struktur der VN und Bindungswirkung von Resolutionen des SR

I. Vorbemerkung

Analysiert man die Entwicklung der Satzung, so lassen sich zwei Stadien voneinander unterscheiden: die Vorarbeiten bis zur Verabschiedung und die Zeit seit dem Gründungsakt.

Der Zeitraum vor der Gründung der VN ist gekennzeichnet durch verschiedene Entwürfe und Vorkonferenzen. In ihnen entwickelten die zukünftigen Mitglieder die Grundzüge und später die konkrete Ausgestaltung der Organisation. Sie gingen dabei auf der Grundlage der gegebenen politischen Situation von einer Prognose der erwarteten und gewünschten internationalen Lage aus und versuchten, die Organisation ihren Vorstellungen gemäß auszugestalten. Da kein Staat eine übermächtige Position innehatte und den anderen seine Vorstellungen oktroyieren konnte, war das Ergebnis notwendigerweise ein Kompromiß: Entweder die Einigung auf den kleinsten gemeinsamen Nenner oder das Wagnis einer weiterreichenden Organisation mit einem System von „checks and balances" als Ausgleich für die flexiblen und daher im voraus nur beschränkt kalkulierbaren Befugnisse der Organe. Wie aufzuzeigen sein wird, entspricht die Satzung der zweiten Möglichkeit. Die späteren Mitgliedstaaten einigten sich nicht nur darüber, der Gefahr einer erneuten Erstarkung der Feindstaaten des 2. Weltkriegs gemeinsam entgegenzutreten, sondern sie entwarfen zugleich ein umfassendes Programm des friedlichen Zusammenlebens von Staaten. Dabei wurden sowohl Postulate innerstaatlicher Politik als auch Grundsätze der internationalen Zusammenarbeit in der Präambel aufgestellt. Schon auf den ersten Blick wird deutlich, daß Staaten von unterschiedlicher, ja antagonistischer gesellschaftlicher Struktur einen derartigen Kompromiß nur erzielen konnten, weil die inhaltliche Auffüllung der Begriffe wie etwa „soziale Gerechtigkeit", „Freiheit", „Weltfrieden" und „internationale Sicherheit" unterblieb. Trotz dieses nur formelhaften Kompromisses sollten die Organe der Organisation in Anlehnung an die Leitideen Einfluß auf konkrete internationale Probleme nehmen; wobei durch den Prozeß der Subsumtion einer Situation unter die jeweilig einschlägigen Normen auch eine inhaltliche Auffüllung der o. g. Begriffe erfolgt. Um die damit verbundene

Beschränkung nationaler Souveränität berechenbar zu machen, bzw. zu minimieren, wurden die Einwirkungsmöglichkeiten auf Konflikte, die grundsätzlich der SVN unterfallen, abgestuft ausgestaltet. Dabei bediente man sich unterschiedlicher Handlungsmittel und teilte die Behandlung internationaler Konflikte verschiedenen Organen mit unterschiedlicher Mitgliedschaft und differierendem Entscheidungsprozeß zu. Außerdem wurden die Individualinteressen bestimmter Staaten durch Mitgliedschaftsrechte gewahrt.

Von der historisch intendierten unterscheidet sich die entwickelte Struktur der VN in weiten Bereichen. Der Grund liegt — grob umrissen — in den komplexen Zielen der Organisation bei gleichzeitig angestrebter globaler Mitgliedschaft, in der mangelnden Prognostizierbarkeit der internationalen Entwicklung und schließlich in dem unterschiedlichen Entscheidungsverfahren bis zur und seit der Gründung der Organisation. Während die Teilnehmer der Gründungskonferenz noch formell gleichberechtigt auf die Formulierung der Satzung Einfluß nehmen konnten, war der größere Teil der Mitglieder von der Entscheidungsfindung des SR wegen der ungleichen Repräsentation ausgeschlossen.

Die Analyse des historisch gewollten Inhalts der Satzung steht im Mittelpunkt des folgenden Teils. Dabei erscheint es notwendig, auf die Entwicklung einzelner Satzungsbestimmungen auch vor der Konferenz von San Francisco zurückzugreifen, da sich nur so die historische Bedeutung der jeweiligen Satzungsnormen erschließen läßt. Auch das Abstimmungsverfahren im SR wird dabei in die Darstellung einbezogen, da zwischen ihm und der Rechtsqualität der Abstimmungsergebnisse Zusammenhänge bestehen.

II. Die Befugnisse des SR gem. Kap. VI, VII und Art. 94 Abs. 2

1. Kap. VI

a) Art. 34

Gem. Art. 34 SVN kann der SR jede Streitigkeit und jede Situation, die zu internationalen Reibungen führen oder eine Streitigkeit hervorrufen könnte, mit dem Ziel untersuchen festzustellen, ob die Fortdauer der Streitigkeit oder der Situation die Wahrung des Weltfriedens und der internationalen Sicherheit gefährden könnte. Art. 34 SVN bildet somit eine Art Eingangsstufe für Handlungen des SR im Rahmen des Kap. VI[1].

Art. 34 SVN selbst besagt nichts über die Frage, ob die Entscheidung über die Durchführung der Untersuchung für die Beteiligten des Streites bzw. der Situation bindend ist. Praktische Bedeutung erlangt diese Frage beispielsweise dann, wenn eine Untersuchungskommission in das Staatsgebiet eines Mitgliedsstaates einreisen will, dort Vernehmungen durchzuführen beabsichtigt, Besichtigungen unternimmt u. ä.[2]. Allerdings ist diese Form der Untersuchung nicht die einzige unter Art. 34 SVN fallende. Bentwich / Martin gehen vom Zweck des Art. 34 SVN aus und sind der Ansicht:

„In some cases it is sufficient for the Council to study the documentation submitted by the parties and listen to oral evidence and argument in full session[3]."

Ob es sich bei der bloßen Diskussion im Plenum des SR schon um eine Untersuchung i. S. d. Art. 34 SVN handelt, scheint zweifelhaft. Um eine derartige „Untersuchung" durchführen zu können, bedarf es keiner gesonderten Vorschrift; denn die Kompetenz zur Diskussion von Problemen ist notwendigerweise mit der verbunden, Material über die zu untersuchende Gefahrenlage zu sammeln. Auf der anderen Seite ist es nicht notwendig, daß der SR ein gesondertes Gremium, z. B. eine Untersuchungskommission, schafft, um die Untersuchung durchzuführen. Er kann sich darauf beschränken, Zeugen zu laden oder Beauftragte der VN bzw. des Generalsekretärs zu hören. Für den Staat, dessen Staatsangehörige diese Personen sind, entsteht dann die Frage, ob er verpflichtet ist, sie ausreisen (und wieder einreisen) zu lassen. Der SR kann allerdings auch den Weg wählen, ein Gremium zu bestimmen, das in seinem Auftrag die Untersuchung an Ort und Stelle durchführt.

Zur Frage der Bindungswirkung einer auf Art. 34 SVN gestützten Resolution ist zunächst vom Wortlaut der Norm auszugehen: Während in Art. 33 Abs. 2 SVN von „call upon" und in Art. 36 Abs. 1 und 37 SVN von „recommend" gesprochen wird, besagt Art. 34 schlicht: „The Security Council may investigate ...". Er stellt damit zunächst nur die Befugnis des SR fest, eine Untersuchung durchzuführen. Diese Handlung stellt er ins Ermessen des SR. Art. 34 SVN enthält hingegen seinem Wortlaut nach nichts im Hinblick auf die Bindungswirkung der die Untersuchung anordnenden Resolution.

Auch während der Vorarbeiten zur Satzung wurde die Frage der Bindungswirkung nicht ausdrücklich angesprochen. Kap. VIII Sect. A

---

[1] Daneben haben in der Geschichte des SR verschiedene Staaten eine Untersuchung gem. Art. 34 gefordert, um den Tatbestand des Art. 39 festzustellen: vgl. UN Rep. II S. 269; SC Rep. 52/55 S. 137 f.; SC Rep. 56/58 S. 33, 143; SC Rep. 59/63 S. 247, 250, 253, 255; SC Rep. 64/65 S. 173.

[2] Vgl. die Griechenlandkommission, SR Res. 15 (1946) vom 19. 12. 1946.

[3] Bentwich / Martin S. 80.

par. 1 der Vorschläge von Dumbarton Oaks bestimmte, daß der SR „should be empowered to investigate“ die Streitigkeiten und Situationen, die in seinen Zuständigkeitsbereich fallen können. In San Francisco versuchte der kanadische Delegierte eine Präzisierung der Ausdrucksweise im Hinblick auf die Durchführung der Untersuchung zu erreichen[4]. Das Ergebnis war jedoch nur, daß das Wort „should“ durch „is“ ersetzt wurde[5]. Der Berichterstatter erläuterte:

> „The Subcommittee had interpreted this to mean that the Security Council had the right to investigate any dispute or situation of the nature reffered to[6].“

Schließlich änderte das Co-ordinating Committee auf seiner 34. Sitzung den Wortlaut von „is empowered to investigate“ in „may investigate“, ohne dafür eine Erklärung zu geben[7]. Aus dieser Entstehungsgeschichte den Schluß zu ziehen,

> „the terms used in Chapter VI have obviously been too carefully weighted for the difference in wording between Article 34 and the other Articles not to have a meaning“[8],

ist insoweit übertrieben, als gerade Kap. VI zu den Abschnitten der Satzung zählt, die in hohem Maße „poorly drafted“[9] sind. Da jedoch anders als bei den übrigen Vorschriften des Kap. VI bei Art. 34 SVN — ebenso wie bei Art. 17 Abs. 2 SVN — die Frage der Bindungswirkung nicht diskutiert wurde, läßt sich der Schluß ziehen, daß die Delegierten als selbstverständlich davon ausgingen, daß die Mitgliedstaaten die zur Durchführung der Untersuchung notwendigen Maßnahmen dulden müssen.

Für diese Schlußfolgerung spricht auch die Funktion des Art. 34 im Rahmen der friedlichen Streitschlichtung. Art. 34 SVN fällt insoweit aus dem Rahmen des Kap. VI heraus, als er es dem SR erst ermöglichen soll, seinen Beitrag zur friedlichen Streitschlichtung zu leisten[10]. Dieser Unterschied kann eine differenzierende Wertung der Maßnahmen nach Art. 34 und den übrigen Vorschriften des Kap. VI der Satzung rechtfertigen[11]. Nach ihrem Wortlaut soll die Vorschrift dazu dienen, dem SR die Grundlagen für die Beurteilung seiner Kompetenz zu geben, weitere Maßnahmen zu ergreifen[12]. Erst wenn er auf der Grundlage der

[4] UNCIO Vol. 12 S. 16.

[5] UNCIO Vol. 12 S. 110.

[6] UNCIO Vol. 12 S. 107.

[7] UNCIO Doc. WD 434, CO/198 S. 17, zit. bei Kerley, The Powers, S. 894.

[8] So der französische Delegierte im SR SCOR 2nd Year 168th Meeting S. 1552.

[9] Goodrich / Hambro / Simons S. 257.

[10] Vgl. Kewenig, Bindungswirkung, S. 280.

[11] s. u. D. II. 1. b), c).

Untersuchung seine weitere Kompetenz bejaht hat, d. h. wenn er zu dem Ergebnis gelangt, die untersuchte Gefahrenlage bilde — ihre Fortdauer unterstellt — eine Situation oder Streitigkeit, die den Weltfrieden und die internationale Sicherheit gefährden kann, hat er die Möglichkeit, Empfehlungen zur friedlichen Beilegung des Konflikts abzugeben. Art. 34 SVN ist daher kein eigenständiges Mittel des SR, zur friedlichen Lösung von Streitigkeiten beizutragen. Er ist auch insoweit aus dem Kap. VI herausgehoben[13]. In allen Zweifelsfällen, in denen die Kompetenz des SR für ihn selbst und für die betroffenen Mitgliedstaaten nicht offenkundig ist, bietet Art. 34 SVN die Möglichkeit, seine Zuständigkeit zu klären. Wollte man die Befolgung der Resolution ins Ermessen des jeweils betroffenen Staates stellen, so böte man diesem Staat die Möglichkeit, dem SR die Grundlage — nämlich die Feststellung seiner Kompetenz — für mögliche Maßnahmen nach Kap. VI zu entziehen[14]. Denn wenn der SR das Mittel der Untersuchung gem. Art. 34 SVN wählt, dann gibt er zu erkennen, daß er nicht in der Lage ist, seine Kompetenz auf andere Weise zu bejahen.

Zudem ist von der Systematik der Satzung her zu beachten, daß die Vorschriften, die die Grundlage für die Wahrnehmung der Befugnisse der (Haupt-)Organe bilden (z. B. Art. 17 Abs. 2, 28 Abs. 1 Satz 2, 43, 79, 93 Abs. 1, 100 Abs. 2 SVN), die Mitgliedstaaten verpflichten und nicht nur empfehlenden Inhalt haben. Thematisch gehört Art. 34 SVN aus den angeführten Gründen in die Reihe dieser Vorschriften.

---

[12] Vgl. di Qual, Les effets, S. 82; Goodspeed, The Nature, S. 174; zur Frage, unter welchen Voraussetzungen der SR eine Untersuchung durchführen kann, vgl. Hasluck, Workshop, S. 56 und Goodrich / Hambro / Simons S. 268 ff.

[13] In diesem Zusammenhang ist auch eine Diskussion in San Francisco um die Reichweite des Vetorechts aufschlußreich:

„Delegate of United Kingdom: ‚... I think inquiry can be made ... investigation is not blocked, though recommendation or decision could be blocked.'

Delegate of New Zealand: ‚This is very important. I just want to ask you one question: The inquiry has been made ... and nothing can stop that, but can the power stop that in the result of the inquiry coming before the Council?'

Delegate of United Kingdom: ‚I think not. I think it must come before the Council ... In paragraph 1 it says that the Security Council should be empowered to investigate any dispute.'" (UNCIO Vol. 11 S. 324.)

In dieser Diskussion, die vor Einführung der „Chain-of-events-Theorie" stattfand, wird die aus den streitschlichtenden Maßnahmen herausgehobene Stellung des Art. 34 deutlich. Daher sollte sich noch nicht einmal eine Großmacht durch ihr Vetorecht der Untersuchung gem. Art. 34 entziehen dürfen. Wenn aber das Vetorecht als einzige „Bremse" angesehen wurde, dann ergibt sich daraus, daß die Großmacht an die Resolution, die die Untersuchung anordnet, gebunden ist.

[14] So auch di Qual, Les effets, S. 82 f. und Kerley, The Powers, S. 897, der daraus auf den verpflichtenden Charakter der Anordnung einer Untersuchung gem. Art. 34 schließt.

Daher läßt sich — insgesamt gesehen — der Schluß ziehen, daß die Anordnung der Untersuchung für die Mitgliedstaaten verbindlich ist[15]. Allerdings folgt diese Verbindlichkeit nicht aus Art. 25. Vielmehr ergibt sie sich wegen der Sonderstellung des Art. 34 — ebenso wie bei den übrigen vergleichbaren Normen der SVN, deren Anwendung erst die Grundlage für die Wahrnehmung der Befugnisse des betreffenden Organs bildet — aus der Norm selbst.

b) *Art. 33 Abs. 2*

Gem. Art. 33 Abs. 2 SVN „fordert (der SR) die Parteien auf, wenn er dies für notwendig hält, ihre Streitigkeiten durch solche (i. e. die in Art. 33 Abs. 1 SVN bezeichneten) Mittel beizulegen". In einer Konkretisierung (durch die Mittel) und zugleich einer Einschränkung („Streitigkeiten, deren Fortdauer geeignet ist, die Wahrung des Weltfriedens und der internationalen Sicherheit zu gefährden") des Art. 2 Abs. 3 SVN enthält Art. 33 Abs. 1 SVN nochmals die modifizierte[16] Pflicht der Staaten zur friedlichen Lösung von Konflikten.

Die Aufzählung der Mittel in Art. 33 Abs. 1 SVN ist nicht abschließend, wie sich aus der Formulierung „oder durch andere friedliche Mittel eigener Wahl" ergibt. Der SR kann gem. Art. 33 Abs. 2 SVN nicht bestimmte Methoden empfehlen: Er kann die Parteien weder abschließend auf den Methodenkanon des Art. 33 Abs. 1 SVN beschränken, da dieser andere, von den Parteien gewählte Mittel ausdrücklich vorsieht, noch ihnen ein bestimmtes Verfahren oktroyieren, da die Priorität der Auswahl bei den Parteien selbst liegt.

Die Bedeutung einer auf Art. 33 Abs. 2 SVN gestützten Entschließung liegt lediglich in der Feststellung der Anwendbarkeit des Art. 33 (und 36) auf den Konflikt. Denn der SR kann die Empfehlung nur abgeben, wenn er zuvor oder gleichzeitig, ausdrücklich oder stillschweigend[17] seine Kompetenz bejaht. Diese ist nach Art. 33 Abs. 1 SVN nur gegeben, wenn es sich um eine „Streitigkeit" („dispute") im Gegensatz zur „Situation" („situation") handelt[18]; außerdem muß die Fortdauer

---

[15] Ebenso Gerold, Die Sicherung, S. 41; Kelsen, Settlement, S. 185, 212; Kerley, The Powers, S. 897; Preux, Le droit, S. 206; Jiménez de Arechaga, Le traitement, S. 46; Manin, Le maintien, S. 50; Kewenig, Bindungswirkung, S. 280; vgl. auch Art. XXII Pact of Bogota, abgedruckt bei: Harley, Textbook, S. 445; Dagegen: Sohn, Authority, S. 239; Fakher, Relationship, S. 37 f.; Karaosmanoglu S. 254 und Ballaloud S. 73, die allerdings nur auf die Praxis des SR abstellen.

Unentschieden Higgins, Namibia, S. 282: „,Decisions' to investigate could perhaps have this operative effect."

[16] Die Verpflichtung aus Art. 2 Abs. 3 SVN geht weiter: sie umfaßt alle Streitigkeiten. An den Grundsatz der „Gerechtigkeit" ist gemäß Art. 1 Nr. 1 im Bereich der friedlichen Streitschlichtung auch der SR gebunden.

[17] Vgl. dazu Day, Le droit, S. 185 ff.

der Streitigkeit geeignet sein, die Wahrung des Weltfriedens und der internationalen Sicherheit zu gefährden. Hierin liegt die eigentliche Bedeutung des Art. 33 Abs. 2. Durch seine Resolution macht der SR den Streitparteien klar, daß die Streitigkeit zwischen ihnen nicht mehr ausschließlich ihre Angelegenheit ist, sondern zugleich Gegenstand von Erörterungen und Resolutionen des SR. Allein die Tatsache, daß sich die VN mit der Streitigkeit befassen, soll die Parteien zu erhöhten Anstrengungen der friedlichen Beilegung des Konfliktes animieren. Auf der anderen Seite bleibt der SR in einer Art Beobachterstellung. Zu eigenständigen Schlichtungsbeiträgen ist er zunächst nicht verpflichtet.

Auf den Zusammenhang zwischen der Verpflichtung der Staaten gem. Art. 33 Abs. 1 und der Befugnis des SR gem. Art. 33 Abs. 2 verweist der Bericht des Subcommittee III/2/B in San Francisco, das sich mit der redaktionellen Schlußbearbeitung des Kap. VI befaßte.

„It was intended, by the use of the word ‚shall' in the first sentence, to indicate that the parties should fulfill their obligation and that the Security Council should be able to call upon them to carry out this obligation. The substitution of the word ‚may' for ‚shall' in the second sentence had been made with this in mind[19]."

Ausgehend von dieser Verknüpfung vertreten einige Autoren die Auffassung, daß der „call" i. S. d. Art. 33 Abs. 2 ein stärkerer Begriff als der der Empfehlung sei[20]. Damit ist allerdings der Schritt von der rechtlichen Unverbindlichkeit zur Rechtsverbindlichkeit nicht vollzogen. Die Schwierigkeit, den Rechtscharakter des „call" zu bestimmen, ergibt sich daraus, daß sich die auf Art. 33 Abs. 2 gestützten Resolutionen in ihrem operativen Teil nicht vom Wortlaut des Art. 33 Abs. 1 unterscheiden. Insoweit könnte gefolgert werden, daß der „call" i. S. d. Art. 33 Abs. 2 die Adressaten bindet, da auch die Pflicht der Streitparteien gem. Art. 33 Abs. 1 verbindlich ist. Wäre er nur empfehlend, so könnte er mit der unbedingten Verpflichtung aus Art. 33 Abs. 1 (und Art. 2 Abs. 3) nicht in Einklang stehen. Doch muß zwischen der Verpflichtung aufgrund der Satzungsnorm und der aufgrund einer Resolution unterschieden werden. Daß Satzungsnormen verbindliche Pflichten auferlegen, besagt noch nichts darüber, daß die Organe der VN in Anwendung dieser Norm verbindlich handeln. Denn dann ist nicht ersichtlich, wieso die Empfehlung des SR gem. Art. 36, die auf demselben Tatbestand wie Art. 33 beruht, unstreitig nicht verbindlich ist[21]. Die

[18] Es wurde versucht, die Kompetenz des SR nach Art. 33 Abs. 2 SVN auch auf „situations" auszudehnen, vgl. Goodrich / Hambro / Simons S. 260 f.

[19] UNCIO Vol. 12 S. 107; vgl. auch Goodrich / Hambro 1. Aufl. S. 145.

[20] Goodrich / Hambro / Simons S. 263; Higgins, Namibia, S. 278.

[21] s. u. D. II. 1. c); deshalb läßt sich die Rechtsverbindlichkeit des „call" auch nicht aus dem Grund bejahen, daß der SR durch eine Resolution die Anwendbarkeit des Art. 33 Abs. 1 festlegt.

auf Art. 33 Abs. 2 gestützte Resolution ist daher rechtlich nicht verbindlich[22]. Im Unterschied zu den Art. 36 - 38 ist der Rechtscharakter der Resolution gem. Art. 33 Abs. 2 wegen der mangelnden Selektionsbefugnis des SR und der ohnehin bestehenden Verpflichtung der Staaten gem. Art. 33 Abs. 1 allerdings von keiner praktischen Bedeutung[23].

c) *Art. 36, 37, 38*

Gem. Art. 36 Abs. 1 SVN kann der SR „in jedem Stadium" einer Streitigkeit der in Art. 33 Abs. 1 SVN beschriebenen Art oder Situation derselben Qualität „geeignete Verfahren oder Methoden für deren Bereinigung" empfehlen. Dabei hat er nach Art. 36 Abs. 2 SVN die Verfahren in Betracht zu ziehen, die die Parteien zur Beilegung der Streitigkeiten bereits angenommen haben. Nach Art. 36 Abs. 3 SVN soll er ferner berücksichtigen, daß „Rechtsstreitigkeiten im allgemeinen von den Parteien dem Internationalen Gerichtshof im Einklang mit dessen Satzung zu unterbreiten sind". Art. 37 SVN ermöglicht es dem SR, bei einer Streitigkeit, die „tatsächlich die Wahrung des Weltfriedens und der internationalen Sicherheit gefährdet", gem. Art. 36 SVN tätig zu werden oder den Parteien ihm angemessen erscheinende Empfehlungen für die Beilegung zu unterbreiten. Dieser Kompetenz des SR korrespondiert die Pflicht der streitenden Parteien, gem. Art. 37 Abs. 1 SVN dem SR die Streitigkeit vorzulegen, wenn es ihne nicht gelingt, sie mit den in Art. 33 Abs. 1 SVN bezeichneten Mitteln zu lösen[24]. Schließlich kann der SR gem. Art. 38 SVN — unbeschadet seiner Möglichkeiten, nach Art. 36, 37 SVN tätig zu werden — auf Verlangen aller Streitparteien Empfehlungen zur friedlichen Streitschlichtung abgeben.

Gemeinsam ist den angeführten Normen, daß sie dem SR die Befugnis einräumen, „Empfehlungen" auszusprechen. Unterschiede ergeben sich einmal in der Frage, ob der SR von sich aus aktiv werden kann (Art. 36, 37 SVN)[25] oder nur auf Verlangen der Streitparteien tätig

---

[22] Ebenso: Goodspeed, Nature, S. 175; US Senate, Pacific Settlement, S. 13; Dahm, Völkerrecht Bd. II, S. 366.

[23] Bentwich / Martin S. 79.

[24] Der Wortlaut dieser Norm ist mißglückt: Die Partei, die an der Bereinigung der Streitigkeit kein Interesse hat, könnte allein durch ihre Weigerung verhindern, daß der SR gem. Art. 37 Abs. 2 SVN Empfehlungen abgibt. Obgleich sich die Gründungsmitglieder in San Francisco einig waren, daß der SR auch schon beim Antrag einer Partei gem. Art. 37 SVN tätig werden kann (vgl. UNCIO Vol. 12 S. 47), beließen sie es bei dem entgegengesetzten Wortlaut.

[25] Hinsichtlich Art. 37 Abs. 2 SVN ergibt sich dies nicht ohne weiteres; durch die Verknüpfung zwischen Art. 37 Abs. 1 und 2 SVN könnte die Handlung des SR von einer Initiative der Partei(en) abhängig sein. Die Tatsache, daß es Sache des SR ist, über die Qualität der Gefahrenlage zu ent-

wird (Art. 38 SVN). Differenzen ergeben sich weiterhin im Hinblick auf die Art der Empfehlung, die der SR aussprechen darf: Nach Art. 36 Abs. 1 SVN kann die Empfehlung nur „procedures or methods of adjustment" enthalten; nach Art. 38 SVN kann der SR auch substantielle und nicht nur verfahrensmäßige Fragen in der Empfehlung behandeln; Art. 37 Abs. 2 SVN eröffnet ihm schließlich die Möglichkeit, sowohl Empfehlungen gem. Art. 36 Abs. 1 als auch „die ihm angemessenen Empfehlungen für eine Beilegung" abzugeben. Ohne daß eine abschließende Klärung erfolgte, war man sich in San Francisco einig, daß der SR insoweit auch „terms of settlement" empfehlen kann[26].

Dieses aufgefächerte System von Handlungsmöglichkeiten des SR im Rahmen des Kap. VI wurde erst in San Francisco geschaffen. In den Vorentwürfen waren die Ermächtigungsgrundlagen für Handlungen des SR zugleich weitgehender und undifferenzierter[27]. In der Draft Constitution fand sich die Bestimmung, daß der Executive Council und die General Conference bei jeder „condition or dispute", die „the peace or good understanding between nations" störten, diejenigen Schritte unternehmen konnten, die sie für „necessary to facilitate a settlement" hielten[28]. Falls diese Bemühungen nichts fruchteten, konnte die General Conference mit ³/₄ Mehrheit unter Ausschluß der Streitparteien bindende Empfehlungen abgeben. Wurden diese Empfehlungen wiederum nicht befolgt, konnte der Executive Council zu Zwangsmaßnahmen übergehen. Nach der Staff Charter war der Council ebenfalls befugt, „just and equitable" Empfehlungen abzugeben, die sich sowohl auf Methoden der Streitschlichtung als auch auf die materiellen Kernpunkte des Konfliktes beziehen konnten. Sie verpflichteten die Mitgliedstaaten zur Ausführung; der Rat war überdies ermächtigt, die Schritte zu unternehmen, die die Durchführung der Empfehlungen sicherstellten[29]. Dieselben Befugnisse hatte der Council im Outline Plan[30].

Wegen der geänderten Auffassung über die Abstimmungsmodalitäten (Pflicht zur Stimmenthaltung der Streitbeteiligten) und der dadurch bewirkten stärkeren Betonung der Unterschiede zwischen Kap. VI und VII wurde indessen am Schluß der amerikanischen Vorarbeiten zur Konferenz von Dumbarton Oaks die Vorschrift neu formuliert:

„The Executive Council should be empowered with respect to any dispute (likely to threaten the peace) to encourage and facilitate the execution of

---

scheiden, spricht indes eher dafür, die Kompetenz des SR von der Initiative der Streitbeteiligten unabhängig zu machen.

[26] Vgl. Russell / Muther S. 600 ff.

[27] Vgl. dazu allg. Hagemann, Der provisorische Frieden, S. 49 ff.

[28] Zit. nach Russell / Muther S. 281.

[29] Russell / Muther S. 287.

[30] Russell / Muther S. 293.

the terms of any settlement determined under the authority of the international organization[31]."

Der Council hatte darüber hinaus die Befugnis, die Nichtbeachtung der „terms of settlement" mit Zwangsmaßnahmen zu ahnden[32]. Indessen verschob sich durch die Betonung des Unterschieds von Kap. VI und VII der Akzent der Zwangsmaßnahmen von der Erzwingung der Schlichtungsvorschläge auf die Wiederherstellung des Friedens[33]. Denn die Nichtbefolgung der Empfehlung hatte nicht automatisch Zwangsmaßnahmen zur Folge. Vielmehr mußte die dadurch geschaffene Situation „of sufficient gravity to require action" sein[34]. Die Konferenzteilnehmer von Dumbarton Oaks gingen sowohl hinsichtlich des Umfangs der Befugnisse des Rates als auch der Abstimmungsfrage im Bereich der friedlichen Streitschlichtung von unterschiedlichen Standpunkten aus. Großbritannien und die USA — bei den späteren Gesprächen auch China — vertraten die Ansicht, daß der Grundsatz „nemo judex in causa sua" es erfordere, daß die streitbeteiligten Parteien sich der Stimme enthielten. Dieser Grundsatz gelte allerdings nur für das Verfahren der friedlichen Schlichtung, weil es sich hier um eine „quasi judicial" Tätigkeit des SR handle. Die SU vertrat dagegen die Ansicht, daß die Einstimmigkeit der Großmächte Grundlage jeglicher Handlung des SR sein müsse, da nur sie über die Mittel verfügten, Frieden und Sicherheit aufrechtzuerhalten[35]. Die Haltung der SU änderte sich nicht trotz einiger Kompromißvorschläge von seiten der anderen Teilnehmer[36], so daß wegen der Uneinigkeit in diesem Punkt kein Beschluß über die gesamte Abstimmungsfrage zustande kam[37].

---

[31] V-11 der Tentative Proposals, zit. bei Russell / Muther S. 1000.

[32] VI-A-2 der Tent. Prop., zit. bei Russell / Muther S. 1001.

[33] Russell / Muther S. 302.

[34] VI-A-2 der Tent. Prop., zit. bei Russell / Muther S. 1001.

[35] Russell / Muther S. 447 f.

[36] Russell / Muther S. 448 ff.

[37] Krylov ist demgegenüber ohne weitere Nachweise der Ansicht, in Dumbarton Oaks sei eine nichtveröffentlichte Einigung über die Frage der Einstimmigkeit der ständigen Mitglieder erzielt worden (Krylov, Materiaux pour l'histoire de l'Organisation des Nations Unies, Moskau, 1949, S. 58 zit. bei: Day, Le droit de veto, S. 42); vgl. dagegen Russell / Muther S. 448, die der Ansicht sind, daß die gesamte Organisation wegen der Uneinigkeit in diesem Punkt in Frage gestellt war. Vgl. dazu auch den offiziellen britischen Kommentar zu den Vorschlägen von Dumbarton Oaks (UK, Commentary, S. 7): „It is obvious that the method by which the Security Council is to reach the important decisions which it would have to make is of outstanding importance. Under the Covenant decisions of the Council required, generally speaking, a unanimous vote of the members. It does not seem likely that this rule will be adopted for the Security Council, but if preference is given to the rule that decisions shall be taken by a majority, certain difficulties present themselves which require careful study. The special position of the members with permanent seats, on whom the main burden of maintaining international peace and security will fall, will need special consideration.

Erst in Jalta stimmte die SU dem Vorschlag Großbritanniens und der USA zu, um die Mitgliedschaft von zwei oder drei Sowjetrepubliken in den VN zu sichern[38]. Zugleich erhob der Vertreter des UK unter Hinweis auf das Münchner Abkommen Bedenken dagegen, daß der Rat „terms of settlement“ bindend festlegen konnte[39]. Der Rat sollte indessen die Befugnis haben, die Methode der Streitschlichtung zu beschließen[40]. Die UdSSR trat dagegen zunächst — gestützt auf das von ihr erstrebte unbegrenzte Vetorecht — dafür ein, daß die Empfehlungen des Rates bezüglich der Methode und der Kernfrage des Streites verbindlich sein sollten[41].

Schließlich einigte man sich insoweit, als der Rat nur noch die Befugnis haben sollte, „to recommend appropriate procedures or methods of adjustment“[42]. Die Frage nach den „terms of settlement“ wurde nicht wieder aufgegriffen, zumindest gibt es keine Berichte darüber[43]. Auch bei der durch VII-B-1 geschaffenen Verknüpfung zwischen friedlicher Streitschlichtung und Zwangsmaßnahmen stand nicht mehr die Erzwingung der empfohlenen Streitschlichtungsmethode, sondern die Wiederherstellung des Friedens im Zentrum möglicher Aktionen[44]. Während der amerikanischen Beratungen unmittelbar vor der Konferenz von San Francisco war die Frage des Umfangs möglicher Empfehlungen zur friedlichen Beilegung von Streitigkeiten umstritten, ohne daß man sich zu einer Aufgabe der in Dumbarton Oaks bezogenen Position entschloß[45]. Kernpunkt der Überlegung war das Bestreben, jedwede zwangsweise Durchsetzung von Empfehlungen zu vermeiden[46]. Die in Dumbarton Oaks offengebliebene Entscheidung über die Befugnis des SR, „terms of settlement“ zu empfehlen, wurde in San Francisco erneut von den Großmächten aufgegriffen. Dabei setzte sich schließlich der britische Vorschlag durch, der dem SR diese Befugnis zubilligte[47]. Die

These questions have therefore been reserved for further study by the four Governments, and it is only when they have come to an agreement about them that they will be able to invite the other States concerned to consider their conclusions.“

[38] Russell / Muther S. 531 f.; Byrnes, In aller Offenheit, S. 55 ff.; Wilcox, The Yalta Voting Formula, S. 943 ff.

[39] Russell / Muther S. 458.

[40] Russell / Muther S. 458.

[41] Russell / Muther S. 458.

[42] Russell / Muther S. 459.

[43] Russell / Muther S. 460 f.; erst während der unmittelbaren Vorbereitung der Konferenz von San Francisco beschlossen die Commonwealthstaaten, dem SR die Befugnis zuzuerkennen, „terms of settlement“ zu empfehlen; vgl. Russell / Muther S. 662.

[44] Vgl. Kelsen, UN Law, S. 409.

[45] Russell / Muther S. 600 ff.

[46] Russell / Muther S. 602 ff.

[47] Russell / Muther S. 664.

USA gingen bei der Diskussion des Vorschlages von der Prämisse aus, daß auch die Ausweitung der Befugnisse dem SR nicht die Möglichkeit bot, „to impose settlement“[48]. Diese Annahme wurde von den anderen Delegationen geteilt[49]. Lediglich der belgische Delegierte schlug folgende Ergänzung vor:

„Any State, party to a dispute brought before the Security Council, shall have the right to ask the Permanent Court of International Justice whether a recommendation or a decision made by the Council or proposed in it infringes on its essential rights. If the Court considers that such rights have been disregarded or are threatened, it is for the Council either to reconsider the question or to refer the dispute to the Assembly for decision[50].“

Der belgische Delegierte verfolgte damit den Zweck zu klären, ob die Parteien einer Streitigkeit durch Empfehlungen zur friedlichen Streitschlichtung verpflichtet würden[51]. Daraufhin versicherte der Delegierte der USA, daß im Bereich des Kap. VI „compulsion or enforcement“ nicht ins Auge gefaßt wären[52]. Diese Klarstellung veranlaßte den Vertreter Belgiens, seinen Antrag zurückzuziehen[53].

Bei der Erörterung der Änderungsvorschläge des Art. 27 wurde die unterschiedliche Rechtsqualität von Zwangsmaßnahmen und Empfehlungen zur friedlichen Streitschlichtung ebenfalls hervorgehoben. Gerade wegen der rechtlichen Unverbindlichkeit der im Rahmen des Kap. VI getroffenen Empfehlungen sollte das Veto auf sie nicht anwendbar sein[54]. Daß sich dieser Vorschlag nicht durchsetzte, verdeutlicht die Animosität der Großmächte gegen die Gefahr, durch die Eskalation eines zunächst der friedlichen Schlichtung unterzogenen Konfliktes zur Verhängung von Zwangsmaßnahmen gegen ihren Willen gedrängt zu werden[55]. Diese Befürchtung basiert weniger auf rechtlichen Erwägungen — z. B. der sich u. U. aufdrängenden Pflicht, von der in

---

[48] Russell / Muther S. 664.

[49] Russell / Muther S. 664 f.

[50] UNCIO Vol. 12 S. 63.

[51] UNCIO Vol. 12 S. 66.

[52] UNCIO Vol. 12 S. 66.

[53] Zum Ablauf der Diskussion in San Francisco vgl. auch UNCIO Vol. 12 S. 151; Galino, Las resoluciones, S. 106.

[54] Day, Le droit de veto, S. 87; Dolivet, United Nations, S. 48; Evatt, Task, S. 47 f.; Felder, Staatengleichheit, S. 119; Liang, Settlement, S. 345 f.; Scharnow, Vereinigte Nationen, S. 98 ff.; Stavropoulos, Abstentions, S. 748; Uschakow, Einstimmigkeit, S. 28; vgl. auch den französischen Vorschlag zur Änderung des Art. 27 in San Francisco, abgedr. bei: Dupuy, San Francisco, S. 10. Auf diesen Zusammenhang wurde auch bei der Entwicklung der „voeux“ im VB hingewiesen (vgl. Nincic, Sovereignty, S. 103 f.).

[55] Insoweit ist auch darauf hinzuweisen, daß das Veto lediglich einen Beschluß verhindern kann; vgl. Krüger J., Sicherheitsrat, S. 49; Uschakow, Einstimmigkeit, S. 56; Schwarz-Liebermann, Mehrheitsentscheidung, S. 149; Nincic, Sovereignty, S. 116 f.

früheren Vorschlägen bestehenden Möglichkeit der Erzwingung eines Schlichtungsvorschlages Gebrauch machen zu müssen —, sondern auf dem Interesse der Großmächte, wegen der nicht kalkulierbaren internationalen Entwicklung so wenig wie möglich in ihrer Souveränität beschränkt zu werden.

Die Frage der Befugnisse des SR im Rahmen des Kap. VI war ebenfalls Thema längerer Befragungen im Auswärtigen Ausschuß des amerikanischen Senats, die im Anschluß an die Konferenz stattfanden. Dabei wurde mehrfach sowohl von Mitgliedern des Ausschusses als auch von dem Vertreter des State Department, Pasvolsky, betont, daß keine Norm in Kap. VI den SR ermächtigt, eine Streitschlichtung zu erzwingen[56].

Anhand der Entstehungsgeschichte des Kap. VI läßt sich daher die Unverbindlichkeit der auf die Art. 36, 37, 38 gestützten Empfehlungen nachweisen.

Dem entspricht auch die Interessenlage der die Satzung maßgeblich beeinflussenden Großmächte am Ende des 2. Weltkrieges. Die VN sind hervorgegangen aus einer Zeit der offenen Aggression gegen alle Großmächte. Gerade wegen dieser gemeinsamen Bedrohung und nur zum Zwecke ihrer Bekämpfung kam die Kriegskoalition zustande. Die Bekämpfung einer offenkundigen Aggression wird in der Charta durch Kap. VII erfaßt. Darüber hinaus bestanden zwischen den Großmächten am Ende des 2. Weltkrieges weltweite Interessendivergenzen, die nicht das Stadium des Art. 39 erreichten. Wie die Entwicklung schon kurz nach dem Ende des Krieges zeigte, war keine Großmacht bereit, um übergeordneter Gemeinschaftsinteressen willen die Ausdehnung ihrer Machtsphäre unterhalb der Schwelle bewaffneter Aggression zu unterlassen. Der durch Art. 27 konstituierte Zwang zur Konsensbildung ist jedoch bei zumindest tendenzieller globaler Interessenverwicklung der Großmächte im Bereich des politischen Machtkampfes nur sinnvoll, wenn die diesbezüglichen Handlungen des SR nicht rechtsverbindlich sind[57].

Schließlich sprechen noch der innere Aufbau und einige der vorgesehenen Verfahren gegen die Verbindlichkeit von Empfehlungen gem.

---

[56] US Senate, Hearings, S. 271, 272, 275, 276; vgl. auch „Report of the Senate Committee on Foreign Relations on the United Nations Charter, July 16, 1945", zit. nach: US Senate, Review, S. 61: „it (i. e. dem SR) is given broad powers to enable it to fulfill this responsibility (i. e. Art. 24 Abs. 1), although it has no authority to impose terms of settlement". Vgl. auch Cordier / Foote, Public Papers, S. 243.

[57] Schlüter, Die politische Funktion, S. 64 f.; vgl. allg. Rosner-Lande, Effectiveness, S. 168; dagegen spricht nicht der Zwang zur Einstimmigkeit auch bei Zwangsmaßnahmen: die Aggression durch ein ständiges Mitglied des SR wird von der Satzung ausgeklammert.

Kap. VI[58]. Die Befugnisse des SR in bezug auf die Behandlung von „Situationen" erschöpfen sich gem. Art. 36 Abs. 1 in der Empfehlung von Schlichtungsverfahren. Und auch für Streitigkeiten besteht — abgesehen vom Sonderfall des Art. 38 — erst in einer gesteigerten Gefahrenlage[59] die Befugnis, „terms of settlement" zu empfehlen. Solange der SR nur zu prozeduralen Fragen Stellung nehmen kann, sind bindende Entscheidungen im Hinblick auf die Beilegung des Konfliktes zwecklos. Die Festlegung der Parteien auf einen bestimmten Schlichtungsmodus ist sinnlos, solange nicht der Kernpunkt der Gefahrenlage, der sicherlich nicht in der prozeduralen Frage liegt, mit in den Schlichtungsprozeß einbezogen werden darf. Die Streitschlichtungsverfahren umfassen gem. Art. 33 Abs. 1 den Schiedsspruch und die gerichtliche Entscheidung. Beide sind für die Parteien verbindlich[60]. Beide Verfahren sind weiterhin dadurch gekennzeichnet, daß es auf jeden Fall zu einer Entscheidung kommt, wenn sie erst einmal in Gang gesetzt worden sind. Mit der Festlegung auf eines der Verfahren würde den Parteien zwar kein bestimmtes Ergebnis i. S. d. „terms of settlement" oktroyiert, aber es würde ihnen doch eine noch zu treffende Entscheidung auferlegt, die sie bindet. Damit wäre eine Form der „compulsory jurisdiction" geschaffen[61], die für den Fall des Schiedsgerichts noch unberechenbarer ist als die eines Gerichtshofes, da das Schiedsgericht nach Treu und Glauben entscheiden kann[62]. Jegliche Form der „compulsory jurisdiction" scheiterte jedoch in San Francisco am Widerstand der USA und UdSSR[63]:

„The United States took that position at San Francisco, in my judgement, because of tradition that has prevailed in the Senate of the United States for over 40 years. That tradition is to this effect: That the United States will not undertake to arbitrate or to adjudicate its disputes unless it be provided that in each particular case which may arise, there must be a special agree-

[58] Dabei bleibt die Befugnis des SR, gem. Art. 34 eine Untersuchung durchzuführen, außer Betracht, da sie eine vorbereitende Maßnahme und kein Mittel der friedlichen Streitschlichtung darstellt (s. o. D. II. 1. a)).

[59] Nämlich erst dann, wenn gem. Art. 37 Abs. 2 „die Fortdauer der Streitigkeit *tatsächlich* die Wahrung des Weltfriedens und der internationalen Sicherheit gefährden" könnte.

[60] Goodrich / Hambro 1. Aufl. S. 143.

[61] Gerade im Zusammenhang mit der Frage der compulsory jurisdiction schlug der uruguayische Delegierte in San Francisco vor (UNCIO Vol. 12 S. 83): „If the Security Council is empowered, after all peaceful means have failed, to recommend arbitration, why not give the Council the widest powers so that arbitration is effected? It is not very clear ... whether the parties concerned are to abide by the final decision of the Concil."

[62] Nicht zuletzt wegen der geringen Kalkulierbarkeit des Ergebnisses macht Art. 36 Abs. 3 StatIGH die Entscheidung des IGH nach „Treu und Glauben" von der Zustimmung der Parteien abhängig.

[63] Vgl. UNCIO Vol. 13 S. 223 ff., 246 ff., 553 ff., Vol. 14 S. 667 f.; Goodrich, Pacific, S. 969; Anand, Compulsory Jurisdiction, S. 40; Russell / Muther S. 283 f., 868.

ment defining the question, establishing the tribunal laying out the procedure to be followed, and that special agreement must be consented by the Senate[64]." „The UdSSR was guided by the necessity of defending the interests of Socialist States[65]."

Auf Vorschlag Norwegens wurden die Worte „by the parties" hinter „referred" eingefügt, um deutlich zu machen, daß der SR keine für die Parteien bindende Verweisung des Streits an den IGH beschließen kann[66].

Wären die Empfehlungen des SR im Rahmen der Art. 36 - 38 rechtsverbindlich, so entstünde im Fall der Nichtbeachtung eine verschärfte internationale Lage, denn die Nichtbeachtung einer bindenden Entscheidung bedeutet zugleich die Leugnung der Autorität des SR. Damit würde, ganz entgegen der Intention des Kap. VI, allein durch das Scheitern der Maßnahme des SR ein zusätzliches Spannungsmoment geschaffen, das den in internationalen Beziehungen latenten Hang zur Anwendung individueller Gewalt verstärken könnte. Zudem würde die beabsichtigte Handlungsfreiheit des SR eingeschränkt. Denn wenn die in der Satzung als „Empfehlung" gekennzeichneten Handlungen des SR von Rechts wegen verbindlich sind, so steht ihm mangels anderweitiger Vorschriften für diesen Bereich ein rechtlich nicht bindendes Handlungsmittel nicht zur Verfügung. Dem SR ist dann die Möglichkeit genommen, durch die Wahl eines unverbindlichen Handlungsmittels seine Distanz zu dem zu regelnden Konflikt zu wahren. Diese Distanz ist jedoch notwendig, um nicht allein durch die Einmischung des SR die Gefahr einer Eskalation des Konfliktes zu bewirken[67].

d) Zusammenfassung

Dem SR stehen in Kap. VI Befugnisse zur Streitschlichtung (Art. 33, 36 - 38) und zu vorbereitenden Maßnahmen (Art. 34) zu. Die Anordnung einer Untersuchung gem. Art. 34 ist rechtsverbindlich, da die beteiligten Staaten dem SR nicht die Grundlage von Streitschlichtungsbeiträgen — nämlich die Feststellung seiner Kompetenz — entziehen

[64] Hudson, Compulsory, S. 18.

[65] Krylov zit. nach: Anand, Compulsory Jurisdiction, S. 45; vgl. auch Lapenna, Conceptions, S. 297 f. Daß der Widerstand gerade von diesen beiden ständigen Mitgliedern des SR kam, wird verständlich, wenn man bedenkt, daß sie wegen Art. 27 Abs. 3 sich bei einem Beschluß gem. Art. 36 Abs. 3 nicht auf ihr Vetorecht berufen können. Sie würden also gegen ihren Willen rechtlich gebunden. Genau dies sollte jedoch verhindert werden.

[66] UNCIO Doc. 1029 S. 4, zit. bei: Kelsen, UN Law, S. 407; vgl. auch Russell / Muther S. 661.

[67] Diese Gefahr kommt auch — wenngleich unbeabsichtigt — in der „Chain-of-events-Theorie" zum Ausdruck: Gerade wegen der Gefahr der Eskalation eines Konfliktes durch die Einmischung des SR und damit der Großmächte war die Ausdehnung des Einstimmigkeitsprinzips zum Schutz der Großmächte wichtig.

dürfen. Zwar ist die Frage der Rechtsverbindlichkeit in San Francisco und den Vorarbeiten zur Konferenz nicht ausdrücklich angesprochen worden. Doch läßt sich den Vorarbeiten — ebenso wie bei Art. 17 Abs. 2 — entnehmen, daß die Befolgung von Resolutionen, die die Grundlage für die Wahrnehmung von Befugnissen bilden, eine selbstverständliche — und daher nicht näher erörterte — Annahme war.

Die eigentlichen Resolutionen zur Streitschlichtung im Rahmen des Kap. VI sind dagegen rechtlich unverbindlich. Dies ist in San Francisco unter Abkehr von vorherigen Vorstellungen ausdrücklich bestätigt worden und folgt auch aus dem Aufbau des Kapitels, aus der Aufnahme der Streitschlichtungsmethoden „Schiedsspruch“ und „gerichtliche Entscheidung“ bei gleichzeitiger Ablehnung jeglicher Form der „compulsory jurisdiction“ und aus der Ausnahmeregelung des Art. 27 Abs. 3. In bezug auf Art. 33 Abs. 2 ist die Unterscheidung zwischen rechtsverbindlicher und -unverbindlicher Resolution allerdings wegen der mangelnden Selektionsbefugnis des SR und der Verpflichtung der Staaten gem. Art. 33 Abs. 1 ohne praktische Bedeutung.

2. Kap. VII

Die Handlungsmöglichkeiten des SR gem. Kap. VII unterscheiden sich von denen des Kap. VI in doppelter Hinsicht: sowohl vom Tatbestand des Art. 39 her als auch im Hinblick auf die Ziele und Zwecke der Organisation unterliegt der SR geringeren Bindungen als im Bereich des Kap. VI. Trotz dieses weiten Handlungsspielraumes billigten die Gründungsmitglieder dem SR die Befugnis zu, (zumindest) gem. Art. 41, 42 Entscheidungen i. S. d. Art. 25 zu beschließen. Um der dadurch entstehenden Gefahr der Schaffung einer Weltregierung zu entgehen, setzten die Staaten dem SR bei der Ausübung der Entscheidungsbefugnis enge funktionale Grenzen.

Der erweiterte Handlungsspielraum des SR soll anhand der Diskussion um den Tatbestand des Art. 39 und der Bindung des SR an Ziele und Zwecke der VN erläutert werden. Die enge Bindung der Entscheidungsbefugnis wird anhand der unterschiedlichen Reichweite der Maßnahmen gem. Kap. VI und VII, der Frage nach der zwangsweisen Durchsetzung von Empfehlungen zur friedlichen Streitschlichtung und des Problems der Empfehlung von Zwangsmaßnahmen dargestellt.

a) Der Handlungsspielraum des SR im Bereich des Kap. VII

aa) Der Streit um den Tatbestand des Art. 39

Die Frage der präziseren Fassung der Handlungsvoraussetzungen des SR im Bereich des Kap. VII tauchte bereits im frühen Stadium der amerikanischen Planungen auf. Schon in der Draft Constitution wurde die Entscheidung getroffen, die Begriffe „war" und „aggression" im Unterschied zur SVB nicht mehr zu verwenden. Die Versuche, den Begriff der Aggression während der Zeit des VB zu definieren, wurden als gescheitert betrachtet[68].

Gemäß dem ursprünglichen amerikanischen Konzept der „four policemen" sollten zudem Begriffe gewählt werden, die ideologisch nicht so anfällig waren wie z. B. der der Aggression. Als Handlungsvoraussetzungen des SR benutzte man daher die Begriffe „menace to the peace", „threatening or committing a violation of the peace" und „breach or imminently threatening breach of the peace"[69]. Diese Begriffe stellten die Kehrseite der Verpflichtung der Mitgliedsstaaten dar, ihre Konflikte mit ausschließlich friedlichen Mitteln zu regeln. Im Outline Plan kehrte man dagegen zur Verwendung des Begriffs der Aggression zurück. Um zu Zwangsmaßnahmen greifen zu können, mußte der Council „determine the existence of threats or acts of aggression"[70]. Eine Begründung für die Änderung der Terminologie findet sich nirgends. Russell / Muther führen sie auf die „drafting haste"[71] zurück. Dafür spricht, daß die Tentative Proposals den Begriff der Aggression wieder fallen ließen. Handlungsvoraussetzung des SR war nun „any condition, situation, or act involving an alleged threat to ... or breach of the peace"[72]. Eine Liste mit weiteren, präziseren Kriterien ging zwar wegen der Befürchtung, einschlägige Fälle auszulassen, in den Normenkatalog nicht ein, wurde indessen als interpretatorischer Hinweis nicht ausschließlichen Charakters beigefügt. Sie enthielt folgende Beispiele:

„a) employment of military forces by a state within the jurisdiction of another state not authorized by the international organization;

b) failure to comply with a request of the executive council to accept procedures of pacific settlement in any dispute;

c) failure to accept terms of settlement of a dispute as prescribed under the authority of the international organization;

d) failure to comply with the request of the executive council to maintain the existing position or to return to a prior position as determined by the executive council;

e) failure to observe obligations with respect to the regulation of armaments and armed forces and the manufacture of and international traffic in arms; and

---

[68] Vgl. z. B. die Handlungsunfähigkeit des VB angesichts des japanischen Angriffs auf China; dazu Walters S. 465 ff.

[69] Russell / Muther S. 235.

[70] Russell / Muther S. 249.

[71] Russell / Muther S. 249.

[72] Russell / Muther S. 252.

f) obstruction of measures for the enforcement of security and peace through failure to comply with a call from the council (1) to carry out agreed undertakings regarding measures of enforcement and (2) to make available on the basis of agreed obligations, forces and facilities for enforcement action[73]."

Die Beispiele enthalten noch die Verknüpfung von friedlicher Streitschlichtung und Zwangsmaßnahmen (lit. b, c) und machen die ursprünglich weitgesteckten Befugnisse des SR deutlich. In Dumbarton Oaks wurde zunächst auf Wunsch der UdSSR der Begriff „act of aggression" wieder eingefügt. Der Vertreter der UdSSR begründete diesen Wunsch mit dem Bekanntheitsgrad des Begriffs[74]. Daß auch die UdSSR die Bekanntheit des Begriffs nicht mit seiner Klarheit verwechselte, zeigen ihre Versuche, die Handlungsvoraussetzungen des SR schärfer zu umreißen. Sie scheiterten jedoch an der geschlossenen Opposition der USA und des UK, die der Ansicht waren,

„that it had never been possible to define aggression in the past and that any attempt to do so in the Charter would only limit the authority of the Council"[75].

Angesichts der Bedenken, die die kleineren Staaten gegen die Machtfülle des SR hegten[76], verwunderte es nicht, daß sie versuchten, den SR durch die Festlegung auf einen bestimmten Aggressionsbegriff in San Francisco rechtlich zu bändigen[77]. Insbesondere Bolivien und die Philippinen brachten enumerative, nicht abschließende Definitionen der Aggression ein[78]. Die Philippinen schlugen vor, Art. 39 folgenden Abs. 2 anzugliedern:

„Any nation should be considered as threatening the peace or as an aggressor, if it should be the first party to commit any of the following acts: (1) To declare war against another nation; (2) To invade or attack, with or without declaration of war, the territory, public vessel, or public aircraft of another nation; (3) To subject another nation to a naval, land or air blockade, and (4) To interfere with the internal affairs of another nation by supplying arms, ammunition, money or other forms of aid to any armed band, faction or group, or by establishing agencies in that nation to conduct propaganda subversive of the institutions of that nation[79]."

---

[73] VI-A-2 zit. bei Russell / Muther S. 1001.

[74] Russell / Muther S. 465.

[75] Russell / Muther S. 465; vgl. auch UK, Commentary, S. 4, 8: „It is therefore proposed to give the Security Council the widest powers to deal with all such situation."

[76] Herlitz, Coercive Measures to Maintain or Restore Peace and Security, in: Swedish Institute, S. 69, 74 ff.

[77] Vgl. Wilcox, Yalta, S. 946; Cavaré, Les sanctions dans le Pacte de la SdN, S. 655.

[78] UNCIO Vol. 12, S. 604 f., 606.

[79] UNCIO Vol. 12 S. 606; auf der 10. Sitzung des Committee III/3 stellte der philippinische Delegierte durch die Einfügung der Worte „among others" nach „following acts" klar, daß die Aufzählung nicht abschließend sein sollte.

Gegen den weitergehenden Vorschlag Boliviens opponierten alle Großmächte außer China[80], so daß er schließlich auf der 10. Sitzung des Committee III/3 mit 22 gegen 12 Stimmen zurückgewiesen wurde[81]. Daraufhin wurde der philippinische Vorschlag nicht mehr zur Abstimmung gestellt. Paul-Boncourt faßt als Berichterstatter die Diskussion im Committee III/3 zusammen:

„Various amendments proposed on this subject recalled the definitions written into a number of treaties concluded before this war but did not claim to specify all cases of aggression. They proposed a list of eventualities in which intervention by the Council would be automatic. At the same time they would have left the Council the power to determine the other cases in which it should likewise intervene.

Although this proposition evoked considerable support, it nevertheless became clear to a majority of the Committee that a preliminary definition of aggression went beyond the possibilities of this Conference and the purpose of the Charter. The progress of the technique of modern warfare renders very difficult the definition of all cases of aggression. It may be noted that, the list of such cases being necessarily incomplete, the Council would have a tendency to consider of less important the acts not mentioned therein; these omissions would encourage the aggressor to destort the definition or might delay action by the Council. Furthermore, in the other cases listed, automatic action by the Council might bring about a premature application of enforcement measures.

The Committee therefore decided to adhere to the text drawn up at Dumbarton Oaks and to leave to the Council the entire decisions as to what constitutes a threat to peace, a breach of the peace or an act of aggression[82]."

Die intendierte Unbestimmtheit der tatbestandlichen Voraussetzung des Art. 39 war ein, wahrscheinlich sogar das entscheidende Moment der Handlungsfreiheit und Machtfülle des SR, die von einem großen Teil der Autoren schlicht konstatiert wird[83]. Die Nachteile, die mit der Aufnahme des Begriffes der Aggression in den Tatbestand des Art. 39 verbunden sind, zeigten sich in San Francisco besonders deutlich: Fast ausnahmslos drehte sich die Diskussion um die Auslegung dieses Begriffes; daß der SR auch nach der Bejahung der anderen Tatbestandsmerkmale des Art. 39 Zwangsmaßnahmen verhängen kann, blieb völlig außer Betracht. Wie sehr aber gerade der Begriff der Aggression der Konzeption des SR als „policeman" widerspricht, läßt sich an dem philippinischen Vorschlag demonstrieren: Durch das Erfordernis, den Staat

---

80 UNCIO Vol. 12 S. 348 f., Doc. 442.

81 UNCIO Vol. 12 S. 349.

82 UNCIO Vol. 12 S. 505.

83 Schwarzenberger, Machtpolitik, S. 294; Khan, Collective Security, S. 411; Preux, Le droit de veto, S. 211; Possony, Peace, S. 938; Levi, Fundamentals, S. 39 f.; Kunz, Sanctions, S. 330; Jacob / Atherton, Dynamics, S. 71; Hilmi, Unvollkommenheit, S. 55; Eagleton, Aims, S. 993; ders., Yardstick, S. 71; ders., Government, S. 525 f.; Cavaré, Les sanctions dans le cadre de l'ONU, S. 256; Bindschedler, Grundfragen, S. 72; Buehrig, Security Council, S. 826.

als Aggressor zu bestimmen, der als erster eine der aufgezählten Handlungen durchführt, wird die Verbindung zu dem historischen Hintergrund der deutschen und japanischen Aggression zu Beginn des 2. Weltkrieges deutlich. Eine Aggression liegt danach immer dann vor, wenn ein — womöglich militärisch übermächtiger — Aggressor ein — unschuldiges — Opfer überfällt[84]. Die Bestimmung des Aggressors kann dann nur die Bedeutung haben, daß Maßnahmen des SR — zumindest in erster Linie — gegen ihn gerichtet sein müssen. Damit entsteht indessen ein Widerspruch zu der Forderung nach prompten und effektiven Maßnahmen des SR. Denn „Schuld" und „Unschuld" liegen in internationalen Konflikten in aller Regel nicht so offen zutage, daß schnelle Aktionen des SR möglich sind. Die mit der Einführung des Begriffs der Aggression verbundenen Konsequenzen bedingen also eine Wandlung des SR vom „Weltpolizisten" zum „Weltgericht", ohne daß er für diese Aufgabe adäquat strukturiert ist.

Der Einwand der Großmächte, die Definition könne nicht erschöpfend sein, erscheint angesichts ihrer Interessenlage nur als vordergründig. Aufgrund ihrer Erfahrungen in der Anti-Hitler-Koalition betonten sie das Einstimmigkeitsprinzip und formten vor diesem Hintergrund die Normen des Kap. VII. Der Fall einer offenen bewaffneten Auseinandersetzung war jedoch von allen Definitionen klar erfaßt. Ob die Großmächte darüber hinaus übereinstimmende Vorstellungen vom Inhalt des Aggressionsverbotes hatten, darf angesichts der bestehenden politischen Unterschiede mehr als bezweifelt werden. Die von den kleineren Staaten aufgestellte Forderung nach größerer begrifflicher Klarheit ist aus ihrer Interessenlage her zu verstehen. Denn erst die begriffliche Präzisierung macht Handlungen des SR kalkulierbar. Auf der einen Seite können die Mitgliedstaaten erkennen, welche Handlungen in den internationalen Beziehungen gestattet sind, ohne daß der SR mit Zwangsmitteln eingreift; auf der anderen Seite können die Staaten berechnen, unter welchen internationalen Konstellationen sie mit Zwangsmaßnahmen und damit möglicherweise auch mit ihrer Beteiligung bei deren Durchführung rechnen müssen[85]. Diese Berechenbarkeit ist zwar optimal erst bei einer abschließenden Aufzählung der Aggressionstatbestände verwirklicht, doch approximativ auch durch die beispielhaft enumerative Aufzählung. Die mißliche Situation, die die Unbestimmtheit des Tatbestandes des Art. 39 insbesondere für die kleineren Staaten in sich birgt, wird deutlich, wenn man Art. 39 und Art. 2 Abs. 4 vergleicht. Buehrig betrachtet Art. 2 Abs. 4 als eine Art negative Definition der Aggression:

---

[84] Vgl. Bebler, Yardstick, S. 88.

[85] Vgl. Oldenhage, Die Reaktion, S. 114.

„Instead of defining aggression the Charter imposes the positive obligation on all members to ‚refrain in their international relations from the threat or use of force against the territorial integrity or political independence of any state, or in any manner inconsistent with the Purposes of the United Nations'[86]."

Diese Auslegung hilft jedoch nicht weiter, da der Tatbestand des Art. 39 mehr umfaßt als nur das Aggressionsverbot. Handlungen, die nicht unter Art. 2 Abs. 4 fallen, können also dennoch Zwangsmaßnahmen hervorrufen. Doch selbst wenn man die inhaltliche Kongruenz von Art. 2 Abs. 4 und 39 herstellt, bringt das Gewaltverbot den einzelnen Staat nicht aus der mißlichen Lage. Denn abgesehen von Art. 51, der nur für den Fall eines bewaffneten Angriffs eingreift, stehen die Staaten einerseits unter der bindenden Verpflichtung, selbst keine mit Art. 2 Abs. 4 unvereinbare Gewalt anzuwenden, andererseits haben sie jedoch keine Gewähr für hilfreiche Aktionen des SR für den Fall, daß sie Opfer unerlaubter Gewaltanwendung werden. Denn Art. 39 verpflichtet den SR nicht zum Tätigwerden; zwar ist nicht ausdrücklich die Rede davon, daß der SR auch die Kompetenz hat, nichts zu unternehmen. Da er jedoch jeweils im Einzelfall über das Vorliegen der tatbestandlichen Voraussetzungen des Art. 39 zu entscheiden hat, kann er sich jeder Aktion entziehen, indem er die Erfüllung des Tatbestandes von Art. 39 nicht bejaht. Die SVN verbietet daher wegen der unpräzisen Fassung des Art. 39 den Staaten gem. Art. 2 Abs. 4 mehr, als sie ihnen Kompensation in Form von Handlungen des SR gewährt[87]. Ziel der Festlegung des SR auf einen bestimmten Aggressionsbegriff war daher auch die Einschränkung der Inkongruenz von Verbot und Garantie[88] durch den Zwang zur automatischen Reaktion. So begründet der bolivianische Delegierte seinen Vorschlag:

„The Council's work would be facilitated if a definite list were written in the Charter. The seven circumstances listed would provide for automatic Council action in these cases ... In certain instances there could be no doubt of aggression. Assurance is desirable that the Council would act in these circumstances ... The Organization must bind itself to oppose lawless force by lawfull force in certain cases where action should be obligatory. No one could doubt the necessity for action in the event of the first three Bolivian

[86] Buehrig, Security Council, S. 826.

[87] Vgl. Doxey, Sanctions, S. 542; Nincic, Sovereignty, S. 90; Kunz, Sanctions, S. 330; diese Inadäquanz versucht Grabowski, Die Charta von San Francisco, S. 101 durch eine Umdeutung des Art. 51 auszugleichen, die indessen den Wortlaut der Norm überspielt: „Unterläßt der Sicherheitsrat jedwedes Eingreifen oder ist dieses in seiner konkreten Gestalt offensichtlich unzweckmäßig, so könnte jedes Mitglied oder jede Mitgliedergruppe sich auf das Recht der Selbstverteidigung berufen, um irgendwelches Vorgehen nach eigenem Gutdünken zu rechtfertigen."

[88] Das durch die Satzung in Art. 51 anerkannte Selbstverteidigungsrecht greift nur für den Fall des „bewaffneten Angriffs" ein. Das Verhältnis von Art. 2 Abs. 4 und Art. 51 ist allerdings in der Praxis des SR umstritten (vgl. Goodrich / Hambro / Simons S. 46 ff.; Röling, International Law, S. 82).

circumstances. If one vote on the Security Council could prevent action, then it would be essential to have a list of circumstances when Council action would be automatic[89]."

Da nach dem Diskussionsstand in San Francisco jedes Organ der VN, also auch der SR, seine Kompetenzen selbst interpretiert[90], wirkt sich

[89] UNCIO Vol. 12 Doc. 442 S. 1 f.; vgl. auch UNCIO Vol. 12 S. 348 f., wo der bolivianische Delegierte noch einmal den Gedanken der Effektivität des SR im Zusammenhang mit der Präzisierung des Art. 39 betont.

[90] Kelsen, UN Law, S. 267; Bebr, Regional Organizations, S. 178; Beckett, The North Atlantic Treaty, 1950, S. 10 zit. nach: Levontin, The Myth, S. 200 f.; Day, Le droit de veto, S. 108 f.; Al Chalabi, La légitime défense, S. 171; Kelsen, Settlement of disputes, S. 182. Daß die GV nicht befugt sein sollte, die den SR betreffenden Vorschriften für diesen bindend zu interpretieren, ergibt sich aus der Entstehungsgeschichte. In San Francisco schlug Belgien vor, die GV solle die „sovereign competence to interpret the provisions of the Charter" haben (UNCIO Vol. 3 S. 339). Der Vorschlag fand indessen keine Mehrheit; andere Delegationen schlugen vor, den IGH oder ein Expertenkomitee o. ä. Gremium mit der Interpretation in Konfliktfällen zu betrauen (vgl. die Zusammenstellung in UNCIO Vol. 13 S. 633). Keine dieser Ansichten setzte sich durch; vielmehr entschied man im Special Sub-Committee des Committee IV/2: „In the course of the operations from day to day of the various organs of the Organization, it is inevitable that each organ will interpret such parts of the Charter as are applicable to its particular function ... it would always be open to the General Assembly or to the Security Council, in appropriate circumstances, to ask the International Court of Justice for an advisory opinion concerning the meaning of a provision of the Charter. Should the General Assembly or the Security Council prefer another course, an ad hoc committee of jurists might be set up to examine the question and report its views, or recourse might be had to a joint conference. In brief the members or the organs of the Organization might have recourse to various expedients in order to obtain an appropriate interpretation. It would appear neither necessary nor desirable to list or to describe in the Charter the various possible expedients ... It is to be understood, of course, that if an interpretation made by any organ of the Organization or by a committee of jurists is not generally acceptable, it will be without binding force. In such circumstances, or in a case where it is desirable to establish an authoritative interpretation as a precedent for the future, it may be necessary to embody the interpretation in an amendment to the Charter." (UNCIO Vol. 13 S. 709 f.) Die Ausführungen lassen offen, was unter „generally acceptable" zu verstehen ist. Einstimmigkeit kann jedoch nicht gemeint sein, da auch das vorgeschlagene amendment-Verfahren diese nicht erfordert. Zudem ist nicht berücksichtigt, daß Interpretation und Anwendung der Norm im SR zusammenfallen. Die Anwendung der Norm richtet sich jedoch nach den Verfahrensvorschriften, die z. B. in Art. 27 nur eine beschränkte Einstimmigkeit erfordern. Zur Diskussion in San Francisco um die Auslegung der Satzung vgl. Briggs, United Nations, S. 43 ff.; Nincic, Sovereignty, S. 324; Wehberg, Einführung, S. 341; Eagleton, Yardstick, S. 72; di Qual, Les effets, S. 238 ff.; Padelford, Peacekeeping, S. 448 f.; ders., Judicial Org., S. 476; Kopelmanas, Organisations, S. 159, 254 f., 271; Gross, L., Domestic Jurisdiction, S. 141; Fincham, Domestic Jurisdiction, S. 94 f.; Engel, Changing Charter, S. 95; Day, Le droit de veto, S. 104 ff.; Claude, Swords, S. 151 f.; Brugière, Les pouvoirs, S. 28; Asamoah, Declarations, S. 34 f.; Russell / Muther S. 925 f. Selbst wenn die GV sich bemüht, im Rahmen der Fortbildung des Völkerrechts die Aggression zu definieren, so bindet diese Definition den SR selbst dann nicht, wenn sie rechtliche Geltung erlangt. Denn Art. 1 Ziff. 1 stellt den SR im Rahmen des Kap. VII von der Bindung an das Völkerrecht gerade frei. Zur Definition der Aggression durch die GV siehe unten E. I. 1. e).

die Unbestimmtheit des Art. 39 verstärkt aus. Denn die mit dem Wortlaut der Norm zu vereinbarenden Interpretationen wachsen an, je verschwommener die Terminologie der Norm ist[91]. Die Unbestimmtheit des Art. 39 ist die notwendige Konsequenz aus dem politischen Charakter des SR[92]. Ein Organ, dessen Handlungen von einem derartigen Maß intendierter Opportunitätsüberlegungen motiviert werden, kann nicht zugleich in die festen Zwingen einer präzisen Norm gepreßt werden[93]. Bei der Formulierung der Vorschriften über den SR hat der politische über den rechtlichen Ansatz gesiegt[94].

bb) „Gerechtigkeit und Völkerrecht“ als Handlungsprinzipien des SR

Die Bindung des SR an „Gerechtigkeit und Völkerrecht“ wurde bereits in einem relativ frühen Stadium der amerikanischen Vorarbeiten (1942/43) erörtert[95], ohne daß diese Überlegung in dem Memorandum an den Präsidenten 1943 oder in den Tentative Proposals 1944 ihren Niederschlag fand. Auch im ersten Teil der Konferenz von Dumbarton Oaks wurden „justice and international law“ nicht in die Ziele der zu schaffenden Organisation aufgenommen. Insbesondere die nicht ausdrückliche Erwähnung der „Gerechtigkeit“ als Leitprinzip rief Widerspruch in großem Umfang hervor[96]. Daher versuchten einige Staaten in San Francisco im Committee I/1, die Handlungen des SR an „justice

---

[91] Daher hilft auch Fox's Ansicht (Collective Enforcement, S. 972) nicht weiter: „The language of Article 39 is mandatory, not permissive. If a situation endangering of breaching the peace actually exists, the Council is expected to declare its existence. Furthermore the Council is not legally free, once it has made such a declaration, to do nothing. It must either make recommendations or take action under Article 41 and 42 or do both.“ Wegen des breiten Interpretationsspielraumes läßt sich ohne Not formulieren, daß Existenz und Erklärung der Existenz eines den Art. 39 erfüllenden Konfliktes zusammenfallen. Die auch in der späteren Praxis entscheidende Frage ist also, ob der SR einen Konflikt, der nach dem Urteil einiger Staaten den Art. 39 erfüllt, auch zu einem solchen erklärt.

[92] Kunz, Sanctions, S. 330; Chakste, Justice, S. 590; Eeckman, Domestic Jurisdiction, S. 480; Karaosmanoglu, Les actions, S. 31; Liang, Settlement, S. 334; Eagleton, Yardstick, S. 71; ders., Peace, S. 939 f.

[93] Insoweit ist die Argumentation Arons, Limits, S. 20 schon von ihrem Ansatz her in bezug auf Kap. VII jedenfalls nicht zutreffend: „The second condition (Sicherheit und Frieden durch die VN zu gewährleisten) is that the conflict submitted to the UN be juridically defined, that it lend itself to the legal formalism of the Charter so that the wrongs of the parties may be determined, not according to political expediency, but by reference to the letter of fundamental texts and concepts.“ Gerade die Basierung von Aktionen auf der „political expediency“ war beabsichtigt.

[94] Chakste, Justice, S. 590 m. w. Nachw.; Wright, Accomplishments, S. 883.

[95] Hull, The Memoirs, S. 1639.

[96] Vgl. die Auffassung Vandenbergs in Russell / Muther S. 610 und den amerikanischen Änderungsvorschlag für Art. 1 Abs. 1 ebd. S. 612; vgl. auch den australischen Vorschlag zit. bei Evatt, Risks, S. 201.

and international law" zu binden[97]. Ein dahingehender Vorschlag wurde jedoch mit 15 Nein- gegen 19 Ja-Stimmen abgelehnt. Der weniger weitgehende Versuch, den SR in allen Tätigkeitsbereichen nur an „justice" zu binden, wurde mit der knappen Mehrheit von 12 Nein- gegen 19 Ja-Stimmen vereitelt[98]. Die Commission I nahm die Diskussion dieses Punktes auf Anregung Ägyptens dann noch einmal auf. Indessen wurde auch hier die Einfügung von „in conformity with the principles of justice and international law" hinter „peace and security" mit 21 zu 21 Stimmen abgelehnt[99]. Dabei waren sich alle Delegationen einig, daß Friede und Sicherheit nur durch eine gerechte Lösung des jeweiligen Konfliktes gewährleistet werden können[100]. Die Vertreter der USA und des UK begründeten ihre ablehnende Haltung mit der funktionellen Differenz zwischen Kap. VI und VII. Der amerikanische Vertreter Stassen beschrieb sie plastisch:

„It is our view that this Security Council ... will have two very important functions ... These might be characterized somewhat as being the function of a policeman and the function of a jury ... It is our view that the people of the world wish to establish a Security Council, that is, a policeman who will say, when anyone starts to fight, ‚stop fighting'. Period ... And then it will say, when anyone is all ready to begin to fight, ‚You must not fight'. Period. That is the function of a policeman, and it must be just that short and that abrupt; that is, unless at that place we add any more, then we would say ‚Stop fighting unless you claim international law is on your side'. That would lead to a weakening and a confusion in our interpretation ... And then we proceed with the very important functions that might be called the functions of a jury ... At that point we also say, when you begin to function as a jury you must do so in conformity with justice and international law[101]."

Die Ausführungen lassen den begrenzten Aspekt des Kap. VII deutlich vor Augen treten: Es geht nicht um die Bestimmung der Schuld oder Unschuld, sondern allein um die Unterdrückung eines Friedensbruches. In Kap. VI ist die Gefahrenlage noch nicht von einer derartigen Intensität, daß ein sofortiges Handeln erforderlich ist. Daher ist die o. g. Bindung in diesem Bereich auch sinnvoll. Hier kann der SR zwischen den Interessen aller beteiligten Staaten abwägen und einen „gerechten" Vorschlag unterbreiten[102]. In Kap. VII drängt die Situation dagegen zu sofortigem Handeln. Im Vordergrund steht weniger die

---

[97] Die Vorschläge finden sich in UNCIO Vol. 6 S. 535 ff.

[98] UNCIO Vol. 6 S. 318; zur Annahme von Vorschlägen war eine Zweidrittelmehrheit erforderlich.

[99] UNCIO Vol. 6 S. 34.

[100] Vgl. z. B. die Stellungnahme Ägyptens (UNCIO Vol. 6 S. 23), des UK (ebd. S. 25) und Panamas (ebd. S. 26 f.).

[101] UNCIO Vol. 6 S. 29 f.

[102] Vgl. auch UK, Charter of the UN, S. 8, wonach der SR im Rahmen der friedlichen Streitschlichtung der Weltöffentlichkeit „the rights and wrongs of any dispute" darlegen kann.

Interessenabwägung als vielmehr die Dämpfung des Konflikts bis zu einem Grad, der ihn der friedlichen Streitschlichtung zugänglich macht. Wen die „Schuld“ an der Gefahrenlage trifft, ist keine Frage, die bei Zwangsmaßnahmen obligatorisch zu berücksichtigen ist[103]. Sie kann erst wieder bei der friedlichen Schlichtung der Streitigkeit eine Rolle spielen. Diesen Unterschied stellte Conally, der an der Konferenz von San Francisco teilgenommen hatte, bei den Hearings als Vorsitzender des Senatsausschusses für Auswärtige Beziehungen deutlich heraus:

„If the parties do not accept the recommendation (gem. Kap. VI), they have got to go under chapter 7 with no new jurisdiction but just what chapter 7 provides. I do not agree that there is anything in chapter 7 that would give the Security Council authority to say, ‚Well you have got to change this boundary here and give this piece of territory to some other country‘, because there is nothing in chapter 7 that authorizes that sort of action. I think the recommendation is all right and perfectly sound and perfectly wise if they accept it, but if they do not accept it, it is just as though the proposition was never made and the recommendation never made. They are then remitted to chapter 7 with the enforcement provisions without any other added jurisdiction and strictly within the powers conferred by chapter 7[104].“

Im Ergebnis wurde in San Francisco die Handlungsfreiheit des SR im Bereich des Kap. VII vollständig beibehalten:

„We all want our Organization to have life. We want it to develop its own code of procedure. We want it to be free to deal with all the situations that may arise in international relations ... And, so far as words can go, I venture to assert that the rights and interests of all members are safeguarded in our purposes and principles, while the power of action by the Security Council in the interest of all is made easier[105].“

Die Wirksamkeit der Bindung des SR an „Gerechtigkeit und Völkerrecht“ ist sowohl wegen der Ausnahme des Kap. VII[106] als auch wegen

---

[103] Vgl. Russell / Muther S. 720 f., 734 f.; Rudzinski, Majority, S. 366 f.; Mecham, Integration, S. 194; Martin / Edwards, Changing Charter, S. 89; Gross, L., Laos, S. 130; Day, Le droit de veto, S. 87 ff.

[104] US Senate, Hearings, S. 276.

[105] Lord Halifax (UK) in UNCIO Vol. 6 S. 26; zur Diskussion in San Francisco vgl. Goodrich / Hambro, 1. Aufl. S. 59 f.; Russell / Muther S. 655 f., 898 f.; Liang, Settlement, S. 332 f. Angesichts dieser eindeutigen Festlegung ist nicht verständlich, wieso Evatt, Die Vereinten Nationen, S. 11 als positives Ergebnis von San Francisco hervorhebt, „daß die Kollektivmaßnahmen zur Erhaltung oder Wiederherstellung des internationalen Friedens und der internationalen Sicherheit ‚in Übereinstimmung mit den Grundsätzen der Gerechtigkeit und des internationalen Rechts‘ stehen sollen“.

Wegen der Ausnahme des Kap. VII ist auch Oldenhages Ansicht (Die Reaktion, S. 116 f., 118) unzutreffend, aus Art. 1 Abs. 1 folge eine Ermessensbegrenzung für den SR in bezug auf die Auslegung des Art. 39: „In Art. 1 (1) heißt es, daß die Vereinten Nationen in Übereinstimmung mit den Grundsätzen der Gerechtigkeit und des Völkerrechts handeln sollen, was offensichtlich das Erfordernis, die Rechtslage zu beachten und damit eine Einschränkung des Ermessens für den Sicherheitsrat bedeutet.“

der terminologischen Unbestimmtheit der Begriffe bezweifelt worden[107]. Um die Handlungsflexibilität des SR zu gewährleisten, wurde also für den Bereich der Zwangsmaßnahmen die Beachtung der Handlungsmaximen „Gerechtigkeit" und „Völkerrecht" nicht verpflichtend vorgeschrieben. Die so erreichte Handlungsfreiheit betont zugleich die Zentralisierung der Entscheidungsbefugnis über Zwangsmaßnahmen beim SR: Da die Mitgliedstaaten nur gehalten sind, Entscheidungen auszuführen, die in Übereinstimmung mit der Satzung stehen, würde die Bindung des SR an „Gerechtigkeit und Völkerrecht" wegen des unbestimmten Inhalts dieser Begriffe Einwänden der Staaten gegen die gefaßten Entscheidungen Tür und Tor öffnen. „Wirksame Kollektivmaßnahmen" wären unter diesen Voraussetzungen illusorisch. Die rechtliche Bindungslosigkeit im Rahmen des Kap. VII des SR ist mithin die notwendige Konsequenz aus seiner Aufgabe, „schnelles und wirksames Handeln der Vereinten Nationen zu gewährleisten".

b) *Die funktionelle Begrenzung der Befugnisse des SR*

aa) Begrenzte Reichweite der Entscheidungen gem. Kap. VII

Art. 1 Ziff. 1 weist auf die begrenzte Reichweite der Entscheidungen gem. Kap. VII in Abgrenzung zu den Maßnahmen der friedlichen Streitschlichtung schon in der Formulierung hin: Danach hat der SR bei Maßnahmen im Rahmen der Kap. VI und VII das Ziel zu verfolgen, „den Weltfrieden und die internationale Sicherheit zu wahren und zu diesem Zweck wirksame Kollektivmaßnahmen zu treffen, um Bedrohungen des Friedens zu verhüten und zu *beseitigen*, Angriffshandlungen und andere Friedensbrüche zu *unterdrücken* und internationale Streitigkeiten oder Situationen, die zu einem Friedensbruch führen könnten, durch friedliche Mittel nach den Grundsätzen der Gerechtigkeit und des Völkerrechts zu *bereinigen* oder *beizulegen*." Die Verben „bereinigen" und „beizulegen" verdeutlichen, daß der SR im Rahmen des Kap. VI Maßnahmen im Hinblick auf den Kern des Konfliktes treffen kann; die Verben „beseitigen" und „unterdrücken" weisen darauf hin, daß es im Rahmen des Kap. VII nicht um die Lösung des

---

[106] Vgl. insbesondere Kelsen, UN Law, S. 16; ders., L'aggressione, S. 17; ders., Collective Security, S. 788; Goodrich / Hambro / Simons S. 27 f. Vgl. dagegen die Äußerung Trumans bei der Eröffnung der Konferenz von San Francisco (zit. bei Cohen, Principles, S. 154): „While the great powers have a special responsibility to enforce the peace, their responsibility is based upon the obligation resting upon all states, large and small, not to use force except in defense of law." Entweder knüpfte Truman an Art. 16 der SVB an oder die amerikanischen Vorstellungen zu Beginn der Konferenz liefen darauf hinaus, Zwangsmaßnahmen nur gegen den „Rechtsbrecher" zu ergreifen. Dem widerspricht jedoch z. B. die Äußerung Stassens in UNCIO Vol. 6 S. 34.

[107] Vgl. z. B. Higgins, The Place S. 8 f.; Morgenthau, Peace, S. 17.

Konfliktes, sondern nur um seine Bekämpfung bis zu einem Maße geht, das ihn der friedlichen Schlichtung (erneut) zugänglich macht. Diese unterschiedliche Reichweite möglicher Maßnahmen war den Delegierten in San Francisco gegenwärtig[108]. Nur für den beschränkten Aspekt des Kap. VII stellten sie dem SR das Handlungsmittel „Entscheidung" zur Verfügung, im Bewußtsein, daß keine Vorschrift des Kap. VI den SR ermächtigt, einen Staat bindend zu verpflichten: „... you have got to change this boundary here and give this piece of territory to some other country"[109]. Beachtet man, daß fast ausschließlich der „bewaffnete Angriff" im Mittelpunkt der Diskussion um den Tatbestand des Art. 39 stand[110], so wird zugleich der Bereich der vollständigen Interessenübereinstimmung der Mitglieder der VN deutlich: Einer Aggression von außen[111] wollten sie geschlossen gegenüberstehen, soweit sich die Maßnahmen auf die Unterdrückung der Auseinandersetzung bezogen. Im weiten Bereich politischer Auseinandersetzung unterhalb der Ebene des Art. 39 sollte der SR indessen nicht die Möglichkeit haben, den Staaten bindende Verpflichtungen aufzuerlegen[112]. Dafür bietet sich ihm die Chance, auch auf den Kernpunkt des Konfliktes, z. B. territoriale Forderungen, einzugehen. Welches Ausmaß sein Einfluß erreichen kann, ist keine Frage der rechtlichen Verpflichtung, sondern der politischen Zweckmäßigkeit des in einer Empfehlung enthaltenen Vorschlags, in dem sich die übereinstimmende Ansicht der fünf Großmächte widerspiegelt. Je mehr die Interessen der Streitparteien in der Empfehlung gewahrt sind und je größer der faktische Druck der Großmächte ist, desto eher besteht die Chance, daß der rechtlich unverbindliche Vorschlag des SR praktisch befolgt wird.

Die funktionelle Trennung von Kap. VI und VII läßt sich auch anhand der Entwicklung des Abstimmungsverfahrens nachzeichnen: in einem frühen amerikanischen Planungsstadium sollte die Verhängung von Zwangsmaßnahmen dem Mehrheitsprinzip unterliegen[113]. Zur gleichen Zeit ging man davon aus, daß Maßnahmen im Bereich der friedlichen Streitschlichtung nur einstimmig verabschiedet werden kön-

[108] s. o. D. II. 2. a), bb).

[109] Conally in: US Senate Hearings, S. 276.

[110] s. o. D. II. 2. a), aa).

[111] Der Aggression seitens eines ständigen Mitglieds des SR kann durch die VN nicht begegnet werden. UK, Charter, S. 16: „If such a situation (Erfüllung des Tatbestandes von Art. 39 durch ein ständiges SR-Mitglied) arises the United Nations will have failed in its purpose and all members will have to act as seems best in the circumstances."

[112] s. o. D. II. 1.

[113] Russell / Muther S. 233; dem Einwand, diese Regelung erlaube Zwangsmaßnahmen gegen die USA, stellte man das Argument entgegen: „... that this limited invasion of sovereignty would have to be accepted as the minimum requirement for a successful international security system". (Russell / Muther, ebd.)

nen[114]. Der Grund liegt darin, daß dem Vorläufer des SR die Befugnis zuerkannt wurde, „terms of settlement“ rechtsverbindlich zu empfehlen[115]. Die eigentliche Konfliktregelung war diesen verbindlichen Empfehlungen vorbehalten, und nur sie unterwarf man wegen ihres Rechtscharakters dem Einstimmigkeitsprinzip. In den folgenden Planungen[116] setzte sich jedoch mehr und mehr die Furcht vor der „irresponsible whim of a majority vote“[117] durch, so daß das Einstimmigkeitsprinzip auf immer weitere Bereiche ausgedehnt wurde.

Die Zielrichtung von Maßnahmen im Rahmen des Kap. VI geht daher auf — rechtlich freiwillige — Annahme seitens der Betroffenen. Dagegen ist Ziel einer Entscheidung gem. Kap. VII die Ausübung von Zwang gegenüber den Konfliktbeteiligten und die Ausführung durch dritte, am Konflikt nicht beteiligte Staaten[118]. Erst diese funktionelle Begrenzung der Maßnahmen gem. Kap. VII macht erklärlich, weshalb insbesondere die kleineren Mitgliedstaaten der Organisation trotz der relativen Unkalkulierbarkeit von Zwangsmaßnahmen beitraten. Nur daraus ist verständlich, wieso sie sich auf die absichtlich flexibel ausgestalteten Handlungsvoraussetzungen des Kap. VII einließen und die Freistellung des SR von den Handlungsmaximen „justice and international law“ im Bereich des Kap. VII hinnahmen.

[114] Russell / Muther S. 233.

[115] Russell / Muther S. 232.

[116] In einem Zwischenstadium wollte man sogar den am Streit beteiligten Staat bei der Beschlußfassung über die zwangsweise Durchsetzung von Empfehlungen zur friedlichen Streitschlichtung verpflichten, sich der Stimme zu enthalten. Dieser Staat sollte jedoch nicht verpflichtet sein, ohne seine Zustimmung an der Zwangsmaßnahme teilzunehmen. (Russell / Muther S. 301.)

[117] Bancroft, Collective Security, S. 162; Hull hebt in seinen Memoiren hervor „The veto power ... is in the document primarily in account of the United States. It is a necessary safeguard in dealing with a new and untried world arrangement“. (Hull, Memoirs, S. 1662.) Diese Ausführungen werden sicherlich überinterpretiert, wenn man aus ihnen schließt, daß die USA die eigentlichen Initiatoren des Vetorechts sind (diesen Eindruck erweckt Uschakow, Einstimmigkeit, S. 21). Hull hatte diese Äußerungen vor Vertretern des Kongresses gemacht. Sie mußten so pointiert ausfallen, um die gegen eine starke internationale Organisation bestehenden Bedenken auszuräumen. (Vgl. Hull, Memoirs, S. 1662 f.) Sie machen jedoch deutlich, daß das Prinzip der Einstimmigkeit den Interessen aller Großmächte dient. (Jenks, Unanimity, S. 51; Mangone, History, S. 192; Krüger, J., Sicherheitsrat, S. 48; Bowett, Disarmament, S. 4; Brecht, Distribution, S. 865; Castro, Veto, S. 75; Dupuy, San Francisco, S. 38 f.; Evatt, Task, S. 46 f.; Lapenna, Conceptions, S. 293; Ak. d. Wiss., Völkerrecht, S. 350: „Eckstein der gesamten Organisation.“) Auch der britische Außenminister erklärte vor dem Unterhaus nach der Konferenz von San Francisco: „Wenn diese Einstimmigkeit ernstlich untergraben wird, so wird offensichtlich keine Bestimmung der Charta mehr von großer Bedeutung sein.“ (Zit. nach: Krüger, J., Sicherheitsrat, S. 48.)

[118] Mit Ausnahme des Art. 40, der nur eine vorläufige Regelung treffen soll.

bb) Das Verbot der zwangsweisen Durchsetzung von Empfehlungen zur friedlichen Streitschlichtung

Im Gegensatz zu den Vorarbeiten bestand in San Francisco Einigkeit darüber, daß wegen der unterschiedlichen Handlungsmöglichkeiten Kap. VI und VII streng getrennt werden sollten und daß weder die Nichtbefolgung einer Empfehlung zur Anwendung des Kap. VII führen, noch eine Empfehlung zur friedlichen Streitschlichtung zwangsweise durchgesetzt werden sollte. Die Vorschläge von Dumbarton Oaks stellten die Verbindung beider Kapitel noch durch folgende Norm her:

„Should the Security Council deem that a failure to settle a dispute in accordance with the procedures indicated in paragraph 3 of Section A (i. e. Art. 33), or in accordance with its recommendations made under paragraph 5 of Section A (i. e. Art. 36 Abs. 1), constitutes a threat of international peace and security, it should take any measures necessary for the maintenance of international peace and security in accordance with the purposes and principles of the Organization[119]."

In San Francisco versuchten einige Staaten, die Verknüpfung zwischen der Nichtbefolgung einer Empfehlung und der Verhängung von Zwangsmaßnahmen noch auf weitere Vorschriften des Kap. VI auszudehnen:

„Should the Security Council consider that failure to settle a dispute in accordance with the procedure indicated in paragraphs 3, 4 and 5 of Section A (i. e. Art. 33, 36 Abs. 1, 37), or failure to carry into effect a settlement thus pronounced, or any situation whatsoever, constitutes a threat to the peace ... it shall call upon the party or parties responsible to take any measures, provisional or otherwise, calculated to avert such a threat ..., and shall if necessary decide on any measures to be taken with a view to the maintenance or restoration of peace and security[120]."

Darüber hinaus wurden Vorschläge gemacht, in denen der SR zu besonderen Zwangsmaßnahmen für den Fall der Nichtbefolgung von Empfehlungen ermächtigt wurde:

„Should the Security Council deem that a failure to settle a dispute in accordance with the procedures indicated in paragraph 3 of Section A, or in accordance with its recommendations made under paragraph 5 of Section A, constitutes a threat to the maintenance of international peace and security, it shall, in accordance with the purposes and principles of the United Nations, lay down just terms for the settlement of the dispute, and take any measures necessary for carrying out that settlement and for maintaining international peace and security[121]."

---

[119] VIII-B-1; vgl. dazu Jiménez de Arechaga, Voting, S. 40; Peaslee, Government, S. 35; Kelsen, Dumbarton Oaks, S. 53. Aus dieser Vorschrift wurde teilweise ein Stufenverhältnis von Empfehlung und Entscheidung abgeleitet: „Only if these recommendations are then ignored is the coercive power of the Security Council brought into play." (UK, Commentary, S. 8.)

[120] UNCIO Vol. 12 S. 368 (Norwegen); vgl. auch UNCIO Vol. 12 S. 185 f. (Belgien).

Da indessen die Mehrzahl der Konferenzteilnehmer der Ansicht war, der Tatbestand des Art. 39 sei ausreichend, um auch die Nichtbefolgung einer Empfehlung ahnden zu können[122], da die weitgehende Handlungsfreiheit im Bereich des Kap. VII gewahrt werden sollte[123] und da schließlich der „non-obligatory character" von Empfehlungen deutlicher werden sollte[124], wurden diese Vorschläge mitsamt der zitierten Norm des Entwurfs von Dumbarton Oaks nicht in die Satzung aufgenommen.

Von der vorgeschlagenen Verknüpfung der beiden Kapitel darf zudem nicht auf eine automatische Reaktion des SR für den Fall der Nichtbefolgung einer Empfehlung geschlossen werden: Auch nach den Vorschlägen mußte die Nichtbefolgung einer Empfehlung jeweils den Tatbestand des Art. 39 erfüllen.

„The parties are not obligated at this stage of a dispute (i. e. Kap. VI) to accept the terms of settlement recommended by the Security Council, any more than they are obligated to accept the Council's other recommendations. If, however, their failure to do so results in a threat to the peace, then the enforcement provisions of Chapter VII come into play[125]."

Anknüpfungspunkt der Zwangsmaßnahmen sollte daher der Tatbestand des Art. 39 sein[126]. Die tatbestandliche Trennung von Kap. VI

[121] UNCIO Vol. 12 S. 603 (Australien).

[122] US Senate, Hearings, S. 275 (Pasvolsky): „The substance of that paragraph (VIII-B-1 der Vorschläge von Dumbarton Oaks) is now embodied in article 39"; vgl. auch US Report to the President, S. 90; UK, Charter of the UN, S. 8.

[123] s. o. D. II. 2. a).

[124] Vgl. US Report to the President, S. 84; US Senate, Hearings, S. 274 f., 277 f., 285; Jiménez de Arechaga, Voting, S. 40 f.

[125] US Report to the President, S. 84; die amerikanischen Stellungnahmen fielen indessen nicht immer so eindeutig aus. In dem Bericht der amerikanischen Delegation über die Konferenz von San Francisco wurde der Zusammenhang von Kap. VI und VII stärker hervorgehoben: „What are ... the proposals for development under Chapter VI of the United Nations Charter? The answer ... may be found not in this Chapter but in the following one, which grants the Security Council, power to coerce states when, refusing to follow peaceful procedures to ultimate settlement of disputes, they attempt to gain theirs ends by force or threat of force. This sanction for the Security Council's recommendation under Chapter VI gives new meaning to the old procedures for peaceful settlement which are embodied in this Chapter. If the security functions of the organization develop over years, as they can with the cooperation of the nations and peoples of the world, emphasis on peaceful settlement will grow too, and do so, paradoxically as it may first appear, precisely because the Security Council possesses under Chapter VII the power to take enforcement actions." (US Report to the President, S. 82; auf S. 84 und 86 wird dagegen die Trennung wieder stärker betont.) Der — wesentliche — Unterschied zwischen Kap. VI und VII wird nur in dem Nebensatz „when they attempt to gain their ends by force or threat of force" angesprochen.

[126] Jones, Corfu Channel, S. 101; Lauterpacht, Restrictive Interpretation, S. 71; Virally, La valeur, S. 88; Finkelstein, Reviewing, S. 219; Preux, Le droit

und VII wurde auch in San Francisco von einigen Delegationen anläßlich der Diskussion um das Einstimmigkeitsprinzip herausgestrichen[127].

Die Vermeidung jeglicher automatischer Reaktion[128] schließt nicht aus, daß das Verhältnis zwischen Kap. VI und VII als stufenförmig angesehen werden kann. Die Befugnisse des SR wachsen danach mit steigender Gefahrenlage[129]. Dabei ist allerdings darauf hinzuweisen, daß dieses Stufenverhältnis den SR nicht insoweit bindet, als er in jedem Fall zunächst nach Kap. VI vorgehen muß[130].

Von der Tatsache, daß die Nichtbeachtung von Empfehlungen Zwangsmaßnahmen auslösen kann, wird teilweise auf den verpflichtenden Charakter der Empfehlung rückgeschlossen. Ausgangspunkt dieser Überlegungen ist:

> „From the standpoint of juridical interpretation, and a consistent interpretation, of the Charter as a whole, a decision or recommendation which, in the abstract, is not legally binding, but which in the long run may be enforceable, seems entirely unsatisfactory[131]."

Hierbei wird jedoch außer acht gelassen, daß nicht die Empfehlung zwangsweise durchgesetzt wird, sondern daß Anknüpfungspunkt von Zwangsmaßnahmen eine Gefahrenlage ist, die — unter anderem — durch die Nichtbefolgung einer Empfehlung entstehen kann. Das Auseinanderfallen von rechtlicher Bindung an eine Empfehlung und ihrer zwangsweisen Durchsetzung ist zudem nur dann unbefriedigend, wenn die Zwangsmaßnahme dazu dient, das Verhalten des Staates zu ahn-

---

de veto, S. 202; Malintoppi S. 127; Castaneda, Legal Effects, S. 78; vgl. auch Pasvolsky in: US Senate, Hearings, S. 275: „I think that when failure to settle a dispute by any of the means that are proposed here or in accordance with the terms that are recommended results in a situation which the Security Council considers as becoming a threat to the peace, then the Security Council presumably under its responsibility and power can take any measures that it feels necessary in order to restore or maintain international peace and security; provided there intervenes a determination by it that a threat to the peace exists. In this case, since it is a threat to the peace, its action is to maintain security."

[127] Vgl. UNCIO Vol. 11 S. 327 (Niederlande), S. 309 (Australien): „... a clear distinction should be drawn between pacific settlement of disputes ... and action taken to deal with threats to peace or acts of aggression ...".

[128] Dies gilt selbst für Empfehlungen gem. Art. 39, da sie — wie noch zu zeigen sein wird (s. u. D. II. 2. b), cc)) — Empfehlungen gem. Kap. VI darstellen.

[129] US Report to the President, S. 86; Koo, Voting Procedures, S. 179; UNCIO Vol. 12, S. 185 (Belgien).

[130] Vgl. UNCIO Vol. 12 S. 32, 507 (Report of Mr. Paul-Boncour, Rapporteur, on Chapter VIII, Section B); insoweit mißverständlich Dolivet, United Nations, S. 44 ff.; Eagleton, Peace, S. 941; ders., The Charter Adopted at San Francisco, in: Johnsen, United Nations, S. 13, die zu sehr auf die Kontinuität des Prozesses abstellen.

[131] Jones, Corfu Channel, S. 101; ähnlich auch Shawcross in: ICJ „Corfu Channel" Vol. III ICJ Reports 1950 S. 84.

den, der seine rechtliche Bindung an die Empfehlung nicht befolgt[132]. Die Zwangsmaßnahme müßte daher, wie auch Kelsen selbst anführt, als Sanktion aufzufassen sein[133]. Dies trifft indessen, wie schon aufgezeigt wurde, nicht zu[134]. Die tatbestandliche Trennung von Kap. VI und VII bestätigt, daß eine zwangsweise Durchsetzung von Empfehlungen ausgeschlossen sein sollte. Vielmehr sollte Art. 39 Konflikte, die keines seiner Tatbestandsmerkmale erfüllen, gegen bindende Zwangsmaßnahmen abschirmen.

cc) Das Verbot der Empfehlung von Zwangsmaßnahmen

Die strikte Trennung von Kap. VI und VII wird auch durch die Zuordnung der Handlungsmittel „Empfehlung" zur friedlichen Streitschlichtung und „Entscheidung" zu Zwangsmaßnahmen deutlich. Diese Verknüpfung schlägt sich in dem Verbot der Empfehlung von Zwangsmaßnahmen nieder.

Angesichts des zumindest nicht auf den ersten Blick eindeutigen Wortlauts des Art. 39 kann es nicht verwundern, daß sowohl die Ansicht vertreten wird, Zwangsmaßnahmen dürften empfohlen werden[135], als auch die, derartige Maßnahmen bedürften einer Entscheidung[136]. Die Autoren, die die Möglichkeit von Empfehlungen bejahen, berufen sich im Gegensatz zu den anderen nicht auf die Entstehungsgeschichte der Satzung[137]. Das Problem von Empfehlung und Entscheidung im Rahmen des Art. 39 entstand erst in einem relativ späten Zeitpunkt der Vorbereitungsarbeiten. In den frühen amerikanischen Vorschlägen herrschte die Ansicht vor, die Handlungen des SR würden sich in ihrer Rechtsqualität der steigenden Gefahrenlage anpassen. Die Vorstellung, daß Zwangsmaßnahmen in rechtlich verbindlicher Weise beschlossen werden, war zunächst eine selbstverständliche, nicht weiter reflektierte

---

[132] Kelsen, UN Law, S. 445 f.; so auch Schwarz-Liebermann, Mehrheitsentscheidung, S. 140 f.

[133] Zum Begriff der Sanktion allg. vgl. Wild, Sanctions, S. 49 ff.; Kelsen, UN Law, S. 706 ff.

[134] s. o. D. II. 2. a), bb); Kelsen selbst geht davon aus, daß es zweifelhaft ist, die Zwangsmaßnahmen als Sanktionen zu bezeichnen, vgl. UN Law, S. 732 ff.

[135] Malintoppi S. 131 f.; Karaosmanoglu, Les actions, S. 245 f.; Jiménez de Arechaga, Derecho, S. 225; di Qual, Les effets, S. 91; Castaneda, Legal, S. 81; Garanin, Völkerrecht, Heft V, S. 112; Wünsche, Die Vereinten Nationen, S. 35; Schachter, The Place, S. 220.

[136] Merleau-Ponty, San Francisco, S. 18; Halderman, Regional, S. 100, 104; Fox, Collective Enforcement, S. 972; Bentwich / Martin S. 89; Kelsen, UN Law, S. 932 f.; Goodrich / Hambro, 1. Aufl. S. 156 f.

[137] Vgl. Verdross, Idées, S. 54 f., der zunächst aufgrund der historischen Analyse zu dem Ergebnis kommt, Zwangsmaßnahmen könnten nicht empfohlen werden, dann jedoch ausführt: „Mais cette interpretation restrictive ne trouve aucun fondement dans le texte de la Charte elle-même."

Annahme[138]. Erst in den Tentative Proposals, also kurz vor Dumbarton Oaks, findet sich ein Vorläufer des jetzigen Art. 39:

„When the executive council determines that a threat to the peace or breach of the peace exists, it should immediatly ... (b) decide upon the measures to be recommended or taken[139]."

Diese Formulierung wird in den ausgewerteten Quellen nicht näher erläutert. Sie ist insoweit nicht eindeutig, als sie nicht erkennen läßt, ob ein Unterschied zwischen den Maßnahmen, die empfohlen werden können und denen, die beschlossen werden, besteht. Vergleicht man indessen die Vorschrift mit denen, die die konkreten Zwangsmaßnahmen betreffen (VI-C u. VI-D)[140], so fällt auf, daß dort nur von Verpflichtungen der Staaten die Rede ist. Daraus läßt sich schließen, daß entweder den Empfehlungen gleiche rechtsverbindliche Qualität zukommt wie den Entscheidungen, oder daß sich die möglichen Empfehlungen nicht auf Zwangsmaßnahmen beziehen. Die erste Möglichkeit vermag nicht zu erklären, wieso Empfehlungen in die Vorschrift aufgenommen wurden, da sich inhaltlich nichts gegenüber früheren Vorarbeiten geändert hat. Bei der zweiten Möglichkeit bleibt unklar, welchen Inhalt die Empfehlungen haben dürfen.

In Dumbarton Oaks einigte man sich auf folgende allgemeine Regelung:

„In general the Security Council should determine the existence of any threat to the peace, breach of the peace or act of aggression and should make recommendations or decide upon the measures to be taken to maintain or restore peace and security[141]."

Auch diese Vorschrift wurde nicht näher erläutert[142]. Das Verhältnis von Empfehlung und Entscheidung in bezug auf Zwangsmaßnahmen wurde in San Francisco im Zusammenhang mit der unterschiedlichen Zielrichtung der Kap. VI und VII diskutiert. Auf der 8. Sitzung des Committee III/3 bat der norwegische Delegierte

„... for an explanation of the meaning of the words ‚make recommendations or decide upon the measures' in paragraph 2 of Section B, Chapter VIII, and also the meaning of ‚recommendations' as opposed to ‚measures necessary' in paragraph 1 of Section B, Chapter VIII ... He asked if the Security Council's recommendations automatically implied sanctions. He suggested that, whenever the Council take action whereby use of force was not intended, the Council should specifically refer to its recommendation as friendly advice"[143].

---

[138] Vgl. Russell / Muther S. 232 (Draft Constitution), 249 (Outline Plan).

[139] VI-B-1 zit. nach Russell / Muther S. 1001; so auch VI-A-1 desselben Plans, zit. ebd.: „... to decide upon the action to be recommended or taken to maintain or restore peace".

[140] Zit. bei Russell / Muther S. 1001 f.

[141] VIII-B-2 zit. bei Russell / Muther S. 1024.

[142] Vgl. Russell / Muther S. 462 ff.

[143] UNCIO Vol. 12 S. 335.

Er erhielt darauf keine aus den Protokollen sich ergebende Antwort. Auch nachdem auf der 12. Sitzung der Delegierte Chinas vorschlug, VIII-B-1 der Vorschläge von Dumbarton Oaks ganz zu streichen und eine dem Art. 39 entsprechende Vorschrift aufzunehmen, hielt der norwegische Delegierte seine Frage aufrecht und wurde dabei von Belgien und der Tschechoslowakei unterstützt[144]. Auf der 13. Sitzung wurde VIII-B-1 der Vorschläge von Dumbarton Oaks erläutert:

„The word ‚recommendations', as it appeared in paragraph 1 and 2 ... carried a different meaning of the word as used in Chapter VIII, Section A (i. e. Kap. VI). In Section B the question was not one merely of a dispute but of a threat to the peace which had gone beyond the stage of a dispute ... the word ‚or' (i. e. Empfehlungen abgeben *oder* beschließen) did not offer absolute alternatives. It was intended to afford the Council the latitude either of making recommendations, or of deciding upon measures, or both, as circumstances might warrant[145]."

Der letzte Teil der Äußerung macht deutlich, daß sich die Empfehlung nicht auf Zwangsmaßnahmen bezieht, denn es ist unsinnig, diese gleichzeitig zu empfehlen und zu beschließen. Der belgische Delegierte stimmte anschließend mit der überwiegenden Mehrzahl der Delegierten dem chinesischen Vorschlag zu[146]. Zuvor hatte er ihn so erläutert,

„that any recommendation made under Section B should conform with the definition of ‚recommendations' as used in Section A"[147].

Diese Äußerung gab nicht nur die Ansicht Belgiens, sondern die des gesamten Ausschusses wieder, wie sich aus ihrer einstimmigen Aufnahme in den Bericht des Ausschusses ablesen läßt[148]. Der SR hat also

---

[144] UNCIO Vol. 12 S. 372.

[145] UNCIO Vol. 12 S. 380.

[146] Die Abstimmung erbrachte 35 Ja- und 1 Nein-Stimme, UNCIO Vol. 12 S. 381.

[147] UNCIO Vol. 12 S. 381; vgl. auch die Diskussion um Art. 2 Abs. 7 2. Halbsatz: Die kleineren Staaten fürchteten, es könnten wegen der Befugnis des SR, gem. Art. 39 auch Empfehlungen auszusprechen „terms of settlement be recommended, if not actually imposed on states, in a dispute over matters normally considered within domestic jurisdiction, provided merely that the threat was considered sufficiently serious" (Russell / Muther S. 905).

[148] „In using the word ‚recommendations' in Section B, as already found in paragraph 5, Section A (i. e. Art. 36 Abs. 1), the Committee had intended to show that the action of the Council so far as it relates to the peaceful settlement of a dispute or to situations giving rise to a threat of war, a breach of the peace or aggression, should be considered as governed by the provisions contained in Section A. Under such an hypothesis, the Council would in reality pursue simultaneously two distinct actions, one having for its object the settlement of the dispute or the difficulty, and the other, the enforcement or provisional measure, each of which is governed by an appropriate section in Chapter VIII." (UNCIO Vol. 12 Doc. 881 zit. bei Goodrich / Hambro, 1. Aufl., S. 158.) Insoweit läßt sich auch auf den französischen Vorschlag verweisen, den Abstimmungsmodus für Empfehlungen dahingehend zu ändern, daß eine $^{2}/_{3}$ Mehrheit ohne Vetorecht ausreicht, weil Empfehlungen „ne comportent pas recours à l'emploi de la force" (zit. nach:

nach dem Meinungsstand in San Francisco zwei Möglichkeiten: Er kann Zwangsmaßnahmen ergreifen, und/oder er kann Empfehlungen zur friedlichen Beilegung des Konfliktes abgeben. Dabei herrschte allerdings die Ansicht vor, daß der SR nicht unbegrenzt frei in der Wahl seiner Mittel sei:

„It is the Committee's view that the power given to the Council under paragraphs 1 and 2 (i. e. Art. 39, 40) not to resort to the measures contemplated in paragraphs 3 and 4 (i. e. Art. 41, 42), or to resort to them only after having sought to maintain or restore peace by inviting the parties to consent to certain conservatory measures, refers above all to the presumption of a threat of war. The Committee is unanimous in the belief that, on the contrary, in the case of flagrant aggression imperiling the existence of a member of the Organization, enforcement measures should be taken without delay, and to the full extent required by circumstances, except that the Council should at the same time endeavor to persuade the aggressor to abandon its venture, by means contemplated in Section A and by prescribing conservatory measures[149]."

Daß Zwangsmaßnahmen nur aufgrund einer Entscheidung durchgeführt werden sollten, wird auch im System des Kap. VII und im Wortlaut des Art. 39 deutlich.

Für sie spricht zunächst die angestrebte Supranationalität der Gewaltanwendung. Militärische Zwangsmaßnahmen sollten grundsätzlich mit Hilfe nationaler Streitkräfte durch den SR durchgeführt werden[150]; zumindest aber sollte der SR die zur Durchführung notwendigen strategischen Entscheidungen treffen[151]. Zwangsmaßnahmen aufgrund von Empfehlungen gewährleisten die Erreichung dieses Zieles nicht, da die Annahme der Empfehlung und ihr Umfang im Ermessen des jeweiligen Staates stehen.

Im Wortlaut des Art. 39 heißt es nicht mehr wie in den Tentative Proposals, der SR solle „decide upon the measures to be recommended

---

Merleau-Ponty, San Francisco, S. 18). Auch der 1945 verabschiedete amerikanische „United Nations Participation Act" ging davon aus, daß der SR Zwangsmaßnahmen beschließt (vgl. Kelsen UN Law, S. 932 f.). Zwar sprach Pasvolsky in den Hearings (US Senate, Hearings, S. 278) wiederum davon, daß die Empfehlung gem. Art. 39 „another kind of recommendation" sei; jedoch bestätigte er kurze Zeit darauf (S. 282) die Ansicht Senator Austins, daß die Empfehlung „at no time will ... involve the application of armed force". Auch der Bericht des Ausschusses (Report of the Senate Committee on the UN Charter, July 16, 1945 zit. bei: US Senate Review, S. 62) enthält eine eindeutige Stellungnahme: „Action by the Security Council ... need not ... terminate its efforts to bring about a satisfactory settlement. The Security Council, when taking forcible action, can simoultaneously be taking steps to work out a settlement; and can, moreover, continue these efforts after the ... aggression has been removed."

[149] UNCIO Vol. 12 Doc. 881 zit. nach: Goodrich / Hambro, 1. Aufl., S. 158.

[150] Vgl. auch den Wortlaut des Art. 42, der im Gegensatz zu Art. 41 davon spricht, daß der SR selbst die militärischen Zwangsmaßnahmen durchführt.

[151] Vgl. Goodrich / Hambro, 2. Aufl., S. 172.

or taken", sondern „make recommendations or decide what measures shall be taken ...". Damit wird deutlich, daß sich die Empfehlungen nicht auf die Art. 41, 42 beziehen[152]. Gerade daraus wird geschlossen, daß Art. 39 die Befugnis des SR, Empfehlungen zu beschließen, nicht begrenzt[153]. Auch wenn man diesem Argument folgt, können Zwangsmaßnahmen nur dann empfohlen werden, wenn sie auch außerhalb der Art. 41, 42, die beide von der Rechtsverbindlichkeit der Anordnung ausgehen, denkbar sind. Dagegen spricht jedoch, daß Art. 41 für nichtmilitärische Zwangsmaßnahmen einen derart umfassenden Katalog enthält, daß sich Maßnahmen außerhalb dieser Aufzählung kaum vorstellen lassen[154]. Wenn Art. 39 nicht ausdrücklich von „Empfehlungen i. S. d. Kap. VI" spricht, dann läßt sich diese Formulierung so erklären, daß durch die Vermeidung der Bezugnahme auch die Verbindung zu den tatbestandlichen Voraussetzungen des Kap. VI abgeschnitten werden sollte[155]. So ist der SR bei Empfehlungen gem. Art. 39 nicht gehalten, die Verfahren in Betracht zu ziehen, die die Parteien selbst angenommen haben (Art. 36 Abs. 2) oder bei einer Rechtsstreitigkeit den Parteien die Anrufung des IGH zu empfehlen (Art. 36 Abs. 3).

Schließlich stellt sich für die Empfehlung von Zwangsmaßnahmen genau wie bei dem Verfahren der friedlichen Streitschlichtung[156] die Frage nach der Kongruenz von Handlung (Empfehlung) und eingesetztem Mittel (militärischer oder nichtmilitärischer Zwang). Akzeptiert man für Art. 39 ebenso wie für Art. 94 Abs. 2, daß Empfehlung und Entscheidung sich in bezug auf ihre Bindungswirkung unterscheiden, so ergibt sich, daß die Empfehlung von Zwangsmaßnahmen nicht möglich ist. Denn das Handlungsmittel „Empfehlung" entfaltet seinen nichtverbindlichen Rechtscharakter nicht nur im Hinblick auf den zur Durchführung berufenen Staat, sondern auch in bezug auf das Objekt

---

[152] Vgl. Kelsen, UN Law, S. 912; Levontin, Myth, S. 196: „It is submitted that mere recommendations of the Security Council are not ‚measures' (gem. Art. 39) ... — both because mere recommendations are not in themselves of sufficient efficacy ...; and also because Art. 39 clearly distinguishes between ‚measures' and ‚recommendations'."

[153] Vgl. auch Vallat, Competence, S. 260: „On the basis of the English text it seems quite clear that the Security Council was given a free discretion by Article 39 to make recommendations ... The commas show that the reference to Article 41 and 42 applies only to the expression ‚decide what measures' and not to ‚shall make recommendations'. Therefore, grammatically the reference to Articles 41 and 42 does not limit the right ... to make recommendations ..."

[154] Vgl. insoweit auch Oldenhage, Die Reaktion, der zwar die Möglichkeit der Empfehlung von Zwangsmaßnahmen anerkennt (S. 132), sie jedoch nicht auf Art. 39, sondern Art. 1 Abs. 1 stützt, weil „die in diesem Abschnitt enthaltenen Sanktionsvorschriften einen Beschluß in Form einer ‚Entscheidung' erfordern" (S. 134).

[155] Vgl. Pasvolsky in: US Senate, Hearings, S. 278.

[156] s. o. S. 64.

der Durchführung. Empfiehlt z. B. der SR, die guten Dienste eines neutralen Staates für die Beilegung einer Streitigkeit in Anspruch zu nehmen, so bewirkt die Annahme der Empfehlung durch den neutralen Staat nicht, daß die Streitparteien verpflichtet sind, die guten Dienste tatsächlich in Anspruch zu nehmen. Denn der Rechtscharakter der Resolution bestimmt sich ausschließlich nach der Satzung und ist vom Verhalten der Staaten unabhängig. Die Konsequenz ist, daß genau wie bei Empfehlungen gem. Kap. VI die Durchführung einer Empfehlung gem. Art. 39 nur mit Zustimmung des „Opfers" möglich ist. Das führt jedoch den Begriff der „Zwangsmaßnahme", der vom entgegenstehenden Willen des „Opfers" ausgeht, ad absurdum. Die Empfehlung von Zwangsmaßnahmen ist daher nicht möglich[157].

c) Zusammenfassung

Die Handlungsfreiheit des SR wurde bei der Ausarbeitung des Tatbestandes von Art. 39 klar herausgestellt. Um dieses Ziel zu verwirklichen, wurde der Tatbestand durch allgemeine, in der Satzung nicht näher definierte Merkmale beschrieben und der SR bei der Verhängung von Zwangsmaßnahmen von der Bindung an „Gerechtigkeit und Völkerrecht" freigestellt. Damit wurde zugleich jeder Automatismus bei der Anwendung des Kap. VII vermieden. Um der Gefahr einer Diktatur der Großmächte zu entgehen, wurden die Befugnisse des SR auf der anderen Seite funktionell begrenzt. Schon der Wortlaut des Art. 1 Ziff. 1 weist darauf hin, daß Zwangsmaßnahmen nur soweit eingesetzt werden dürfen, bis der Konflikt einer friedlichen Schlichtung offensteht. Die zwangsweise Durchsetzung von Empfehlungen zur friedlichen Streitschlichtung sollte ausdrücklich verboten sein. Vielmehr betonte man die Erfüllung des Tatbestandes von Art. 39 als ausschließlichen Anknüpfungspunkt für Zwangsmaßnahmen. Der strikten Trennung von Kap. VI und VII diente auch das Verbot der Empfehlung von Zwangsmaßnahmen. Die Befugnis des SR, gem. Art. 39 Empfehlungen zu verabschieden, gibt ihm die Möglichkeit — wie in Kap. VI — auf den

---

[157] Insoweit ist auch der von Fitzmaurice, Law and Procedure 1958, S. 5 f. gekennzeichnete „permissive effect" von Empfehlungen aufschlußreich (vgl. dazu auch di Qual, Les effets, S. 122 ff.). Fitzmaurice ist zutreffend der Ansicht, daß eine Empfehlung der GV nicht geeignet ist „to release a member State from a pre-existing obligation" (loc. cit. S. 5). Dieses Problem stellt sich z. B. auch bei der Empfehlung wirtschaftlicher Zwangsmaßnahmen. Wenn jedoch die Berufung auf die Empfehlung nicht die sich z. B. aus Handelsverträgen ergebende Verpflichtung gegenüber dem Objekt der Zwangsmaßnahmen zu überspielen vermag, dann kommt gerade darin zum Ausdruck, daß die Empfehlung von Zwangsmaßnahmen auch das „Opfer" schützt. Diesen Aspekt vernachlässigt Schwarzenberger, Legal Problems, S. 137: „Once the Security Council makes a recommendation under Article 39, member States do not require any further authority under the Charter to act in compliance with such a recommendation."

Kern des Konfliktes einzugehen. Weil es sich hierbei nicht mehr um die bloße Unterdrückung des Konfliktes, sondern seine Beendigung handelt, hat der SR auch hier nur die Befugnis, die er im Rahmen der friedlichen Streitschlichtung wahrnehmen kann. Daher läßt sich formulieren, daß dem SR immer dann, wenn es um friedliche Streitschlichtung geht, nur das Handlungsmittel „Empfehlung" zur Verfügung steht, während er „Entscheidungen" nur bei der Verhängung von Zwangsmaßnahmen treffen darf.

d) Art. 41, 42

Art. 41 und 42 behandeln die militärischen und sonstigen Zwangsmittel, die der SR zur Verfügung hat, um auf eine Bedrohung bzw. einen Bruch des Friedens oder eine Angriffshandlung zu reagieren. Daß es sich bei diesen Maßnahmen um Entscheidungen handelt, die Mitgliedstaaten binden, ist unbestritten[158].

Art. 41 SVN bestimmt, daß der SR über nichtmilitärische Zwangsmaßnahmen „entscheidet" und daß er „call upon the Members of the United Nations to apply such measures". Diese Terminologie ist nur schwer verständlich: Welche Bedeutung hat der „call", wenn die Entscheidung des SR, nichtmilitärische Zwangsmaßnahmen zu verhängen, für die Mitglieder verbindlich ist? Handelt es sich bei der Entscheidung des SR zunächst nur um einen internen Akt des SR, der erst durch den sich anschließenden „call" für die Mitgliedstaaten verbindlich wird? Die Interpretation des Art. 41 SVN führt wegen dieser Konstruktion zu unlösbaren Widersprüchen, falls sie zu eng an der Formulierung des Artikels klebt: Dem SR steht nach dem Wortlaut der Norm die Befugnis zu, Maßnahmen zu beschließen, um seinen Entscheidungen Wirksamkeit zu verleihen. Welchen Entscheidungen soll Wirksamkeit verliehen werden? Der Entscheidung, in der festgestellt wird, daß der Tatbestand des Art. 39 SVN erfüllt ist? Einer Entscheidung, in der festgestellt wird, daß ein Staat sich z. B. einer Angriffshandlung schuldig gemacht hat, kann indessen keine „Wirksamkeit" verliehen werden. Auf den 2. Halbsatz des Art. 39 kann sich der Beschluß ebenfalls nicht beziehen, da insoweit gerade auf Art. 41 SVN verwiesen wird.

Die die zentrale Rolle des SR bei der Verhängung von Zwangsmaßnahmen deutlich hervorhebende Formulierung des Art. 41 SVN ist zu-

[158] Vgl. di Qual, Les effets, S. 85; Goodrich / Hambro / Simons, S. 311, 315; Kelsen, UN Law, S. 97, 735; Fernbach, The UN, S. 137; Stone, Legal Controls, S. 195; Wehberg, Einführung, S. 382; Kelsen, Sanctions, S. 526 f.; ICJ „Corfu Channel" Vol. III ICJ Reports 1950 S. 76 ff. (Shawcross, UK); ICJ „Legal Consequences" ICJ Reports 1971 S. 136 (sep. op. Petrèn); vgl. auch Jiménez de Arechaga, Derecho, S. 55, der wegen des obligatorischen Charakters der Zwangsmaßnahmen die Möglichkeit der „Neutralität" eines Mitgliedes in diesem Fall verneint.

nächst historisch aus der Abgrenzung gegenüber dem Völkerbund zu erklären: Das dezentralisierte System von Zwangsmaßnahmen sollte durch ein straff zentralisiertes[159] ersetzt werden. Um diesen Unterschied augenfällig zu machen, wurde die Rolle des SR über das zur rechtlichen Festlegung notwendige Maß hinaus betont.

Die Terminologie bringt — ebenfalls in deutlichem Gegensatz zum VB — zum Ausdruck, daß rechtliche („Entscheidung") und faktische („Wirksamkeit") Aspekte der Machtmittel des SR miteinander verbunden werden sollten. Wegen der Erfahrungen des Völkerbundes, insbesondere der fehlenden Reaktion auf die italienische Invasion in Äthiopien, wollten die Gründungsmitglieder die Normen des Kap. VII so ausgestalten, daß die Machtmittel des SR auch effektiv werden konnten[160]. Der komplizierte Wortlaut des Art. 41 SVN läßt sich weiterhin durch einen Vergleich mit Art. 42 SVN verständlich machen: Bei der Verhängung militärischer Zwangsmaßnahmen kann sich der SR auf die gem. Art. 43 SVN geschlossenen Abkommen stützen[161]. Aufgrund dieser Abkommen sind die Mitgliedstaaten verpflichtet, ihm im Bedarfsfall Truppen zur Verfügung zu stellen. Bei der Durchführung nichtmilitärischer Zwangsmaßnahmen kann sich der SR dagegen nicht auf die aus besonderen Abkommen resultierende Verpflichtung stützen. Daß die Mitgliedstaaten dennoch — genau wie bei Art. 42 SVN — verpflichtet sind, auch nichtmilitärische Zwangsmaßnahmen durchzuführen, soll durch die doppelte Bindung (durch Entscheidung und Aufforderung) besonders betont werden.

Noch eine weitere Parallele zwischen den Art. 41 und 42 SVN ergibt sich: Ebenso wie die Durchführung militärischer, so bedarf auch die nichtmilitärischer Zwangsmaßnahmen der Organisation. Bei Art. 42 SVN ist durch Art. 43 (und 46, 47) SVN dieser organisatorische Aspekt bereits in der Satzung vorgeprägt. Denselben Aspekt betrifft Art. 41, Satz 1, 1. Halbsatz SVN: Der SR hat danach die Befugnis, eine Vielzahl möglicher einzelner Maßnahmen unter dem Kriterium „Wirksamkeit" zu organisieren und daraufhin mittels des „call" die Mitgliedstaaten zur Durchführung aufzurufen. Art. 41 Satz 1, 1. Halbsatz SVN hat damit für nichtmilitärische Zwangsmaßnahmen eine dem Art. 43 im Hinblick auf militärische Zwangsmaßnahmen entsprechende Bedeutung.

---

[159] Die Ausnahmen der Art. 51 und 52 Abs. 1 Satz 2 SVN sind erst in San Francisco in die Satzung aufgenommen worden.

[160] Vgl. auch Art. 1 I, 24 I.

[161] Vgl. insoweit auch den Wortlaut des Art. 44: „... before calling upon a Member ... to provide armed forces in fulfillment of the obligations assumed under Art. 43 ...".

e) Art. 40

Bevor der SR gem. Art. 39 Empfehlungen abgibt oder gem. Art. 41, 42 SVN Maßnahmen beschließt, hat er die Möglichkeit, vorläufige Maßnahmen festzusetzen, „um einer Verschärfung der Lage vorzubeugen". Diese vorläufigen Maßnahmen lassen gem. Art. 40 Satz 2 SVN die Rechte, die Ansprüche und die Stellung der betroffenen Partei(en) unberührt; jedoch kann der SR gem. Art. 40 Satz 3 SVN die Nichtbefolgung seiner Anordnungen gebührend in Rechnung stellen. Welche weiteren Maßnahmen der SR ergreift, bleibt seinem Ermessen vorbehalten. Ob er bindende oder nur nicht bindende Maßnahmen anordnen darf, blieb schon während der Entstehungsgeschichte der Norm unklar. China brachte das Problem der vorläufigen Maßnahmen aufgrund seiner Erfahrungen mit der Besetzung der Mandschurei durch Japan in San Francisco in die Diskussion ein. Der Vorschlag, Art. 40 in die Satzung aufzunehmen, wurde ohne lange Diskussion akzeptiert[162]. Das einzige Problem lag in der Befürchtung kleinerer Staaten, der SR könne gezwungen sein, vor der Verhängung von Zwangsmaßnahmen die vorläufigen Maßnahmen anzuwenden[163]. Dann bestünde die Gefahr, daß die endgültigen Maßnahmen „zu spät" angewandt würden[164].

Eine Klärung der Frage, ob Art. 40 nur zur Empfehlung oder auch zu Entscheidungen — oder zu beiden — ermächtigt, fand nicht statt. Im Bericht der amerikanischen Delegation über die Konferenz wird davon gesprochen, daß es sich bei den Maßnahmen um solche handele „which the disputing parties will be asked to undertake themselves upon recommendation of the Council"[165]. Demgegenüber führt der britische Kommentar zur Satzung aus, Art. 40 ermächtige den SR „to order provisional measures"[166]. Diese Unklarheit — oder doppelte Möglichkeit — spiegelt sich auch in der Literatur wieder. Nach Goodrich / Hambro / Simons ist die Einordnung der provisorischen Maßnahmen in das Schema „Empfehlung" — „Entscheidung" „by no means clear"[167]. Ein Teil der Autoren läßt die Entscheidung letztlich offen[168]. Aus der Tat-

---

[162] Russell / Muther S. 675 f.

[163] Russell / Muther S. 676; UNCIO Vol. 11 S. 19.

[164] Daher führt der englische Kommentar zur Charter aus: „... that such provisional measures can only be authorized before the Security Council decides to take definite action, and not after it has begun the process of settling or dealing with a dispute". (UK, Charter of the UN S. 8.)

[165] US Report to the President, S. 92; dagegen di Qual, Les effets, S. 84.

[166] UK, Charter of the UN, S. 8.

[167] Goodrich / Hambro / Simons S. 306; vgl. auch den dort (S. 307) angeführten unterschiedlichen Wortgebrauch in Resolutionen des SR, die sich auf Art. 40 SVN stützen.

[168] Goodrich / Hambro / Simons S. 306 ff.; Karaosmanoglu, Les actions, S. 248 ff., jeweils m. w. Nachw.

sache, daß der SR über die vorläufigen Maßnahmen entscheidet und nicht wie z. B. in Art. 33 Abs. 2 SVN die betroffenen Staaten, folgern Goodrich / Hambro, daß der „call“ in Art. 40 SVN „more mandatory“ sei als in Art. 33 Abs. 2 SVN[169]. Was konkret unter „more mandatory“ zu verstehen ist, wird nicht erläutert. Von der rechtlichen Alternative „verpflichtend“ — „nicht verpflichtend“ her läßt sich eine derartige Begriffsbildung nicht aufstellen, denn zwischen diesen beiden Möglichkeiten kann es keine rechtliche Übergangszone geben. Des weiteren läßt diese Auffassung auch das Verhältnis zwischen Satz 1 und Satz 3 des Art. 40 SVN außer acht[170]. Vertritt man — wie Kelsen — die Ansicht, der Begriff „call“ „is rather a command than a simple recommendation“[171], so läßt sich Art. 40 Satz 3 SVN insofern erklären, als der SR unterschiedlich auf die Nichtbefolgung der vorläufigen Maßnahmen reagieren kann, je nachdem ob sie in Form einer „recommendation“ oder einer „decision“ ausgesprochen worden sind. Die Unklarheit resultiert auch daraus, daß die Maßnahmen gem. Art. 40 zwischen Kap. VI und VII stehen. So ist z. B. streitig und in San Francisco nicht diskutiert worden, ob der SR zunächst den Tatbestand des Art. 39 als erfüllt anzusehen hat, bevor er gem. Art. 40 Entscheidungen trifft[172].

Hält man dagegen die vorläufigen Maßnahmen in jedem Fall für verbindlich[173], so kann eine Inkongruenz zwischen vorläufigen und sich anschließenden Maßnahmen eintreten. Denn der SR hat die Möglichkeit, nach Ausnutzung des Art. 40 Empfehlungen gem. Art. 39 SVN auszusprechen. Faßt man diese als nicht bindend auf, so entsteht die Situation, daß die Adressaten durch die vorläufigen Maßnahmen gebunden, durch die auf Konfliktlösung zielenden jedoch nicht gebunden sind. Damit werden die vorläufigen Maßnahmen zu endgültigen. Die anzustrebende Kongruenz zwischen vorläufigen und darauf aufbauenden Maßnahmen spricht also gegen eine einseitige Festlegung des Rechtscharakters vorläufiger Maßnahmen. Dem könnte die Bestimmung des Art. 40 Satz 3 SVN widersprechen. Wenn es auch nichtbindende vorläufige Maßnahmen gibt, so ist nur schwer verständlich, wieso — und wem gegenüber — der SR der Nichtbefolgung seiner

---

[169] Goodrich / Hambro, 1. Aufl., S. 159.

[170] Goodrich / Hambro, 1. Aufl., S. 160 setzen Satz 3 nur ins Verhältnis zu Satz 2 und fragen sich „if it (i. e. Satz 3) means anything“.

[171] Sanction, S. 524; vgl. auch Schachter, Legal Aspects, S. 6 f.; Bentwich / Martin S. 63; Oldenhage, Die Reaktion, S. 121, der sich Kelsen anschließt; vgl. dagegen Kelsen, UN Law, S. 740, wo er den Begriff sowohl auf Empfehlungen als auch Entscheidungen erstreckt.

[172] Goodrich / Hambro / Simons S. 306 f.

[173] So — indessen ohne nähere Begründung — Fernbach, The UN, S. 137; ebenso: Bentwich / Martin S. 92 f.; Seyersted, Forces, S. 140; Henderson, Pacific Settlement, S. 48; Meeker, Defensive Quarantine, S. 520 f.; Skubiszewski, Use of Force, S. 786.

Resolution Rechnung tragen kann. Denn wenn er sich eines nicht verbindlichen Handlungsmittels bedient, obwohl er die Möglichkeit besitzt, verbindliche Entscheidungen zu verabschieden, dann muß er die Gefahr der Nichtbefolgung einkalkulieren. Die Formulierung des Art. 40 Satz 3 SVN spricht für den Sanktionscharakter der Anordnungen, in denen die Nichtbefolgung der einstweiligen Maßnahmen Berücksichtigung findet[174]. Jedoch ist wegen der Befugnis des SR, gem. Art. 39 Empfehlungen zu verabschieden, auch denkbar, daß die Ahndung der Nichtbefolgung der vorläufigen Maßnahmen wiederum nur in Form einer Empfehlung erfolgt. Die Tatsache, daß der SR die Weigerung des oder der Adressaten, den vorläufigen Maßnahmen Folge zu leisten, bei seinen weiteren Beschlüssen in Rechnung stellt, besagt noch nichts darüber, in welcher Form dies zu geschehen hat[175]. Bei Zugrundelegung dieser Auffassung wird überdies davon ausgegangen, daß der SR das Verhalten des nichtbefolgenden Staates sanktioniert. Dem SR ist es sicherlich unbenommen, so zu verfahren. Zwingend ist diese Handlungsweise jedoch nicht, denn die Nichtbefolgung kann auch gegenüber allen beteiligten Staaten in Rechnung gestellt werden[176]. Diese Interpretation ist vom Anwendungsbereich des Art. 39 her vorzuziehen: Ordnet der SR beim Ausbruch bewaffneter Feindseligkeiten einen Waffenstillstand als vorläufige Maßnahme an, so wird bei andauernden Kämpfen sich rein tatsächlich nur selten feststellen lassen, wer diese Anordnung zuerst nicht befolgt hat. Um nicht mit dem Verdikt des Aggressors belastet zu werden, wird jede Seite behaupten, die andere habe den Waffenstillstand durchbrochen, sie selbst habe sich dagegen nur zur Wehr gesetzt.

Insgesamt läßt sich festhalten, daß Art. 40 sowohl verbindliche als auch nichtverbindliche vorläufige Maßnahmen zuläßt[177].

3. Art. 94 Abs. 2

Gem. Art. 94 Abs. 2 kann der SR für den Fall, daß eine Streitpartei ihrer Verpflichtung aus einem Urteil des IGH nicht nachkommt, auf Verlangen der anderen Partei je nach seinem Ermessen „Empfehlungen

---

[174] So Miller, E., Legal Aspects, S. 6; Riad, The UN Action in the Congo, S. 21; Goodrich / Hambro, 1. Aufl., S. 159; Alessi, L'evoluzione, S. 522; dagegen Fabbri, Le misure provisorie, S. 199.

[175] Vgl. auch Manin, Le maintien, S. 38; Dahm, Völkerrecht, Bd. II, S. 393.

[176] Vgl. US Report to the President, S. 92.

[177] Ebenso Kelsen, UN Law, S. 740; Kelsen, Sanction, S. 524 ff.; Schachter, Legal Aspects, S. 6 f.; Manin, Le maintien, S. 32 ff.; Dahm, Völkerrecht Bd. II, S. 393 f. Dagegen halten Oppenheim / Lauterpacht die vorläufigen Maßnahmen für bindend, weil sie die Eingangsstufe für Zwangsmaßnahmen bilden (Bd. 2, S. 267). Dem ist jedoch entgegenzuhalten, daß gem. Art. 39 auch Empfehlungen ausgesprochen werden können.

abgeben oder Maßnahmen beschließen, um dem Urteil Wirksamkeit zu verschaffen" („make recommendations or decide upon measures to be taken to give effects to the judgement")[178].

Die Anregung zur Aufnahme dieser Norm stammt von dem „Committee of Jurists", das mit der Ausarbeitung des Statuts des IGH befaßt war. Es betonte „the great importance connected with formulating rules on this point"[179] und war der Ansicht, daß es nicht Aufgabe des IGH sondern des SR sei, die Ausführung der Urteile zu garantieren[180]. In San Francisco wurde das Problem im Committee III/1 erörtert. Die Diskussion drehte sich dabei zunächst um einen norwegischen Vorschlag, der in enger Anlehnung an die Regelung der Satzung des Völkerbundes vorsah:

„The Security Council is empowered to enforce by appropriate means the execution of any final decision in a dispute between States delivered either by the Permanent Court of International Justice or by any other tribunal whose jurisdiction in the matter has been recognized by the States parties to the dispute[181]."

Gegen diesen Vorschlag, der in der Abstimmung nicht die erforderliche $^2/_3$ Mehrheit erhielt, wandten die USA ein, er gebe dem SR, dessen Machtfülle Gegenstand heftiger Kritik sei, noch mehr Macht und erweitere seine Tätigkeit auf ein Gebiet, das nicht die Unterdrükkung von Friedensbedrohungen betreffe[182]. Ein kubanischer Vorschlag im Committee IV/1, der zwar nur an Urteile des IGH anknüpfte, dafür aber auch den SR zum Tätigwerden ohne Initiative einer Partei verpflichtete, gelangte nicht zur Abstimmung; vielmehr wurde zunächst ein „off-the-record-compromise"[183] angenommen:

„In the event of a state's failure to perform the obligations incumbent upon it under a judgement rendered by the Court, the other party may have recourse to the Security Council which may make recommendations or decide measures to be taken to give effect to the judgement[184]."

---

[178] Diese Vorschrift hat ihren Vorläufer in Art. 13 Abs. 4 Satz 2 der Satzung des VB: „In the event of any failure to carry out such an award or decision, the Council shall propose what steps should be taken to give effect thereto." (Vgl. dazu Vulcan, L'exécution, S. 189 f.) Von dieser Vorschrift unterscheidet sich Art. 94 Abs. 2 in dreierlei Hinsicht: Er bezieht sich nur auf Urteile des IGH; er macht das Tätigwerden des IGH von der Initiative einer Streitpartei abhängig; ob überhaupt Maßnahmen ergriffen werden, stellt er ins Ermessen des SR. Vgl. dazu Kelsen, UN Law, S. 539; Goodrich / Hambro / Simons S. 556; Rosenne, The Law and Practice, S. 149 f.

[179] UNCIO Vol. 14 S. 853.

[180] UNCIO Vol. 14 S. 853.

[181] UNCIO Vol. 11 S. 396 f.; vgl. auch UNCIO Vol. 3 S. 368 f.

[182] UNCIO Vol. 11 S. 396.

[183] Russell / Muther S. 894.

[184] UNCIO Vol. 13 S. 298.

Obwohl der SR wegen der Verwendung des Verbs „may“ nicht aktiv werden muß, wurde auf Verlangen der SU zur weiteren Verdeutlichung der Zusatz „if it deems necessary“ eingefügt. Trotz dieses Wortlauts war die SU noch immer nicht einverstanden, weil die Norm „a considerable change in the functions of the Security Council“ bewirke, da der SR nun befugt sei, „to deal with matters which might have nothing to do with security“[185]. Die schließlich angenommene Fassung ähnelt einem chinesischen Vorschlag, der schon vor Beginn der Konferenz vorlag[186].

Hinsichtlich der Vereinbarkeit von Empfehlungen gem. Art. 94 Abs. 2 mit anderen Normen der SVN entsteht zunächst ein Problem durch den insoweit unklaren Wortlaut des Art. 94 Abs. 2. Geht man strikt vom Wortlaut aus, so kann man der Ansicht sein, die Empfehlungen brauchten im Gegensatz zu den Maßnahmen nicht die Zielrichtung zu haben, dem Urteil Wirksamkeit zu verschaffen[187]. Diese Ansicht mag dem Wortlaut der Norm entsprechen, sie mag grammatisch gesehen sogar die wahrscheinlichere sein[188]; sie führt jedoch zu nicht vertretbaren Ergebnissen. Denn gem. Art. 60 StatIGH sind die Urteile „final and without appeal“ und gem. Art. 94 Abs. 1 sind die Mitglieder der VN, soweit sie Streitparteien sind, zur Befolgung des Urteils des IGH verpflichtet. Beide Normen sind nicht verständlich, wenn man dem SR über die Möglichkeit, gem. Art. 94 Abs. 2 Empfehlungen abzugeben, die faktische Kompetenz einräumt, die Entscheidung des IGH aufzuheben oder zumindest zu unterlaufen[189]. Eine Empfehlung dieser Art hätte auch für die im Rechtsstreit obsiegende Partei nur geringe Bedeutung, denn sie hat den SR gerade angerufen, um den rechtlichen Sieg auch faktisch durchzusetzen.

Das eigentliche Problem des Art. 94 Abs. 2 liegt hingegen darin, ob dem SR hinsichtlich der Maßnahmen ein größerer Aktionsbereich als gem. Kap. VII eingeräumt wird[190]; m. a. W.:

---

185 UNCIO Vol. 13 S. 97.

186 Russell / Muther S. 892.

187 Vgl. dazu Rosenne, The Law and Practice, S. 151; Kelsen, UN Law, S. 539 f.

188 So Kelsen, UN Law, S. 539; die Grenzen der grammatischen Auslegung lassen sich gerade hier demonstrieren: Aus der Entstehungsgeschichte ergibt sich keine Begründung für die schließlich gewählte Formulierung. Sie spricht jedoch für die stilistische Befähigung des Verfassers, der die grammatische Auslegung gerade nicht gerecht werden kann. Eine grammatisch nicht angreifbare Bedeutung hätte sich nur durch „holprige“ Ausdrucksweise (z. B. Wiederholung des Infinitivsatzes) ergeben.

189 Vgl. Rosenne, The Law and Practice, S. 151; Anand, Compulsory Jurisdiction, S. 96 f.

190 Vgl. z. B. Oldenhage, Die Reaktion, S. 138 f.; US Senate, Review, S. 67; Anand, Compulsory Jurisdiction, S. 96 f.; Vulcan, L’exécution, S. 199.

„... may the Council take a ‚decision', binding upon members, in the absence of a ‚threat to the peace'"[191]?

Aus der Entstehungsgeschichte lassen sich keine eindeutigen Schlüsse ziehen[192]. Der Vertreter des US-Außenministeriums war bei den Anhörungen im Anschluß an die Konferenz von San Francisco auf der einen Seite der Ansicht, der SR dürfe gem. Art. 94 Abs. 2 nur bei gleichzeitiger Erfüllung des Art. 39 Zwangsmaßnahmen verhängen[193]. Auf der anderen Seite vertrat er bei derselben Sitzung die Auffassung: „The Council would be entirely free to do what it might see fit[194]." Diese unpräzise Ausdrucksweise mag den Zweck gehabt haben, den Befürchtungen des Kongresses hinsichtlich der Übertragung von Hoheitsgewalt auf internationale Organisationen Rechnung zu tragen; sie deutet zudem auf einen die Meinungsverschiedenheiten in San Francisco nur verdeckenden Kompromiß hin. Daß das Problem in San Francisco nicht gelöst wurde, geht auch aus der undeutlichen Haltung der SU hervor, die einerseits den Ermessensspielraum des SR soweit wie möglich erweitern wollte, andererseits ihre Bedenken gegen die Kompetenzerweiterung des SR nicht ausgeräumt sah.

In der Literatur wird sowohl die Ansicht vertreten, der SR dürfe gem. Art. 94 Abs. 2 nur Entscheidungen verabschieden, wenn zugleich der Tatbestand des Art. 39 erfüllt sei[195], als auch, daß Art. 94 Abs. 2 eine eigenständige Ermächtigungsgrundlage darstelle[196]. Gegen die Bindung des SR an Art. 39 wird argumentiert, daß die Nichtbefolgung eines Urteils des IGH nicht notwendig den Tatbestand des Art. 39 erfüllt und daß Art. 94 Abs. 2 überflüssig ist, wenn Entscheidungen nur bei gleichzeitigem Vorliegen der Voraussetzungen des Art. 39 verabschiedet werden dürfen. Denn das Recht des SR, gem. Art. 39 zu han-

---

[191] Goodrich / Hambro / Simons S. 556 f.

[192] Vgl. auch Sloan, Enforcement, S. 145.

[193] US Senate, Hearings, S. 286 ff., 331; vgl. auch Hackworth, The International Court of Justice, aus: US Department of State Bulletin, Vol. 13, S. 216 zit. nach: Russell / Muther S. 895 f.

[194] US Senate, Hearings, S. 331; vgl. dagegen ebd. S. 286: „Article 94 would have to be governed by the powers conferred upon the Council in the other parts of the Charter; ... If the Security Council possesses powers of imposing settlements, then this paragraph could be read in terms of enforcement action. But since it does not possess those powers, I think this paragraph must be read in terms of such powers as it does possess."

[195] Vulcan, L'exécution, S. 199, der der Ansicht ist, Art. 94 Abs. 2 ermächtige nicht zu Maßnahmen gem. Art. 41, 42, da die Nichtbefolgung eines Urteils den Tatbestand des Art. 39 nicht erfülle. US Senate, Hearings, S. 286 (Pasvolsky), der ausführt, daß sowohl eine Kompetenzbejahung gem. Art. 33 als auch Art. 39 notwendig sei; vgl. auch US Senate, Review, S. 67; Sloan, Enforcement, S. 146.

[196] Bentwich / Martin S. 168; Oldenhage, Die Reaktion, S. 138; Schachter, Enforcement, S. 21; Goodrich / Hambro / Simons S. 557; Ross, Constitution, S. 102 f.; Kewenig, Bindungswirkung, S. 279.

deln, wird durch Art. 94 Abs. 2 nicht tangiert. Der SR muß gem. Art. 39 tätig werden, wenn er den Tatbestand der Norm als erfüllt ansieht. Er darf gem. Kap. VII auf der anderen Seite nicht tätig werden, solange nicht eines der Tatbestandsmerkmale des Art. 39 vorliegt. Gem. Art. 94 Abs. 2, 2. Halbsatz kann er dagegen Entscheidungen verabschieden, „wenn er es für notwendig hält" und die Voraussetzung des Art. 94 Abs. 2, 1. Halbsatz vorliegt. Die Entscheidungsbefugnis des SR ist daher gem. Art. 94 Abs. 2 an erheblich weitere Tatbestandselemente geknüpft als bei Art. 39. Dieser Machtzuwachs des SR ist jedoch kalkulierbar, weil die Befugnis des SR funktionell an das Urteil gebunden ist: In ihm sind der Konflikt, um den es geht und die Verpflichtung der unterlegenen Partei, die es durchzusetzen gilt, klar umrissen.

Als Konsequenz dieser Auffassung ergibt sich, daß die Satzung den SR auch außerhalb des Kap. VII zu Entscheidungen ermächtigt. Analoges gilt für die dem SR offenstehende Möglichkeit, Empfehlungen abzugeben, um dem Urteil zur Wirksamkeit zu verhelfen. Auch hier ist es nicht notwendig, daß der Tatbestand des Art. 33 erfüllt sein muß, um dem SR ein Tätigwerden zu gestatten.

III. Zusammenfassung

Die Entstehung der Satzung der VN muß vor dem Hintergrund der Allianz des 2. Weltkrieges[197] und der im Untergrund fortbestehenden und wieder aufkeimenden Interessengegensätze der Großmächte analysiert werden. Alle Staaten waren sich einig, ein effektives System kollektiver Sicherheit gegen ein erneutes Erstarken der Feindstaaten des Weltkrieges zu schaffen. Neben dieser Übereinstimmung stand jedoch das Interesse der Großmächte an der Wahrung und dem Ausbau ihrer Macht und das der kleineren Staaten am Schutz gegen die Herrschaftsinteressen der vereinigten oder einzelnen Großmächte. Mit Ausnahme der Maßnahmen gegen Feindstaaten des Weltkrieges und solche Staaten, die das Interesse aller anderen Staaten an der Wahrung des Weltfriedens bedrohen, trat der Wunsch nach einer „effektiven" Organisation hinter den bestehenden Gegensätzen zwischen den Großmächten untereinander und den Großmächten und kleineren Staaten zurück.

---

[197] Vgl. dazu Polak, System, S. 547; Beloff, Internationale Politik im Atomzeitalter, in: Ziebura, Nationale Souveränität, S. 14; Bentwich / Martin S. XXVII; Bindschedler, Sanktionen, S. 3; Cheever / Haviland, Peace, S. 134 ff.; Eagleton, Government, S. 294; Dolivet, United Nations, S. 11; Haviland, Political Role, S. 6; Hilmi, Unvollkommenheit, S. 57; Nincic, The Evolution of the United Nations, in: Institute of International Politics and Economy, S. 35; Krüger, H., Souveränität, S. 12; Lachs, Revision, S. 54; Kybal, Atlantic Charter, S. 371; Langenhoven, Crise, S. 18; Meder, Sowjetunion, S. 761; Rittberger, Vereinte Nationen, S. 32; US Senate, Revision, S. 7; Uschakow, Einstimmigkeit, S. 11, 41; UK, Charter of the UN, S. 18.

Die Wünsche und Ängste der Staaten spiegeln sich in der Satzung: Es entstand eine Struktur von Macht und Gegenmacht, die sich sowohl im Verhältnis des SR zu den Mitgliedstaaten als auch im Entscheidungsverfahren des SR und in seiner Eingebundenheit in die Gesamtorganisation aufzeigen läßt.

1. Die Handlungsfreiheit des SR innerhalb der Kap. VI und VII ist außerordentlich weit: Die Tatbestände der Regelungen sind in hohem Maße auslegungsfähig und -bedürftig; der Begriff der Aggression — der Angelpunkt des Kap. VII — ist nicht präzisiert; der SR ist bei der Verhängung von Zwangsmaßnahmen an Gerechtigkeit und Völkerrecht nicht gebunden; die Bindung des SR an diese Ziele bei der friedlichen Streitschlichtung wirkt sich wegen ihrer geringen Operationalität kaum beschränkend aus.

2. Als Ausgleich dieser weitgehenden Tatbestände wurde eine funktionelle Trennung von Kap. VI und VII vorgenommen: Zwangsmaßnahmen dürfen nur angewandt werden, um den Konflikt so weit zu dämpfen, daß er mit friedlichen Mitteln geschlichtet werden kann. Die zwangsweise politische Schlichtung soll durch die Satzung ausgeschlossen werden.

3. Um den Mißbrauch der VN zugunsten der Interessen einzelner Staaten zu verhindern, ist das System von Zwangsmaßnahmen auf kollektiver Basis angelegt. Die Empfehlung von Zwangsmaßnahmen ist daher ausgeschlossen.

4. Das Verbot der Zwangsschlichtung bedingt die rechtliche Unverbindlichkeit aller Maßnahmen, die auf die friedliche Schlichtung zielen. Zu diesen Maßnahmen gehört nicht Art. 34, da diese Befugnis dem SR erst die Wahrnehmung seiner Kompetenzen ermöglichen soll.

Aus der Befugnis des SR, im Rahmen des Kap. VI die Streitschlichtungsverfahren „Schiedsspruch" und „gerichtliches Verfahren" zu empfehlen, folgt ebenfalls der nichtbindende Rechtscharakter der Empfehlungen. Das Ergebnis dieser Verfahrensarten bindet die Parteien. Jegliche Art der Zwangsschlichtung bzw. der „compulsory jurisdiction" sollte indessen verhindert werden. Soweit der SR Verfahren ohne bindenden Abschluß vorschlagen kann, entspricht allein die rechtliche Unverbindlichkeit der Empfehlung ihrer Zielsetzung: Die Festlegung auf ein bestimmtes Verfahren dient nicht der Streitschlichtung, die immer auf die Ursachen des Konfliktes zielen muß.

5. Die rechtliche Unverbindlichkeit der Empfehlung besteht in doppelter Hinsicht: zum einen gegenüber den Staaten, deren Verhalten Anlaß der Resolution war; zum anderen gegenüber denen, von denen

bestimmte Handlungen verlangt werden, um das Verhalten der erstgenannten Staaten zu beeinflussen.

Der Rechtscharakter der Empfehlung wird nicht durch die Annahme seitens eines der beiden möglichen Adressaten geändert. Auch hieraus folgt das Verbot der Empfehlung von Zwangsmaßnahmen.

Die durch die funktionelle Bindung der Befugnisse bewirkte Wahrung der Souveränität der Mitgliedstaaten wird verstärkt durch die Einbettung der Handlungsmöglichkeiten in ein System von „checks and balances“. Seine Notwendigkeit ergab sich aus dem Fehlen der Außenkontrolle des SR, aus der erstrebten Flexibilität der Handlungsvoraussetzungen und aus der erkannten Spannung von faktischer Macht und rechtlicher Unverbindlichkeit. Diese Gefahrenmomente für die staatliche Souveränität wurden teilweise durch Verfahrensvorschriften des SR, teils durch die Ausgliederung möglicher Handlungsbereiche (Art. 2 Abs. 7) oder die Beibehaltung bestimmter Rechte der Mitgliedstaaten (Art. 51 und auch Kap. VIII) kompensiert.

1. Im SR selbst bietet das Erfordernis der Einstimmigkeit der Großmächte und das zahlenmäßige Übergewicht der nicht ständigen Mitglieder die Gewähr, daß nur Resolutionen verabschiedet werden, deren Anlaß entweder so schwerwiegend ist, daß die Interessen aller Mitgliedstaaten gefährdet sind oder solche, die die Formulierung eines Kompromisses enthalten, der wegen der differierenden Interessen den kleinsten gemeinsamen politischen Nenner der SR-Mitglieder enthält und den Adressaten weitgehend Handlungsfreiheit beläßt.

2. Die Anwendung der — beschränkten — Einstimmigkeitsregel auch auf Empfehlungen läßt keinen Rückschluß auf ihre rechtliche Verbindlichkeit zu. Der Ursprung dieser Forderung liegt zum einen in der Befürchtung der Großmächte, gegen ihren Willen in einen Konflikt hineingezogen zu werden; zum anderen darin, daß wegen des faktischen Gewichts einer Empfehlung durch das Abstimmungsverfahren die Handlungsfreiheit der Staaten möglichst wenig beeinträchtigt werden sollte.

3. Vorbehaltlich der Zwangsmaßnahmen gem. Kap. VII ist den Organen der VN ein Eingriff in den Bereich der ausschließlichen Zuständigkeit der Staaten untersagt. Das aus dem Begriff „intervene“ folgende Verbot, an einzelne Staaten gerichtete Empfehlungen zu verabschieden, läßt nicht auf die Rechtsverbindlichkeit der Empfehlung schließen. Sein Anlaß lag in der Gefahr des Verlustes oder der Einschränkung der politischen Unabhängigkeit des betreffenden Staates aufgrund des faktischen Gewichts der Empfehlung.

4. Die Kontrolle des SR über regionale Organisationen ist für den Bereich militärischer Zwangsmaßnahmen durch Art. 51 und für alle anderen Bereiche durch das Erfordernis der Einstimmigkeit der Großmächte aufgehoben. Da fast alle regionalen Bündnisse Allianzen unter der Hegemonie einer Großmacht und gegen eine andere Großmacht gerichtet sind, ermöglicht das Vetorecht der jeweiligen Großmacht, ihre hegemoniale Stellung auch gegenüber den Einflüssen des SR zu behaupten.

E. Die Interpretation und Anwendung der Satzung seit der Gründung der VN und die Bindungswirkung von Resolutionen des SR

I. Interpretation und Anwendung der Kap. VII und VI sowie des Art. 94 Abs. 2

Analysiert man die Entwicklung des Verhältnisses des SR zu Kap. VI und VII in ihrem historischen Ablauf, so richtet sich das Augenmerk zunächst auf Kap. VII und dort speziell auf Art. 43. Denn — historisch betrachtet — waren die Befugnisse im Rahmen des Kap. VII und der zentralisierte Entscheidungsprozeß der entscheidende Fortschritt gegenüber dem Völkerbund. Um diese Möglichkeit anwendbar zu machen, mußten als erster Schritt die Abkommen gem. Art. 43 abgeschlossen werden[1].

1. Kap. VII

a) Ursachen und Konsequenzen des Nichtabschlusses der Abkommen gem. Art. 43; Interpretation und Anwendung des Art. 42

Dem SR gelang es wegen der Gegensätze der Großmächte nicht, sich auf die Bedingungen der gem. Art. 43 abzuschließenden Abkommen zu einigen[2]. Am 16. 2. 1946 beschloß der SR, den Generalstabsausschuß zu beauftragen, die bei der Durchführung des Art. 43 sich ergebenden militärischen Fragen zu untersuchen und ihm Bericht zu erstatten. Nachdem dieser Bericht bis zum Februar 1947 noch nicht erstellt worden war, forderte der SR den Ausschuß am 13. 2. 1947 erneut auf, „as soon and as a matter of urgency“ die Probleme zu behandeln und ihm bis zum 30. 4. 1947 Empfehlungen hinsichtlich der organisatorischen Grundlagen der Streitkräfte der VN zu unterbreiten. Da sich jedoch mittlerweile die Gegensätze zwischen den Großmächten weiter vertieft hatten, blieb die Einigung in wesentlichen Punkten aus[3]. Die Zwistig-

[1] Armstrong, Risk, S. 46 f.

[2] Fox, Collective Enforcement, S. 974 hielt den Abschluß der Verträge gem. Art. 43 für „the main business of the Council in the first months of its existence“; vgl. auch Hull, Memoirs, S. 1633; wegen dieser Entwicklung ist der Streit, ob Art. 43 die Mitgliedstaaten zum Abschluß der Verträge verpflichtet, von keiner praktischen Bedeutung, vgl. Bodmer, Stellung, S. 39 m. w. Nachw.

keiten wirkten sich nicht nur im Hinblick auf Art. 43 aus, sondern ergriffen wegen Art. 27 das gesamte Kap. VII. So lag die Ansicht nahe:

„... le chapitre VII est une pièce du musée des institutions internationales“[4].

Um die drohende Lähmung des SR nicht auf die gesamte Organisation überspringen zu lassen, versuchten vornehmlich die USA, zum einen eine Verlagerung der Kompetenzen auf die vollständig dem Mehrheitsprinzip unterworfene GV zu erreichen[5], zum anderen Kap. VII umzudeuten. Militärische Zwangsmaßnahmen sollten nicht mehr vom Abschluß der Abkommen gem. Art. 43 abhängig sein; dem SR sollte die Befugnis zugesprochen werden, Zwangsmaßnahmen zu empfehlen. Wie die historische Interpretation erweist, sind militärische Zwangsmaßnahmen mit dem Abschluß der Abkommen gem. Art. 43 jedoch untrennbar verknüpft[6]. Zwar kann — theoretisch — Art. 43 durch die Anwendung des Art. 106 überspielt werden[7]. Doch ist nicht

---

[3] Vgl. Goodrich / Hambro / Simons S. 320 ff.; der Bericht des Generalstabsausschusses findet sich in SCOR 2nd Year 1947 Special Supplement No. 1.

[4] Colliard, Institutions, S. 384; vgl. Thompson, Collective Security, S. 761.

[5] Vereinzelt finden sich auch Vorschläge, das Veto nicht mehr auf Zwangsmaßnahmen anzuwenden (vgl. Armstrong, Risk, S. 56 ff.) mit der spezifisch auf die amerikanische Strategie des „roll back“ zugeschnittenen Erwägung: „If we modify or abandon our veto power is there a risk that the majority of the middle-sized and small nations will involve us in war? ... In the reality of practical politics, the risk is not that they will want to join in making war, even as our allies, but that they will hold back too long from a fateful decision which has become evidently necessary. And what about ... the possibility that the majority of the middle-sized and smaller nations will join with our potential enemies and make war against us? The answer is that if the world situation deteriorates so far, we face a war in any event, and no formal votes will either hasten or hinder it.“ (S. 57).

[6] Vgl. Russell / Muther S. 680 ff.; Broms, Doctrine, S. 240; Gutteridge, United Nations, S. 17; Bentwich / Martin S. 91; Goodrich / Hambro, 2. Aufl., S. 166, 286; Chaumont, Les rôles, S. 25; Fernbach, The UN, S. 138; Flory, Paix, S. 459; Goodrich, Korea, S. 132; Karaosmanoglu, Les actions, S. 246 f.; Nincic, Sovereignty, S. 93; Khan, Collective Security, S. 412; Scheuner, Kollektive Sicherung, S. 12; Schneider, Congo Force, S. 281; Vallat, Competence, S. 247; US Report, S. 16 f.; Bindschedler, Sanktionen, S. 7; Chaumont, Le maintien de la paix et l'évolution de la sécurité collective, in: Institute de l'Université de Paris, Les nations Unies, S. 69 ff.; Kelsen, Sanction, S. 535; Al Chalabi, La légitime défense, S. 217 f.; Manin, Le maintien, S. 20 ff.; King, Speech Commenting on the Dumbarton Oaks Proposals and the Position of Secondary Countries in the Organisation ... to the House of Commons, March 20, 1945 in: Holborn, War and Peace, Bd. 2, S. 627; Skubiszewski, Use of Force, S. 788.

[7] Art. 106 kann nur solange den kollektiven militärischen Zwangsmechanismus der VN substituieren, wie die Ursachen, die zum Nichtabschluß der Abkommen gem. Art. 43 führen, nicht beim SR selbst liegen. Wenn jedoch sowohl Art. 43 als auch Art. 106 aus denselben Gründen nicht zur Anwendung kommen, dann wird die Frage des Verhältnisses beider Normen sinnlos; a. A. Esfandiary, Role, S. 179 f.; Martin / Edwards, Changing Charter, S. 19; Oldenhage, Die Reaktion, S. 126.

anzunehmen, daß sich die ständigen Mitglieder auf militärische Zwangsmaßnahmen außerhalb des Art. 43 einigen, wenn sie über den Inhalt der Abkommen gem. Art. 43 uneins sind. Auch die Empfehlung von Zwangsmaßnahmen, die nach dem Willen der Teilnehmer in San Francisco nicht möglich sein sollte[8], bietet wegen der auch hierfür notwendigen Einstimmigkeit der ständigen Mitglieder Erfolgsaussichten nur in Ausnahmesituationen.

Eine derartige Situation war gegeben, als die SU sich weigerte, an den Sitzungen des SR teilzunehmen, da Taiwan an Stelle der VR China dem SR angehörte. Angesichts des Angriffs nordkoreanischer Streitkräfte gegen Südkorea war es dem SR deshalb möglich, folgende Resolution zu verabschieden:

„Having determined that the attack upon the Republic of Korea by forces from North Korea constitutes a breach of the peace, ... Recommends that the Members of the United Nations furnish such assistance to the Republic of Korea as may be necessary to repel the armed attack and to restore international peace and security in the area[9]."

Die Rechtmäßigkeit dieser Empfehlung ist strittig[10]. Sie widerspricht nicht nur der historischen Intention des Art. 39, sondern auch der Zielsetzung des Art. 1 Abs. 1: „Wirksame Kollektivmaßnahmen". Denn der Umfang und die Art und Weise der Befolgung der Empfehlung wird durch den einzelnen Staat bestimmt[11]. Von einer kollektiven Maßnahme läßt sich nicht mehr sprechen, wenn die Aktion dezentralisiert durchgeführt wird und seitens des SR keine Kontrolle der einzelnen beteiligten Staaten erfolgt. Die Aktion in Korea wurde weitgehend von den USA allein und faktisch unabhängig vom SR geplant und durchgeführt[12].

[8] s. o. D. II. 2. b), cc).

[9] SC Res. 83 (1950) vom 27. 6. 1950.

[10] Kelsen, UN Law, S. 931 ff.; Goodrich, Korea, S. 142 ff.; Halderman, Regional, S. 99 ff.; wegen der zweifelhaften Rechtmäßigkeit nahmen Ägypten und Indien an der Abstimmung nicht teil; Jugoslawien enthielt sich der Stimme.

Die Resolution läßt sich m. E. im Anschluß an Stone, Legal Controls, S. 234 ff. am ehesten in der Weise ausdeuten, daß sie die moralische Unterstützung einer kollektiven Selbstverteidigungsaktion Südkoreas und der es unterstützenden Staaten darstellt (vgl. auch Frowein, Friedenssicherung, S. 57). Daß Südkorea nicht Mitglied der VN war, ist kein Argument gegen die Anwendbarkeit des Art. 51 (zweifelnd Goodrich / Hambro / Simons S. 349), da das individuelle und kollektive Recht zur Selbstverteidigung den Staaten nicht erst durch die Satzung gewährt wird („inherent right"). Freilich wird auch diese Auslegung dem Verhalten des SR nicht vollständig gerecht. Denn die Benutzung der UN-Flagge und die Einrichtung eines „unified command" lassen sich nur für kollektive Aktionen der VN, nicht für gemeinsames Handeln einiger Mitgliedstaaten rechtfertigen (vgl. Kelsen, UN Law, S. 936).

[11] Goodrich, Korea, S. 142; hierin liegt auch der praktische Hintergrund der Wahl des Handlungsmittels „Empfehlung". Denn die Pflicht jedes Mitglieds zur Ausführung einer Entscheidung gem. Art. 25 hätte gem. Art. 48 Abs. 1 auf einige Staaten beschränkt werden können.

Zur zweiten und ebenfalls umstrittenen Anwendung des Art. 42 kam es im Gefolge der einseitigen südrhodesischen Unabhängigkeitserklärung. Ohne daß ausdrücklich auf Art. 42 Bezug genommen wurde, enthielt die Resolution 221 (1966) vom 9. 4. 1966 die Aufforderung an Großbritannien zur Anwendung militärischer Gewalt:

„(The S. C.) (c)alls upon the Government of the United Kingdom ... to prevent, by the use of force if necessary, the arrival at Beira of vessels ... and empowers the United Kingdom to arrest and detain the tanker known as the Joanna V upon her departure from Beira in the event her oil cargo is discharged there."

Auch die Annahme dieser Resolution geschah in einer außergewöhnlichen Situation: Großbritannien hatte sich schon im vorherein bereit erklärt, in diesem Fall Gewalt anzuwenden und brachte den Resolutionsentwurf selbst ein[13]. Außerdem war die Anwendung der Gewalt auf einen ganz bestimmten Fall beschränkt. Daß diese Beschränkung das ausschlaggebende Moment der Annahme der Resolution war, läßt sich aus der Erörterung dieses Resolutionsentwurfs insoweit entnehmen, als der weitergehende Vorschlag dreier afrikanischer Staaten:

„7. (The S. C.) (c)alls upon all States to apply measures for the complete interruption of economic relations and of communications with the settler minority régime and any other means in conformity with Articles 41 and 42 of the United Nations Charter."

abgelehnt wurde[14]. Außerdem erklärte der argentinische Vertreter:

„That paragraph 5 of the United Kingdom draft resolution could be accepted solely because it defined and limited the authorization of the use of force. However, in principle, any resolution under the terms of Chapter VII and particularly of Article 42 should be approved only in extreme cases. Such provisions should be restrictive and applicable only to well defined and limited cases ... (Abs. 7) proposed in the amendments (der drei afrikanischen Staaten) would be acceptable if the reference to Article 42 were deleted[15]."

Bei der sich anschließenden Diskussion eines weiteren Resolutionsentwurfes[16] zu demselben Problem, der schließlich abgelehnt wurde[17]

---

[12] Brunner, Friedenssicherungsaktionen, S. 417; die USA nahmen auch das „unified command" der Streitkräfte wahr; vgl. Goodrich, Korea, S. 153 ff. Die Rolle der USA bei der Einschaltung der VN in den Koreakrieg ist durch jüngere Untersuchungen ins Zwielicht geraten (vgl. Lewan, Die Vereinten Nationen, S. 124 ff.; Bartel, Neues Licht, S. 41 ff.). Hierin zeigt sich, wie groß die Gefahr ist, daß die VN durch das Ausweichen auf das Handlungsmittel „Empfehlung" den Interessen einer Großmacht dienstbar gemacht werden können.

[13] SC Rep. 66/68 S. 211.

[14] SC Rep. 66/68 S. 212.

[15] SC Rep. 66/68 S. 212.

[16] SC Rep. 66/68 S. 212 f.

[17] SC Rep. 66/68 S. 214.

und bei der Diskussion der Res. 232 (1966)[18] wurde von verschiedenen Delegierten betont, daß kein Staat zu militärischen Zwangsmaßnahmen gezwungen werden könne, solange er nicht ein Abkommen gem. Art. 43 abgeschlossen habe[19]. Die Besonderheit im Hinblick auf die Res. 221 (1966) wurde darin gesehen, daß Großbritannien einer Ermächtigung des SR zur Gewaltanwendung nicht bedürfe, da es als „administering power" Südrhodesiens zur Gewaltanwendung gegen „a colony in rebellion"[20] ohnehin befugt sei.

Auch dieser zweite und bisher letzte Fall der Anwendung von Art. 42 kam daher nur aufgrund außergewöhnlicher Umstände — insbesondere der vorher erklärten Bereitschaft Großbritanniens, Gewalt anzuwenden — zustande. Das Ausmaß der Gewaltanwendung war von vornherein durch den Rahmen der Bereitschaft des UK begrenzt: Der weitergehende Resolutionsentwurf, der Großbritannien aufforderte, mit Gewalt das Minderheitsregime zu beseitigen, wurde mit 6 Ja-Stimmen gegen 1 Nein-Stimme bei 8 Enthaltungen abgelehnt[21].

Um den Schwierigkeiten bei der Anwendung des Art. 42 zu entgehen, mußte eine Handlungsmöglichkeit entwickelt werden, die einerseits nicht nur durch den SR, sondern auch durch die GV wahrgenommen werden kann, andererseits wegen der Verknüpfung von Art. 42 und 43 keine „militärische Zwangsmaßnahme" darstellt. Dieser Forderung entsprechen die Friedensstreitkräfte.

b) *Friedensstreitkräfte*

Aus dem Problembündel, das die Einrichtung der Friedensstreitkräfte nach sich zieht[22], sind für die Thematik der Arbeit zwei Aspekte von Bedeutung: das Erfordernis der Zustimmung aller beteiligten Staaten und die sich daraus ergebenden Konsequenzen für die Tätigkeit der Friedensstreitkräfte.

---

[18] SC Rep. 66/68 S. 214 ff.

[19] Argentinien (SC Rep. 66/68 S. 214); China (SC Rep. 66/68 S. 215).

[20] So Canada SC Rep. 66/68 S. 216; dieser Ansicht scheint auch Großbritannien selbst gewesen zu sein: Den von ihm eingebrachten Resolutionsentwurf (Res. 221 (1966)) begründet der Vertreter des UK im SR: „By adopting the draft resolution, the Security Council would enable the United Kingdom to carry out without fear of illegality the responsibilities which in the Rhodesian situation belonged to it." (SC Rep. 66/68 S. 211). Die Tragfähigkeit dieses Arguments ist allerdings zweifelhaft, da sich die Gewaltanwendung zumindest nicht nur gegen Süd-Rhodesien, sondern (auch) den Flaggenstaat des jeweiligen Schiffes richtete (Frowein, Friedenssicherung, S. 57).
Zur Frage, ob das Verhalten Südrhodesiens wegen des Verhältnisses zu Großbritannien als Kolonialmacht überhaupt den Tatbestand des Art. 39 erfüllte, vgl. Arntz S. 102 ff.

[21] SC Rep. 66/68 S. 214.

[22] Karaosmanoglu, Les actions, passim.

aa) Die Zustimmung aller beteiligten Staaten als Merkmal der Friedensstreitkräfte

Daß die Durchführung von peace-keeping-operations der Zustimmung aller beteiligten Staaten bedarf, ist eine Feststellung, die zumindest für alle die Friedensstreitkräfte der VN zutrifft, die nicht ausschließlich Beobachterfunktionen wahrnahmen[23]. Bei ihnen war jeweils sowohl die Zustimmung der Staaten, die sie zur Verfügung stellten, als auch derjenigen, auf deren Territorium sie tätig werden sollten, vonnöten[24]. Die Gründe für das Erfordernis der Zustimmung sind vielschichtig.

Sieht man die Aufgaben der Friedensstreitkräfte mehr in einem Beitrag zur friedlichen Streitschlichtung als in Zwangsmaßnahmen, so läßt sich im Anschluß an die Diskussion in San Francisco mit Russell argumentieren:

„... all peace-settlement efforts are settlement, not enforcement, actions. That is, they require the consent of the parties concerned“[25].

---

[23] Ballaloud, L'O. N. U., S. 77; vgl. auch Spartafora, Interventi, S. 39; Skubiszewski, Use of Force, S. 789. Zu UNEF vgl. UN Doc. A/3375, GAOR 11th Session, Annexes, Vol. II Agenda item 66 S. 9 f.; Ballaloud, L'O. N. U., S. 77; Bericht des GenSekr. „Summary Study of the Experience Derived from the Establishment and Operation of the Force“, UN Doc. A/3943 par. 155: „As the arrangements discussed in this report do not cover the type of force envisaged under Chapter VII ... it follows from international law and the Charter that the United Nations cannot undertake to implement them by stationing units on the territory of a Member State without the consent of the Government concerned.“ GAOR 13th Session, Annexes, Agenda item 65, S. 28. Zu ONUC vgl. UN Doc. S/4389 (First Report of the Secretary General on the Implementation of the Security Council Resolution S/4387 (i. e. 143 (1960) of the 14th July 1960, S. 17); Ballaloud, L'O. N. U., S. 77 f.; die Zustimmung war hier insoweit problematisch, als während eines Teils der Operation von einer Staatsgewalt im Kongo kaum noch die Rede sein konnte. Kasavubu und Lumumba versuchten zudem, die Einwilligung zu ONUC zu widerrufen (UN Doc. S/4382, SCOR 15th Year, Supplement for July, August, September 1960, S. 11). Zu UNFICYP vgl. UN Doc. S/5578 SCOR 19th Year, Supplement for January, February, March 1964, S. 105 (Brief des cyprischen Außenministers, in dem er UNFICYP zustimmte) und UN Doc. S/5579 (Report of the Secretary General on the Organization and Operation of the United Nations Peace-Keeping Force in Cyprus, ebd. S. 105 f.), Ballaloud, L'O. N. U., S. 78. Hinsichtlich der Friedensstreitkräfte mit Beobachterfunktion weist Ballaloud, L'O. N. U., S. 78 f. nach, daß — mit Ausnahme Kaschmirs 1946 — trotz möglicher gegenteiliger satzungsrechtlicher Argumentation aus Art. 34, 40 sich in der Praxis das Zustimmungserfordernis durchsetzte.

[24] Roy, The World Court, S. 222 f.; insoweit kann noch einmal auf die Diskussion der Möglichkeit, Zwangsmaßnahmen zu empfehlen, zurückgegriffen werden: Diejenigen, die sie bejahen, stellen ausschließlich auf die Zustimmung der Staaten ab, die die Zwangsmittel anwenden. Wie sich jedoch bei den Friedensstreitkräften zeigt, folgt aus der rechtlichen Unverbindlichkeit der Empfehlung, daß sie zu ihrer Ausführung der Zustimmung aller Adressaten bedarf.

[25] Russell, Development, S. 54.

Dazu tritt, daß die Friedensstreitkräfte sich nicht auf die Anwendung bestimmter Satzungsnormen zurückführen lassen[26]. Wegen dieser Schwierigkeiten besteht die Gefahr, daß ihnen die Unterstützung mit dem Hinweis auf die fehlende Ermächtigungsgrundlage entzogen oder versagt wird. Die Zustimmung der Staaten ermöglicht, getreu dem Grundsatz „volenti non fit iniuria“, diese rechtlichen Schwierigkeiten zu überspielen. Dies wird beispielsweise in dem Bericht des GenSekr. deutlich, der die Grundlagen für die Bildung der UNEF enthielt:

„Functioning, as it would, on the basis of a decision reached under the terms of the resolution ‚Uniting for Peace‘ the Force if established, would be limited in its operations to the extent that consent of the parties concerned is required under generally recognized international law. While the General Assembly is able to establish the force with the consent of those parties which contribute units to the force, it could not request the force to be stationed or operate in the territory of a given country without the consent of the Government of the country. This does not exclude the possibility that the Security Council could use such a force within the wider margins provided under Chapter VII of the United Nations Charter. I would not for the present consider it necessary to elaborate this point further, since no use of the force under Chapter VII, with the rights in relation to Member countries that this would entail, has been envisaged[27].“

---

[26] Es handelt sich jedenfalls nicht um Zwangsmaßnahmen i. S. d. Kap. VII, da Friedensstreitkräfte auf freiwilliger Basis errichtet werden und agieren (ICJ „Certain Expenses“ ICJ Reports 1962 S. 151 ff.; Schachter, Relation, S. 209; Ballaloud, L'O. N. U., S. 182 f.; Castaneda, Valeur juridique, S. 272). Halderman, The United Nations, S. 208 (dazu kritisch Gutteridge, United Nations, S. 37) vertritt die Ansicht, Art. 1 Abs. 1 bilde die Ermächtigungsgrundlage der Friedensstreitkräfte. Daß sie nicht im Widerspruch zu dieser Norm stehen, ja daß sie unter den gegebenen politischen Verhältnissen die optimale Maßnahme der VN zur Sicherung des Weltfriedens darstellen, kann konzediert werden. Art. 1 Abs. 1 besagt indessen nichts darüber, welches Organ mit welchen Handlungsmitteln die Errichtung von Friedensstreitkräften beschließen kann und scheidet daher als — ausschließliche — Ermächtigungsgrundlage aus.

Für die UNEF ist die These aufgestellt worden, ihre Ermächtigung liege in Art. 22 (Rosner, Emergency Force, S. 40). Diese Ansicht vermag indessen nur den Zusammenhang zwischen UNEF und dem sie schaffenden Organ herzustellen. Mit welchen Befugnissen die GV das Nebenorgan ausstatten kann, ergibt sich aus ihr nicht. Für den SR gilt bezüglich Art. 29 das gleiche.

Das Mandat von UNFICYP entzieht sich wegen seiner völlig schwammigen Terminologie der Überprüfung anhand der Satzung vollends: „... the function of the Force should be, in the interest of preserving international peace and security, to use its best efforts to prevent a recurrence of fighting and, as necessary, to contribute to the maintenance and restoration of law and order and a return to normal conditions“. (SC Res. 186 (1964) par. 5; vgl. dazu Miller, L., World Order, S. 125).

Der GenSekr., dem die Durchführung der Aktion im Kongo oblag, bediente sich zur Kennzeichnung von ONUC immer nur der Terminologie des Art. 99, die in den Kap. VI und VII keine Entsprechung findet (Seyersted, Military Forces, S. 195 m. w. Nachw.).

Teilweise wird der Schluß gezogen, Friedensstreitkräfte entbehrten einer Grundlage in der Satzung, ohne daß sie deshalb für satzungswidrig erklärt werden (Bailey, S., Voting, S. 35; Miller, L., World Order, S. 125; Seyersted, Military Forces, S. 191 f.; ders., Legal Problems, S. 62 ff.).

Die Berufung auf die Zustimmung aller betroffenen Staaten überlagert hier die Befugnis des Organs zur Schaffung der Friedensstreitkräfte.

Ein weiterer Grund liegt in den der jeweiligen Operation zugrunde liegenden Entschließungen: Es handelt sich bei ihnen regelmäßig um Empfehlungen, sei es der GV (UNEF), sei es des SR (ONUC, UNFICYP), deren rechtliche Unverbindlichkeit außer Frage steht. Weder sind die Mitglieder aufgrund der Empfehlung verpflichtet, Friedensstreitkräfte zu stellen, noch ist der Staat, auf dessen Territorium sie agieren sollen, zur Duldung verpflichtet. Diese Duldungspflicht entsteht auch nicht, wenn die Friedensstreitkräfte durch die Zustimmung der sie stellenden Staaten bereitstehen[28]. Damit scheidet die Empfehlung als Duldungstitel aus, obwohl in ihr z. B. bei UNFICYP[29] in Anlehnung an Art. 39 die friedensgefährdende Qualität des zu regelnden Konfliktes festgestellt wird.

bb) Konsequenzen aus dem Zustimmungserfordernis für den Tätigkeitsbereich der Friedensstreitkräfte

In der Aufgabenstellung der vom SR gem. Art. 42 eingesetzten militärischen Kräfte und der Friedensstreitkräfte können sich Überschneidungen ergeben[30]. Doch sind die Friedensstreitkräfte wegen ihrer Abhängigkeit von der Zustimmung aller beteiligten Staaten in der Aufgabenstellung beschränkt: Militärische Aktionen gegen den Willen des Gastlandes sind außer für den Fall der Selbstverteidigung[31] ausgeschlossen. Mit Ausnahme der ONUC waren sie vielmehr nur befugt, die Streitparteien, die zumindest gewillt waren, den Streit nicht zu eskalieren, auseinanderzuhalten und im Fall von Konflikten über fact-finding, gute Dienste u. a. den status quo ante wiederherzustellen. Die Friedensstreitkräfte können anders als die gem. Art. 42 eingesetzten Truppen nur einen status quo sichern, den alle Streitbeteiligten zwar

[27] UN Doc. A/3302 (GAOR 1st Emergency Special Session, Annexes, Agenda item 5).

[28] Vgl. insoweit auch die obigen eindeutigen Ausführungen im Bericht des GenSekr. über die Einrichtung der UNEF.

[29] SC Res. 186 (1964).

[30] Daher fordert Seyersted, Forces, S. 409 z. B. ein analog Art. 43 zu bildendes UN Oberkommando. Und die „Commission to Study the Organization of Peace" schlägt angesichts der Erfahrungen mit ONUC vor (New Dimensions, S. 27), daß die Mitgliedstaaten analog Art. 43 der UN Friedensstreitkräfte zur Verfügung stellen sollen; vgl. auch Frowein, Friedenssicherung, S. 66 f., der fordert, institutionelle Regelungen für Friedensstreitkräfte durch Beschlüsse abstrakt festzulegen.

[31] Ballaloud, L'O. N. U., S. 183; Kotani, Peacekeeping, S. 320; vgl. den Bericht des GenSekr. über die Gewaltanwendung durch die UNFICYP S/5653 in: SC Rep. 64/65 S. 70; für das Anfangsstadium von ONUC vgl. das Statement des GenSekr. in: SCOR 873rd Meeting 13/14 July 1960 par. 28.

ändern wollen, wobei militärische Mittel zumindest zeitweilig jedoch ausgeschlossen werden sollen. Sie können dagegen nicht durch Zwang die Voraussetzungen einer friedlichen Streitschlichtung gewährleisten. So ist es ihnen z. B. versagt, bei Ausbruch von Kämpfen die Streitparteien mit Waffengewalt voneinander zu trennen. Anders das Verhältnis von Zwangsmaßnahmen gem. Art. 41, 42 und der friedlichen Streitschlichtung gem. Kap. VI: Zwar darf durch Zwangsmaßnahmen die politische Lösung nicht erpreßt werden; doch dienen sie dazu, den Konflikt der friedlichen Lösung zugänglich zu machen. Damit können sie durchaus dazu verwandt werden, den status quo zu ändern (z. B. die Streitkräfte der direkt am Konflikt beteiligten Staaten zu trennen und auf alte Positionen zurückzudrängen).

Noch dringender als bei militärischen Zwangsmaßnahmen bedarf das Verhältnis militärischer Gewalt und politischer Streitschlichtung bei den Friedensstreitkräften der Lösung[32]. Militärische und auch sonstige Zwangsmaßnahmen können wegen der nicht erforderlichen Zustimmung der „Opfer“ über längere Zeit aufrecht erhalten werden, ohne daß das Konfliktpotential abgebaut wird. Der erneute Ausbruch eines Konfliktes kann durch sie, wenn sie tatsächlich ausgeführt werden, verhindert werden, auch wenn die beteiligten Staaten ihre Streitigkeit nicht beilegen. Das Wiederaufflammen des Nahost-Konfliktes und die kriegerischen Auseinandersetzungen auf Zypern verdeutlichen jedoch, daß der Erfolg der Friedensstreitkräfte maßgeblich davon abhängt, inwieweit die politische, auf den Kern des Konfliktes zielende Schlichtung voranschreitet[33]. Diese Schlichtung kann jedoch nur durch die freiwillige Zusammenarbeit — evtl. unter Hilfestellung der VN oder dritter Staaten — der beteiligten Staaten erfolgen. Schreitet sie nicht voran, so können die Friedensstreitkräfte wegen ihrer Abhängigkeit von den konfliktbeteiligten Staaten eine erneute kriegerische Auseinandersetzung nicht verhindern.

c) Interpretation und Anwendung des Art. 41

Maßnahmen, die sich ausdrücklich auf Art. 41 stützen, sind bislang nur gegen Südrhodesien verhängt worden[34]. Dabei ist — abgesehen von den Resolutionen 318 (1972) und 333 (1973) — unbestritten, daß sie bin-

---

[32] Vgl. Russell, Experiences, S. 138 ff.

[33] Vgl. die Verknüpfung bei UNFICYP SC Res. 186 (1964) und die andauernde Bezugnahme auf diese Resolution (vgl. SC Res. 364 (1974); vgl. auch die Verknüpfung in der SC Res. 242 (1967) und die Bezugnahme auf diese Resolution in SC Res. 338 (1973) und 363 (1974)).

[34] SC Res. 232 (1966), 253 (1968), 277 (1970), 288 (1970), 320 (1972); zu möglichen interpretatorischen Differenzen in den Res. 314 (1972), 318 (1972) und 333 (1973) s. o. C. II. 4.; im Zusammenhang mit den Zwangsmaßnahmen gegen Südrhodesien kam es auch zur bisher einzigen Anwendung des Art. 50 (vgl. SC Res. 327 (1973), 328 (1973) und 329 (1973)).

dende Entscheidungen i. S. v. Art. 25 darstellen. Insbesondere in der Resolution 253 (1968) wird die enge Bezugnahme auf den Wortlaut des Art. 41 deutlich. Der SR stellt unmittelbar vor dem operativen Teil der Resolution fest, daß er unter Kap. VII handelt; er legt dann in den Abs. 1 - 10 die verschiedenen Maßnahmen dar, die er beschlossen hat, um der Erfüllung des Tatbestandes des Art. 39 zu begegnen; in den folgenden Absätzen — insbesondere Abs. 11 und 16 — wird dann die Verpflichtung der Mitgliedstaaten ausgesprochen („call upon"), die beschlossenen Maßnahmen durchzuführen. In den folgenden Resolutionen, die sich mit Rhodesien befassen, ist diese Anpassung an den Wortlaut des Art. 41 jedoch schon nicht mehr nachweisbar[35].

Daneben kam es bei verschiedenen Gelegenheiten zur Verabschiedung von Resolutionen, die zwar Maßnahmen enthielten, die den in Art. 41 aufgeführten gleichen. Doch wurde in keinem Fall auf Art. 41 oder Kap. VII ausdrücklich Bezug genommen. Es unterblieb auch jede Angleichung des Wortlauts der Resolutionen an Art. 39[36]. Interessant

---

[35] Vgl. Res. 277 (1970); 288 (1970); 314 (1972); 318 (1972); 320 (1972).

[36] Zu Südafrika: SC Res. 181 (1963): „Being convinced that the situation in South Africa is seriously disturbing international peace and security"; 182 (1963); 191 (1964): „Convinced that the situation in South Africa is continuing seriously to disturb international peace and security"; 282 (1970): „Convinced ... that the situation ... constitutes a potential threat to international peace and security"; 311 (1972): „Gravely concerned that the situation in South Africa disturbs international peace and security in southern Africa."

Zur portugiesischen Kolonialpolitik: SC Res. 180 (1963); 290 (1970): „Gravely concerned that such armed attacks pose a serious threat to the peace and security of independent African States"; 312 (1972): „Again affirms that the situation ... seriously disturbs international peace and security in the African continent."

Zu Südrhodesien: SC Res. 217 (1965): „Determines ... that its continuance (i. e. der durch die einseitige Unabhängigkeitserklärung entstandenen Situation in Südrhodesien) in time constitutes a threat to international peace and security."

Zum Kongo: SC Res. 169 (1961); die in dieser Resolution rezitierte Resolution 161 (1961) enthält allerdings den Passus: „Deeply concerned at ... the threat to international peace and security." Ob damit festgestellt werden sollte, daß die Situation im Kongo den Tatbestand des Art. 39 erfüllt, ist zweifelhaft, wenn man sie mit den Res. 232 (1966) und den darauf aufbauenden vergleicht.

Zu Namibia: SC Res. 264 (1969): „Decides that in the event of failure on the part of the Government of South Africa to comply with the provisions of the present resolution, the Security Council will meet immediately to determine upon necessary steps or measures in accordance with the relevant provisions of the Charter"; dazu bemerkte Mwaanga (Zambia): „I wish to emphazise that, in our view, paragraph 8 does not entirely exclude the application of Chapter VII. The demands of compromise have militated against the definition of such action, but it is readily accepted that this was a question of having the art of the possible." (SCOR 24th Year 1465th Meeting S. 5). Die Berufung auf Art. 39 wäre am Widerstand der USA und des UK gescheitert (SCOR 24th Year 1465th Meeting S. 2, 9); SC Res. 283 (1970); 301 (1971): „Declares that any further refusal of the South African Government to withdraw from Namibia could create conditions detrimental to the maintenance of peace and security in the region"; 310 (1972).

ist, daß bei diesen Konflikten einige Staaten im SR — insbesondere Länder der Dritten Welt — auf die Anwendung von Zwangsmaßnahmen und die formelle Feststellung des Tatbestandes des Art. 39 drängten. Demgegenüber vertraten insbesondere westliche Industriestaaten den Standpunkt, die Anwendung von Zwangsmaßnahmen sei nicht geboten. In diesem Sinne haben sie auch — teils vor, teils nach der Abstimmung — die Resolutionen ausgelegt[37]. Da die Unklarheit der Feststellung des Tatbestandes in den Resolutionen also nicht etwa zufällig, sondern beabsichtigt war, um gerade Kap. VII zu umgehen, entfalten die genannten Resolutionen auch keine Bindungswirkung.

d) Interpretation und Anwendung des Art. 40

Die Anwendungsfälle des Art. 40 lassen sich aus der Fülle der Resolutionen kaum herausfiltern[38]. Dies liegt zum einen an der Möglichkeit, im Rahmen des Art. 40 sowohl bindende als auch nichtbindende Resolutionen zu verabschieden. Zum anderen ergibt sich die Vermeidung der direkten Berufung auf Art. 40 aus der „Nachbarschaft" dieser Norm zu Art. 39. Der SR hat — wie schon die Erörterung des Art. 41 zeigte — auch im Zusammenhang mit Art. 40 weitgehend vermieden, den Tatbestand des Art. 39 festzustellen. Der Grund liegt darin, daß mit der Feststellung dieses Tatbestandes der Weg zu Zwangsmaßnahmen eröffnet wird.

Lediglich anläßlich des Palästina-Konfliktes und des Korea-Krieges stellte der SR bei der Verabschiedung unstrittig auf Art. 40 gestützter Resolutionen den Tatbestand des Art. 39 fest[39]. In der Kongo-Krise kam

---

[37] Vgl. namentlich die Diskussion in SC Rep. 59/63, S. 214, 216; SC Rep. 64/65, S. 189 ff.; Warner (UK) zu Res. 282 (1970): „... said the amendment to the draft made it clear that the seventh preambular paragraph did not involve Chapter VII of the Charter".

Einen erneuten Versuch, Maßnahmen gem. Art. 41 durchzusetzen, unternahmen jüngst einige afrikanische Staaten anläßlich der Weigerung Südafrikas, Namibia freizugeben. Nachdem deutlich wurde, daß eine Entscheidung keine Mehrheit finden würde, versuchten sie, die Verhängung eines Waffenembargos in Form einer Empfehlung durchzusetzen. Sie scheiterten jedoch am Veto der drei westlichen ständigen Mitglieder im SR (SZ vom 9. 6. 1975, S. 7). Auch hier ging der Streit weniger um die Befugnisse des SR als vielmehr darum, ob der Tatbestand des Art. 39 erfüllt war (SZ vom 5. 6. 1975, S. 7 und vom 9. 6. 1975, S. 7).

[38] Vgl. Goodrich / Hambro / Simons S. 307.

[39] Korea: SC Res. 82 (1950); Palästina: SC Res. 54 (1948), 62 (1948); vor der Beschlußfassung über die SC Res. 54 (1948) wurde eine Reihe von Resolutionen verabschiedet, die den Bezug auf Art. 39, 40 vermieden: SC Res. 42 (1948); 43 (1948); 46 (1948); 49 (1948); 50 (1948); in der letztgenannten Resolution drohte der SR an, die Situation unter dem Gesichtspunkt möglicher Maßnahmen nach Kap. VII zu überprüfen, falls der angeordnete Waffenstillstand nicht eingehalten würde. Daraus läßt sich schließen, daß der in

es erst zur — strittigen — Berufung auf Art. 39[40], als zumindest eine Resolution verabschiedet worden war, die provisorische Maßnahmen enthielt[41]. Dagegen gibt es eine Reihe von Beispielen, in denen jeder Bezug zu Art. 39 und 40 fehlt[42].

Selbst die Übernahme des Wortlauts von Art. 40 ist — zumindest nach der Ansicht einiger Mitglieder des SR — kein ausreichender Hinweis auf Art. 40 als Rechtsgrundlage der Resolution: Anläßlich der Verabschiedung einer Resolution während der 631sten Sitzung des SR, die den Passus enthielt:

„Desirous of facilitating the consideration of this question (i. e. bestimmte Friedensbemühungen in Nahost), without however prejudicing the rights, claims or positions of the parties concerned“

erklärte der Vertreter Frankreichs:

„The fact that the text contained some of the words used in Article 40 should in no way be taken to mean that the draft resolution would be adopted in application of that Article[43].“

So kann es auch nicht verwundern, daß die Auslegung dieser Resolutionen Meinungsverschiedenheiten im SR hervorrief.

---

par. 4 der Resolution enthaltene Aufruf, Waffenlieferungen in das Spannungsgebiet zu unterlassen, trotz inhaltlicher Anlehnung an Art. 41 nicht als Zwangsmaßnahme aufzufassen ist.

[40] SC Res. 161 (1961).

[41] SC Res. 145 (1960).

[42] Vgl. z. B. SC Res. 188 (1964); 203 (1965); 209 (1965) (der Bezug auf Art. 39, 40 wurde in dieser Resolution absichtlich nicht hergestellt; der malayische Delegierte, der zusammen mit anderen die Resolution eingebracht hatte, führte aus: „... the draft resolution made no findings; it produced no judgements in the tragic situation ...“; (SC Rep. 64/65, S. 104); 210 (1965); 211 (1965); 214 (1965); 215 (1965); 307 (1971); 338 (1973); 339 (1973); 340 (1973). Die Resolution 279 (1970), die nach Ansicht Tomeh's (Syrien) gem. Art. 40 verabschiedet wurde (UN Monthly Chronicle 1970 No. 6 S. 12), vermeidet jede Bezugnahme auf Art. 39, 40. Angesichts der sich häufenden Übergriffe Israels auf das Territorium seiner Nachbarstaaten — insbesondere des Libanon — veranlaßte die vage rechtliche Fundierung der Resolution Ghorra (Sierra Leone) zu der Bemerkung: „It seemed that the Council shied away not only from invoking Chapter VII but also from the mere mention of some of its wording. That attitude could be used by an aggressor or a would-be aggressor as a shelter.“ (UN Monthly Chronicle 1970 No. 6 S. 36.) Auch anläßlich der kriegerischen Auseinandersetzungen auf Cypern vermied der SR, die Forderung nach einem Waffenstillstand in Verbindung mit der Erfüllung des Tatbestandes von Art. 39 zu bringen. Er berief sich stattdessen auf Art. 24 (SC Res. 353 (1974), die in den folgenden Resolutionen rezitiert wurde). Ebenfalls unklar bleibt, ob die Resolutionen verbindlich oder nur empfehlend sind. Doch tritt auch hier der Zusammenhang von Bekämpfung des Konflikts und friedlicher Streitschlichtung wie bei UNFICYP (s. o. Fn. 33 dieses Abschnitts) klar hervor (vgl. SC Res. 353 (1974); 354 (1974); 355 (1974); 357 (1974); 358 (1974); 360 (1974); 367 (1975)).

[43] SC Rep. 52/55, S. 154; ebenso äußerte sich der griechische Vertreter, der den Passus der Resolution vorgeschlagen hatte.

Die Nichtbefolgung der Resolutionen 27 (1947) und 36 (1947) durch die niederländische Regierung führte im SR zu einer Kontroverse um die rechtliche Verankerung dieser Resolutionen. Während der amerikanische Vertreter sich auf den Standpunkt stellte, beide fielen unter Art. 40 und seien deshalb bindend gem. Art. 25[44], vertrat der belgische Repräsentant die Auffassung:

„The resolution of 1 August and 1 November do not make the slightest mention of Article 40 of the United Nations Charter. There is no doubt whatever that if the Members of the Security Council had intended to take such a serious step as to apply Chapter VII, they would have felt it necessary to say so ... When the resolutions ... were adopted, there were some extremely spirited debates on the question of the competence of the Security Council; it was even agreed that that question remained entirely unprejudiced[45].“

Aus den Diskussionen des SR ergibt sich kein Hinweis, ob die Resolutionen, die gem. Art. 40 verabschiedet wurden, die Adressaten rechtlich verpflichten. Die Stellungnahme des amerikanischen Vertreters anläßlich des Kolonialkriegs in Indonesien wurde bei späteren Diskussionen nicht wieder aufgegriffen und läßt keine Schlüsse auf eine durchgängige Praxis des SR zu. Die Wortwahl in den Resolutionen läßt allenfalls auf eine unterschiedliche Stärke des Verlangens schließen, gibt jedoch keinen Aufschluß über die rechtliche Qualität der Resolution[46]. Ähnlich wie bei Friedensstreitkräften wird auch bei Waffenstillstandsresolutionen auf das bereits vorab erklärte Einverständnis der Streitparteien Bezug genommen. Die kriegerische Auseinandersetzung zwischen Indien und Pakistan um das damalige Ost-Pakistan (Bangla-Desh) verwies der SR mangels Einstimmigkeit der Großmächte, die jeweils eine der beiden Parteien unterstützten, in expliziter Anwendung der UfP-Resolution an die GV[47]. Nachdem Indien und Pakistan sich bereiterklärt hatten, einen Waffenstillstand einzuhalten, verabschiedete der SR die Res. 307 (1971), die auf die Erklärungen der beiden Regierungen ausdrücklich Bezug nahm. Die Rechtsgrundlagen dieser Resolution, die die Aufforderung zum Waffenstillstand in Kaschmir enthielt[48], sind unklar. Der SR stellte eingangs lediglich fest, daß die „grave situation in the subcontinent“ eine „threat to international peace and security“ darstellt. Dieses Verhalten folgt aus der mangelnden Einigkeit über die weiter zu treffenden (endgültigen) Maßnahmen. Um der o. a.[49] Gefahr der Inkongruenz von vorläufigen und endgültigen Maßnahmen zu ent-

[44] SCOR 4th Year 398th Meeting S. 3.

[45] SCOR 4th Year 398th Meeting S. 11, vgl. auch die Ausführungen Chauvel's (Frankreich), SCOR 4th Year 419th Meeting S. 6.

[46] Vgl. Goodrich / Hambro / Simons S. 307.

[47] SC Res. 303 (1971).

[48] In Bangla-Desh waren die pakistanischen Truppen zu diesem Zeitpunkt bereits besiegt.

[49] s. o. D. II. 2. e).

gehen, bleiben auch die vorläufigen Regelungen rechtlich unklar. Der weitere wesentliche Grund liegt in der Natur des zu regelnden Konfliktes: Fast ausnahmslos handelte es sich um bewaffnete Konflikte, bei denen die Neigung der streitenden Parteien, einer Resolution zu folgen, von der rechtlichen Qualifikation der Resolution unabhängig ist.

e) Die Bedeutung der Definition der Aggression für die Arbeit des SR

Am 14. 12. 1974 verabschiedete die Generalversammlung nach langjährigen Vorarbeiten[50] eine Resolution, die eine umfassende Definition des Begriffs der Aggression enthält[51]. In der Präambel der Resolution werden Zweck und Grenzen der Definition aufgezeigt. Die Resolution soll den Zweck verfolgen:

„(it) would simplify the determination of acts of aggression and the implementation of measures to suppress them and would also facilitate the protection of the rights and lawful interests of, and the rendering of assistance to, the victim".

Eine Bindung des SR ist jedoch nicht beabsichtigt:

„nothing in this definition shall be interpreted as in any way affecting the scope of the provisions of the Charter with respect to the functions and powers of the organs of the United Nations"[52].

Ob die Definition für die praktische Arbeit des SR von Bedeutung sein wird, ist zu bezweifeln. Zwar bezichtigen sich Staaten, die ihre Konflikte vor den SR tragen, oftmals (und gegenseitig) der Aggression. In den Resolutionen macht der SR jedoch von diesem Begriff jedenfalls insofern keinen Gebrauch, als die Erfüllung des Tatbestandes des Art. 39 festgestellt werden soll. Soweit der SR überhaupt Kap. VII angewandt hat, hat er die Möglichkeit, eine Handlung als Aggression zu bezeichnen, nicht genutzt. Die Festlegung auf präzise Kriterien zur Feststellung eines Tatbestandes läuft zudem der Tendenz des SR zuwider, sich jeder abstrakten Festlegung zu entziehen[53].

---

[50] Zur Vorgeschichte vgl. Ferencz, Definition of Aggression, S. 407 ff.

[51] Die Beschlußfassung erfolgte ohne formelle Abstimmung durch Konsens. Die VR China distanzierte sich von diesem Verfahren, ohne indes eine Abstimmung zu beantragen. Ihr Vertreter erklärte, daß er sich an einer formellen Abstimmung nicht beteiligt hätte.

Auch die Verabschiedung des Resolutionsentwurfs im „Special Committee", dem 35 Mitgliedstaaten — unter ihnen alle Großmächte außer der VR China — angehörten, erfolgte am 12. 4. 1974 durch Konsens.

[52] Die Delegierten der drei westlichen Großmächte betonten während der Diskussion in der GV ausdrücklich, daß die Resolution den SR nicht bindet (SZ vom 16. 12. 1974).

[53] Dabei soll unterstellt werden, daß die Definition präzise Kriterien zu liefern vermag; die Art. 2 a. E., 7 und 8 lassen daran erhebliche Zweifel entstehen.

Die nunmehr beschlossene Definition hätte zu Beginn der Arbeit der VN von Nutzen sein können und wurde damals auch angestrebt[54]. Sie wurde jedoch mit dem Argument der umfassenden Handlungsfreiheit des SR abgelehnt. Diese Entscheidung bildete und bildet die Grundlage der Tätigkeit des SR. Gerade die Entwicklung der letzten Jahre zeigt, daß die den SR auch heute noch beherrschenden Großmächte die Handlungsfreiheit des SR bejahen und ausbauen. Insoweit besteht nur wenig Hoffnung, daß die Definition die Arbeit des SR beeinflussen wird. Denn mit ihrer Berücksichtigung beginnt eine „chain-of-events", die als nächstes — in der Resolution schon vorgeprägtes (Abs. 9 der Präambel) — Glied die automatische Reaktion gegen den der Aggression schuldigen Staat beinhaltet. Gerade das soll jedoch auch heute noch vermieden werden[55]. Selbst wenn einem Staat die Verantwortung für bestimmte, Mißbilligung findende Aktionen überbürdet wird (wie z. B. Israel im Nahostkonflikt), so geschieht dies häufig nur, um verbal dem Druck einiger Staaten entgegenzukommen, in der Sache indes jegliche Zwangsmaßnahmen abzuwenden. Die Praxis des SR geht davon aus, daß die einseitige „Bestrafung" nur eine, außerordentlich selten gebrauchte Form der Konfliktregelung darstellt. Die Konzeption der „peace-keeping-actions" beruht im Gegenteil darauf, auf alle Konfliktbeteiligten mäßigend und dämpfend einzuwirken, um eine friedliche Lösung zu erreichen[56].

Allenfalls langfristig wird die Definition von Bedeutung sein können: wenn der SR durch langandauernde und die Definition Stück um Stück konkretisierende Praxis Gebrauch von ihr machen wird. Diese Entwicklung kann dadurch gefördert werden, daß die Staaten, die beim offenkundigen Vorliegen eines der in Art. 3 genannten Beispiele eine Aggression aufgrund der Ausnahmeregelung des Art. 2 a. E. verneinen, im SR einem wegen des Regel-Ausnahme-Verhältnisses erhöhten Begründungszwang unterliegen. Das Ziel der Definition, Verhaltenssicherheit bei den Adressaten zu erzeugen, wird also bestenfalls langfristig erreicht werden können[57]. Die dazu notwendige Entwicklung setzt

---

[54] s. o. D. II. 2. a), aa).

[55] Der Streit, ob eine Definition der Aggression zur Konfliktregelung beiträgt, wurde schon in der Zeit des Völkerbundes ausgetragen; vgl. Kopelmanas, Aggression, S. 256.

[56] Vgl. insoweit auch die Fortführung von UNFICYP trotz der kriegerischen Auseinandersetzungen auf Cypern. Hier lag auf jeden Fall eine Aggression vor: entweder erfüllte Griechenland Art. 3 e, g oder die Türkei Art. 3 a, b, c der Resolution. Obgleich somit die Möglichkeit bestand, von Kap. VII Gebrauch zu machen, beschränkte sich der SR auf die Fortführung der Friedensaktion. Zur ausgleichenden Tätigkeit des SR vgl. Pompe, Aggressive War, S. 41.

[57] Vgl. Ferencz, Definition of Aggression, S. 432.

jedoch einen Wandel in der Praxis des SR voraus, für den im Augenblick keine Anhaltspunkte ersichtlich sind.

f) Zusammenfassung

Insgesamt läßt sich feststellen, daß der SR von seinen Befugnissen gem. Kap. VII nur selten Gebrauch gemacht hat. Er hat nur in Ausnahmefällen versucht, den entgegenstehenden Willen von Mitgliedstaaten durch die Anordnung rechtlich verpflichtender Maßnahmen zu brechen (z. B. Südafrika hinsichtlich der Rhodesien-Resolutionen). In Situationen, in denen nicht mit einer umfassenden Unterstützung der Resolutionen gerechnet werden konnte (z. B. Korea), wurde auf das Handlungsmittel „Empfehlung" ausgewichen, um die rechtliche Verpflichtung zur Ausführung der Resolution gar nicht erst entstehen zu lassen. In einem anderen Fall (Rhodesien) wurde die Verpflichtung zur Ausführung einer Entscheidung, die sich auf Art. 42 stützt, von dem Einverständnis des die Resolution ausführenden Staates abhängig gemacht. Die Verpflichtung zur Ausführung beschränkte sich nach dem ausdrücklichen Wortlaut der Resolution auf diesen Staat. Bei wirtschaftlichen Zwangsmaßnahmen und — teilweise — vorläufigen Maßnahmen gem. Art. 40 spielte ebenfalls die vorab deutlich gewordene Bereitschaft zur Ausführung der Entscheidung die ausschlaggebende Rolle.

Neben den ausdrücklich auf Art. 39 - 42 gestützten Entschließungen finden sich eine große Anzahl von Resolutionen, die nicht klar erkennen lassen, ob sie aufgrund dieser Normen verabschiedet wurden. Diese Erscheinung findet ihren Grund in der Vermeidung, den Tatbestand des Art. 39 festzustellen und damit den Weg zu Zwangsmaßnahmen zu eröffnen. Die diesen Resolutionen zugrunde liegende Interessenlage ist dadurch gekennzeichnet, daß ein Teil der Mitglieder des SR versucht, Zwangsmaßnahmen durchzusetzen, während ein anderer Teil sich aufgrund seiner Interessenlage zwar gegen bindende Entscheidungen sträubt, aber wegen der Brisanz des Konfliktes nicht jede Beschlußfassung des SR verhindern kann und will. Die dann verabschiedeten Resolutionen drücken in ihrer — bewußt — fehlenden rechtlichen Verortung in der Satzung und in ihrem unklaren Wortlaut[58] den erzielten Kompromiß aus. Diese Entscheidungen können nicht als bindende Entscheidungen i. S. d. Art. 25 angesehen werden, da sie sich gerade nicht auf die Art. 39 - 42 stützen. Vielmehr läßt die Praxis des SR erkennen, daß die für die Beschlußfassung notwendige Bereitschaft aller ständigen Mitglieder, Entscheidungen zu verabschieden, sich auch in der engen Anlehnung des Wortlauts der Resolution an die Art. 39 - 42 (und an Art. 25) niederschlägt.

[58] Zum Sprachstil der Resolutionen s. u. E. II. 2.

2. Kap. VI

In noch geringerem Maße als in Kap. VII läßt sich die Umsetzung der Normen des Kap. VI in Resolutionen nachweisen. Unabhängig von der präzisen rechtlichen Verortung entstand im SR bei der Verabschiedung von Resolutionen im Bereich des Kap. VI immer dann Streit, wenn es um die rechtliche Bindungswirkung der Resolution ging.

a) Interpretation und Anwendung des Art. 34

Am 19. 12. 1946 verabschiedete der SR unter ausdrücklicher Berufung auf Art. 34 die Resolution 15 (1946), in der er die Einsetzung einer Untersuchungskommission beschloß und deren Aufgabe er wie folgt beschrieb:

„... the Security Council under Article 34 of the Charter establish a Commission of Investigation to ascertain the facts relating to the alleged border violations along the frontier between Greece on the one hand and Albania, Bulgaria and Yugoslavia on the other.

The Commission shall have authority to conduct investigation in Northern Greece, in Albania, Bulgaria and Yugoslavia as the Commission considers should be included in its investigation in order to elucidate the causes and nature of the above mentioned border violations and disturbances".

In Weiterführung dieser Resolution beschloß der SR am 22. 5. 1947, daß die Kommission ein Subcommittee einsetzen dürfe, das ihre Aufgaben wahrnehmen sollte[59]. In der 133. Sitzung des SR am 12. 5. 1947 brachte der sowjetische Vertreter einen Änderungsvorschlag ein, der darauf hinauslief, daß keine Pflicht der streitenden Parteien bestehen sollte, die Untersuchung durch das Subcommittee zu dulden[60]. Dieser Vorschlag wurde indessen verworfen, weil sich die Mehrheit der SR-Mitglieder auf den Standpunkt stellte:

„The investigation provided for in Article 34 was only for the information of the Council without prejudice to the substance of the question. It was an act of preparatory to any recommendation which might be made in conformity with the provisions of Chapter VI[61]."

Demgegenüber führte der sowjetische Vertreter an:

„We are witnessing an attempt by the representatives of certain Governments to prove to us that decisions taken under Chapter VI of the Charter, or at least, some of these decisions, have the same force as decisions under Chapter VII of the Charter. That is a wrong point of view, and is not consonant with the United Nations Charter ... It is obvious that a Security Council decision to conduct an investigation falls into the category of preliminary measures for pacific settlement, whereas decisions which the

[59] SC Res. 23 (1947).

[60] UN Rep. II S. 236.

[61] UN Rep. II S. 236.

Security Council has to take under Chapter VII of the Charter relate to disputes and situations which may constitute a threat to the peace[62]."

Im Gegenzug lehnte die SU einen Resolutionsentwurf der USA ab, der die Rechtspflicht zur Duldung der Untersuchung herausstrich und zugleich die Kommission ermächtigte, ihre guten Dienste anzubieten[63]. Dabei wurde wiederum auf die besondere Rolle des Art. 34 hingewiesen:

„Chapter VI conferred upon the Council two distinct powers for the performance of its function as a guardian of international peace: the power of conciliation and the power of investigation. While the conciliatory actions of the Council could not be enforced upon the States concerned, actions of an investigatory nature could be taken irrespective of the attitude of any individual State. The power of conciliations, by definition, could not encroach upon what the various States might finally decide to accept or reject. It implied voluntary co-operation on the part of the opposing parties ... The power of investigation of the Council was of a different nature ... The sole purpose of an investigation was to provide the Council with information in order to enable it to take the appropriate steps at the end of its inquiry. It was a preliminary measure, preceding all other measures contemplated in Chapter VI. It was, therefore, natural that the Council should be able to decide, and not merely to recommend, that the investigation should be made ... To make the discharge of this function conditional on the consent of the State concerned in the investigation would nullify the whole operative intent of Chapter VI[64]."

Die sich von Art. 33, 36, 37, 38 unterscheidende Funktion des Art. 34 und die deswegen trotz der Unverbindlichkeit von Empfehlungen zur friedlichen Streitschlichtung mögliche Bindungswirkung einer Entschließung gem. Art. 34 wurde auch bei der Diskussion um die Durchführung anderer Untersuchungen betont[65].

Eine Umdeutung des Art. 34 trat jedoch insoweit ein, als die Funktion der Untersuchungskommission erweitert wurde. Ihre Aufgaben beschränkten sich nicht auf die Sammlung der Fakten, die es dem SR ermöglichen sollten, seine Kompetenz zu bestimmen. Vielmehr wurden sie mit Befugnissen zur Streitschlichtung betraut. Der am 20. 1. 1948 eingesetzten Kaschmir-Untersuchungskommission wurde die Aufgabe erteilt:

„(1) to investigate the facts pursuant to Article 34 of the Charter of the United Nations; (2) to exercise without interrupting the work of the Security Council, any mediatory influence likely to smooth away difficulties"[66].

---

[62] SCOR 2nd Year 176th Meeting S. 1536; vgl. auch den bulgarischen Delegierten in: SCOR 2nd Year, 156th Meeting S. 1280.

[63] UN Rep. II S. 237.

[64] UN Rep. II S. 238.

[65] Vgl. UN Rep. II S. 226 (Spanien); SC Rep. 52/55 S. 138 (Thailand), 138 f. (Guatemala); SC Rep. 56/58 S. 141 (Nahost); SC Rep. 59/63 S. 241 (Cuba); SC Rep. 66/68 S. 186 (Yemen).

[66] SC Res. 39 (1948).

Dabei trat die Aufgabe, „pursuant to Article 34“ Fakten zu sammeln, schon bald hinter der streitschlichtenden zurück[67]. Gleichzeitig mit der Wandlung der Aufgaben von Untersuchungskommissionen wurde das — in der Praxis — ungelöste Problem der rechtlichen Verpflichtung zur Duldung der Tätigkeit der Kommissionen unterlaufen. So erklärten sich Indien und Pakistan bereit, die o. g. Resolution zu befolgen und die Tätigkeit der Kommission zu dulden und zu fördern[68].

Ebenso brachte Thailand selbst den Vorschlag ein, eine Kommission auf sein Gebiet zu senden, die u. a. die Aufgabe haben sollte,

„to consider such datas as may be submitted to it by its members or observers and to make such reports and recommendations as it deems necessary to the Peace Observation Commission and to the Security Council“[69].

Auch Guatemala forderte selbst die Entsendung einer Untersuchungskommission[70]. 1964 beantragte Kambodscha die Entsendung von Beobachtern, um die Verletzung seiner Grenze mit Südvietnam aufzuklären. Der SR beschloß darauf am 4. 6. 1964[71]

„to send three of its members to the two countries and to the places where the most recent incidents have occurred, in order to consider such measures as may prevent any recurrence of such incidents“.

Kambodscha und Südvietnam erklärten sich bereit, die Kommission einreisen und ihr die notwendigen Informationen zukommen zu lassen[72].

An der nicht erreichbaren vorherigen Zustimmung aller Beteiligten[73] scheiterte die Annahme eines Vorschlags, der die Klärung von Zwischenfällen an der Grenze Senegals durch portugiesische Truppen einer Kommission übertragen wollte, die sich aus je einem Vertreter Portugals und Senegals und einem neutralen Dritten zusammensetzen sollte. Daraufhin wurde der GenSekr. beauftragt, die Entwicklung der Situation zu verfolgen[74].

---

[67] Schon die Resolution 47 (1948) vom 21. 4. 1948 stellte fest „that the continuation of the dispute is likely to endanger international peace and security“. Da die Funktion der Untersuchung damit beendet war, konzentrierte sich die weitere Arbeit auf die Streitschlichtung selbst.

[68] Higgins, Peacekeeping, Bd. 2, S. 318.

[69] SC Rep. 52/55 S. 137.

[70] SC Rep. 52/55 S. 138.

[71] SC Res. 189 (1964).

[72] Siehe UN Doc. S/5832 „Report of the Security Council Mission to the Kingdom of Cambodia and the Republic of Viet-Nam“ (SCOR 19th Year Supplement for July, August and September 1964 S. 101 ff.).

[73] Senegal weigerte sich, mit Vertretern Portugals zusammenzuarbeiten.

[74] SC Res. 204 (1965) vom 19. 5. 1965; welche Maßnahmen der GenSekr. daraufhin ergriff, läßt sich nicht nachweisen.

1966 scheiterte die Untersuchung eines von Großbritannien behaupteten Luftangriffs ägyptischer im Jemen operierender Flugzeuge auf einen Ort innerhalb der Vereinigten Emirate an der Weigerung der Sowjetunion[75]. Zwar äußerte der Vertreter Neuseelands, der einen entsprechenden Resolutionsentwurf eingebracht hatte:

„Clearly a conciliation mission cannot function effectively, if at all, unless it is set up with the consent of the States concerned. The same is also true of other actions ranging from peace-observation missions to peace-keeping forces. But fact-finding is quite another matter[76].“

und deutete damit an, den Entwurf trotz der ablehnenden Haltung der SU zur Abstimmung zu bringen. Dennoch unterblieb die Abstimmung, nachdem auf informellem Wege ein Konsens erreicht worden war, in dem der SR

„requested the parties concerned to contribute to the lessening of tension in the area and requested the Secretary General to continue his good offices with a view to settling outstanding questions between the parties“[77].

Abgesehen von der Untersuchungskommission für die Zwischenfälle an der griechischen Grenze spielte also die Frage der Verpflichtung zur Duldung der Untersuchung keine Rolle. Vielmehr wurde versucht, durch Vorabberatung mit den betroffenen Staaten zu erreichen, daß sie sich freiwillig zur Unterstützung der Untersuchung verpflichteten[78]. Dieser Weg war insbesondere dann erfolgreich, wenn der betroffene Staat selbst den SR aufgefordert hatte, eine Untersuchung durchzuführen.

Den eingesetzten Kommissionen wurden des öfteren Aufgaben der eigentlichen Streitschlichtung übertragen, die sich mit der historischen, im Wortlaut des Art. 34 deutlich zum Ausdruck kommenden Konzeption nicht in Einklang bringen lassen. Der SR hat nicht versucht, die Streitbeteiligten zur Duldung der Durchführung auch dieser Aufgaben zu verpflichten.

---

[75] Der Fall unterscheidet sich von den vorherigen, da die SU nicht von der Untersuchungskommission betroffen war. Da sich die Untersuchung auch nicht auf jemenitisches Territorium erstrecken sollte, war auch die Einwilligung dieses Staates überflüssig. Dennoch war die SU wegen ihrer Verbundenheit mit Ägypten daran interessiert, daß die Untersuchung nicht stattfand und konnte dieses Interesse auch wegen Art. 27 Abs. 3 durchsetzen.

Der Konflikt zeigt, daß das Erfordernis der Einwilligung sich nicht nur auf die Staaten zu beziehen braucht, auf deren Territorium die Kommission ihre Aufgabe durchführt, sondern auch auf Großmächte, falls deren Interessen berührt werden.

[76] SC Rep. 66/68 S. 187.

[77] SC Rep. 66/68 S. 187.

[78] Vgl. Murty, Settlement, S. 721.

b) *Interpretation und Anwendung des Art. 33 Abs. 2*

Die Anwendung des Art. 33 Abs. 2 durch den SR läßt sich nur in Ausnahmefällen nachprüfen. Insbesondere läßt sich nicht nachweisen, ob sich die Resolution auf Art. 33 oder 36 bezieht, da der SR sich in aller Regel weder auf die eine noch auf die andere Norm ausdrücklich beruft[79]. So läßt sich auch die Frage, ob der SR sich bei Resolutionen gem. Art. 33 Abs. 2 die Befugnis zuerkennt, zwischen den in Abs. 1 der Vorschrift genannten Mitteln auszuwählen, nicht beantworten. Denn Resolutionen, die nur bestimmte der in Art. 33 Abs. 1 enthaltenen Streitschlichtungsverfahren enthalten, können sich statt auf Art. 33 Abs. 2 auf Art. 36 Abs. 1 stützen. Interessant ist jedoch, daß im Zusammenhang mit Resolutionen oder Resolutionsentwürfen, die gem. Art. 33 Abs. 2 verabschiedet bzw. diskutiert sein könnten, des öfteren von der sich aus Art. 33 Abs. 1 ergebenden Verpflichtung der Staaten gesprochen wurde, ihre Streitigkeiten ausschließlich mit friedlichen Mitteln zu bereinigen[80]. Auch äußerten sich Delegierte dahingehend, daß es Sache der Parteien sei, sich auf eines der in Art. 33 Abs. 1 genannten Verfahren zu einigen; der SR dürfe sich in diesen Prozeß nicht einschalten[81]. Ob mit diesen Ausführungen indessen auch die Rechtsverbindlichkeit der jeweiligen Resolution begründet werden sollte, erscheint angesichts des Wortlautes der Resolutionen sehr zweifelhaft. Denn der SR beschränkt sich ausdrücklich darauf, die in Art. 33 Abs. 1 enthaltenen Mittel den Parteien zu empfehlen[82].

c) *Die Interpretation und Anwendung des Art. 36*

Großbritannien warf anläßlich des Corfu-Kanal-Zwischenfalls die Frage der Bindungswirkung einer auf Art. 36 Abs. 1, 3 gestützten Resolution auf. Die Res. 22 (1947) vom 9. 4. 1947 enthielt den Passus:

> „Recommends that the United Kingdom and the Albanian Governments should immediately refer the dispute to the International Court of Justice in accordance with the provisions of the Statute of the Court."

Großbritannien machte schon vor der Verabschiedung der Resolution darauf aufmerksam, daß die Verweisung gem. Art. 25 bindend sei[83]. Der SR nahm insgesamt zu dieser Frage jedoch nicht Stellung.

---

[79] Die einzige Resolution, die explizit auf Art. 33 Bezug nimmt, bezieht sich gleichzeitig auch auf Art. 36: SC Res. 144 (1960).

[80] Vgl. SC Rep. 59/63 S. 229, 230, 232, 235.

[81] Vgl. SC Rep. 59/63 S. 232 (Ecuador), 235 (Frankreich); SC Rep. 66/68 S. 183 (USA).

[82] SC Res. 135 (1960); Resolutionsentwurf vom 4. 1. 1961 (UN Doc. S/4612, SCOR Supplement for January, February, March 1961 S. 16).

[83] SCOR 2nd Year 125th Meeting 3. 4. 1947, S. 685; vgl. auch die Stellungnahme Australiens, SCOR 2nd Year 127th Meeting 9. 4. 1947, S. 722 f.

Auch vor dem IGH berief sich der Vertreter des UK auf diese Ansicht. Er stützte sich dabei auf Art. 36 Abs. 1 StatIGH, nach dem die Zuständigkeit des IGH „all matters specially provided for in the Charter of the United Nations" umfaßt und kam zu dem Schluß:

„... once there is a resolution by the Security Council recommending reference to the Court, and once that resolution has been acted upon by one of the parties, the Court has jurisdiction"[84].

In der Entscheidung des IGH über die Frage seiner Zuständigkeit betonten die Richter Basdevant, Alvarez, Winiarski, Zoricić, de Visscher, Badawi und Krylov in einer „separate opinion" jedoch ausdrücklich, daß sie der Auffassung der englischen Regierung nicht folgten[85].

Die Frage der Bindungswirkung einer auf Art. 36 gestützten Resolution ist später nicht noch einmal aufgenommen worden.

d) Funktionelle Differenzierung zwischen Kap. VI und VII

Am 29. 11. 1947 verabschiedete die GV die Resolution Nr. 181 A II[86], die sich mit der Situation in Palästina befaßte und einen als Empfehlung gekennzeichneten Friedensplan enthielt. In der Resolution, die sich auf Art. 14 stützte[87], wurde der SR u. a. aufgefordert („request"):

„a) The Security Council take the necessary measures as provided for in the plan for its implementation;

b) The Security Council consider, if circumstances during the transitional period require such consideration, whether the situation in Palestine constitutes a threat to the peace. If it decides that such a threat exists, and in order to maintain international peace and security, the Security Council should supplement the authorization of the General Assembly by taking measures under Article 39 and 41 of the Charter, to empower the United Nations Commission, as provided in this resolution, to exercise in Palestine the functions which are assigned to it by this resolution;

c) The Security Council determine as a threat to the peace, breach of the peace or act of aggression, in accordance with Article 39 of the Charter, any attempt to alter by force the settlement envisaged in this resolution."

Der SR folgte dieser Aufforderung nicht. Er griff erst in den Konflikt ein, als sich die Feindseligkeiten verschärft hatten und bejahte

[84] Shawcross (UK) in: ICJ „Corfu-Channel Case", ICJ Rep. 1950, Vol. III, S. 95.

[85] ICJ „Corfu-Channel Case" Judgement on Preliminary Objections, ICJ Reports 1948, S. 32; ebenso Daxner (diss. op.), ebd. S. 33 ff.

[86] UN Rep. I S. 472 f.

[87] Ob Art. 14 tatsächlich die verabschiedete Resolution deckt, war strittig; aus diesem Grund wurde erwogen, sie vor ihrer Verabschiedung dem IGH zur Prüfung vorzulegen (UN Rep. I S. 470).

aufgrund der neuen Tatsachen die Erfüllung des Tatbestandes von Art. 39[88]. Er stützte seine Kompetenz nicht auf die Resolution der GV und verneinte damit zugleich das Recht der GV, die Handlungsvoraussetzungen der Kap. VI und VII durch ihre Resolutionen zu ergänzen bzw. zu substituieren und dem SR die Möglichkeit zu eröffnen, einen Friedensplan zwangsweise durchzusetzen[89]. Mit dieser Entscheidung bestätigte er den grundlegenden Unterschied zwischen Kap. VI und VII und die Differenzierung von GV und SR in Fragen des Weltfriedens und der internationalen Sicherheit.

„We do not find in it (i. e. Kap. VII) ... the least reference to the use of force by the Security Council ... for the preserving of the public order in any country. The use of force is allowed to the Security Council only for the maintenance or restoration of international peace and security by suppressing aggression by one State against another[90].“

Wie stark der Widerstand gegen jeden Anschein der zwangsweisen Durchsetzung des Teilungsplanes war, zeigt die Abstimmung über einen Teil des amerikanischen Resolutionsentwurfes:

„To accept, subject to the authority of the Security Council under the Charter, the request adressed by the General Assembly to it in paragraphs (a), (b) and (c) of the General Assembly resolution of 29 November 1947.“

Für diesen Passus stimmten 5 Mitglieder, während sich 6 der Stimme enthielten. Dieser Teil der Resolution war damit abgelehnt, obgleich der amerikanische Vertreter den Satzteil „subject to the authority of the Security Council“ eindeutig klargestellt hatte:

„The Security Council is authorized to take forceful measures with respect to Palestine to remove a threat to international peace. The Charter of the United Nations does not empower the Security Council to enforce a political settlement whether it is pursuant to a recommendation of the General Assembly or of the Security Council itself[91].“

Diese funktionelle Trennung läßt der IGH in seinem Gutachten „Legal Consequences“ völlig außer acht, indem er die sich für die Staaten ergebenden Rechtsfolgen primär aus der „declaration“ des SR ableitet, die Besetzung Namibias sei „unlawful“[92]. Nach der Satzung hat der SR indes keinerlei Kompetenzen, Resolutionen dieses Inhalts zu ver-

[88] SC Res. 54 (1948); vgl. auch Goodrich / Hambro / Simons S. 295; er arbeitete auch nicht mit der United Nations Palestine Commission zusammen, vgl. UN Doc. A/532 vom 10. 4. 1948, S. 2.

[89] Nincic, Sovereignty, S. 114; Haviland, Political Role, S. 102; Eagleton, Palestine, S. 398; Kelsen, UN Law, S. 286; vgl. auch den Vertreter Ecuadors SC Rep. 59/63 S. 272.

[90] SCOR 3rd Year 254th Meeting S. 291 f. (el Khoury, Syrien); vgl. dens. 260th Meeting S. 395.

[91] SCOR 3rd Year 253rd Meeting S. 267.

[92] ICJ „Legal Consequences“, ICJ Reports 1971, S. 52.

abschieden[93]. Indem der IGH dem SR dieses Recht zuerkennt, überspielt er zugleich das differenzierte Handlungssystem von Kap. VI und VII. Demgegenüber weist Fitzmaurice auf die Unterscheidung möglicher Maßnahmen nach Kap. VI und VII ausdrücklich hin:

„Even when acting under Chapter VII of the Charter itself, the Security Council has no power to abrogate or alter territorial rights, whether of sovereignty or administration ... This is a principle of international law that is as well-established as any there can be, — and the Security Council is as much subject to it (for the United Nations is itself a subject of international law) as any of its individual member States are. The Security Council might, after making the necessary determinations under Article 39 of the Charter, order the occupation of a country or piece of territory in order to restore peace and security, but it could not thereby, or as part of that operation, abrogate or alter territorial rights; — and the right to administer a mandated territory is a territorial right without which the territory could not be governed or the mandate be operated. It was to keep the peace, not to change the world order, that the Security Council was set up[94].“

e) Zusammenfassung

Mit Ausnahme des Art. 34 läßt sich in aller Regel nicht nachweisen, welche Vorschriften des Kap. VI den Resolutionen zugrunde liegen. Zwar hat sich der englische Delegierte bei Gelegenheit des Korfu-Kanal-Zwischenfalls für die Rechtsverbindlichkeit einer Empfehlung ausgesprochen, die den Streit an den IGH verwies. Doch diese Äußerung blieb vereinzelt. Im Gegenteil hat sich der SR anläßlich der Diskussion des Palästina-Teilungsplanes ausdrücklich gegen die Befugnis ausgesprochen, eine Streitschlichtung durch rechtlich verbindliche Resolutionen durchzuführen.

Die Rechtsverbindlichkeit einer auf Art. 34 gestützten Entschließung war zwischen den Mitgliedstaaten strittig. Die Meinungsverschiedenheit wurde dadurch entschärft, daß die Staaten, die von der Untersuchung betroffen wurden, vorab ihr Einverständnis erklärten, bzw. die Untersuchung anregten. Gleichzeitig wurden die Aufgaben der Untersuchungskommission bzw. der mit ihr betrauten Personen auf die Streitschlichtung selbst erweitert.

---

[93] Art. 24 bildet — entgegen der Auffassung des IGH — keine eigenständige Ermächtigungsgrundlage für die Verabschiedung von Resolutionen (s. u. E. I. 4.).

[94] ICJ „Legal Consequences“, ICJ Reports 1971 S. 294. Die Ableitung der Begrenzung als „principle of international law“ kann indes nicht überzeugen: denn der SR ist wegen der Formulierung des Art. 1 Abs. 1 im Bereich des Kap. VII den Regeln des Völkerrechts gerade nicht unterworfen. Begründet werden kann die Begrenzung vielmehr nur daraus, daß der SR nicht mehr gem. Kap. VII handelt, wenn er Staaten verpflichtet „to abrogate or alter territorial rights“ und daß er im Rahmen des dann eingreifenden Kap. VI nicht befugt ist, eine derartige Forderung verpflichtend zu verabschieden.

Daß der SR seine Befugnisse im Rahmen des Kap. VI — mit Ausnahme des Art. 34 — auch in der Gegenwart ausschließlich auf rechtsunverbindliche Hilfestellungen beschränkt, zeigt die Behandlung des Grenzkonflikts zwischen dem Iran und dem Irak 1974. Die — zeitweilige — Lösung dieses Konfliktes kann deshalb als exemplarisch angesehen werden, weil die weitaus überwiegende Zahl der Mitglieder des SR ihn als Musterfall der Hilfe des SR bei der Konfliktlösung im Rahmen des Kap. VI ansahen. Am 28. 2. 1974 einigte sich der SR auf einen „consensus“[95], der die Aufforderung an den GenSekr. enthielt:

„to appoint as soon as possible a special representative to conduct an investigation of the events that have given rise to the complaint by Irak“[96].

Der GenSekr. beauftragte daraufhin seinen „special representative“ Weckmann mit der Ausführung der Untersuchung. Der Iran und der Irak erklärten sich zur Zusammenarbeit mit Weckmann bereit[97]. Durch den im Laufe der Untersuchung vermittelten Kontakt zwischen den beiden Staaten kam es zum Abschluß eines Abkommens, das die militärische De-Eskalation und das weitere Verfahren zur friedlichen Lösung des Konfliktes regelte. Bei der erneuten Erörterung des Konfliktes begrüßte der SR diese Teile des Abkommens und drückte seine Hoffnung aus, daß die getroffenen Regelungen in die Praxis umgesetzt würden[98]. Die iranische und die irakische Regierung nahmen durch offizielle Erklärungen gegenüber dem SR diese Resolution an[99]. Während der Diskussion, die der Verabschiedung der Resolution voranging[100], betonten fast alle Delegierten, daß sie den Beitrag des SR zur Konfliktlösung als exemplarisch für die Möglichkeiten des SR zur friedlichen Streitschlichtung betrachteten. Dabei wurde betont, daß das positive Ergebnis wegen der Zusammenarbeit des Iraks und Irans untereinander und mit dem SR und Weckmann zustande gekommen sei. So führte z. B. Jankowitsch (Österreich) aus:

---

[95] Der Konsens wurde „adopted without objection“, nachdem der chinesische Vertreter zuvor erklärt hatte, daß „the Chinese delegation dissociates itself from the ... consensus“ (UN Monthly Chronicle 1974 No. 3 S. 10).

[96] UN Monthly Chronicle 1974 No. 3, S. 10.

[97] UN Monthly Chronicle 1974 No. 3 S. 11.

[98] SC Res. 348 (1974).

[99] UN Monthly Chronicle 1974 No. 6 S. 9.

[100] Der Text der Resolution war in informellen Beratungen bereits ausgearbeitet worden (UN Monthly Chronicle 1974 No. 6 S. 5); dieses Ausweichen erklärt sich aus dem Streit um die Befugnisse des GenSekr. bzw. seines „special representative“, der über die in dem Konsens angeordnete Untersuchungen hinaus „gute Dienste“ ausgeübt hatte. (Vgl. Abs. 2 der SC Res. 348 (1974)). Wegen des Streits, ob der GenSekr. von sich aus befugt sei, „gute Dienste“ anzubieten, kam es zu Beginn der Sitzung des SR am 28. 5. 1974 zu einer kurzen Auseinandersetzung (vgl. UN Monthly Chronicle 1974 No. 6 S. 6 f.).

„... The account of the Council on this issue was a model for the potential of the United Nations involvement for peace, provided that the two sides to a conflict were willing to solve their problems by peaceful means and were prepared to use United Nations machinery and the vast, extensive potential of the United Nations in the very capacity for which it was created[101]."

3. Die Auslegung und Anwendung des Art. 94 Abs. 2

Die praktische Bedeutung der Vorschrift wurde von Anfang an nicht hoch eingeschätzt[102]. Dies liegt daran, daß das eigentliche Problem der internationalen Gerichtsbarkeit weniger in der Durchsetzung der Urteile[103] als vielmehr darin zu sehen ist, daß die Staaten sich weigern, die Kompetenzen des IGH anzuerkennen[104]. Die geringe praktische Bedeutung zeigt sich auch darin, daß bisher nur Großbritannien versucht hat, die „provisional measures"[105] des IGH anläßlich des „Anglo-Iranian-Oil-Company-Streites"[106] mit Hilfe des SR durchzusetzen. Dieses Verlangen brauchte nicht entschieden zu werden, weil der IGH die Klage in seinem Urteil mangels Zuständigkeit abwies[107] und der SR die Diskussion bis zur Entscheidung des IGH über seine Zuständigkeit vertagt hatte[108].

4. Ersetzung spezieller Ermächtigungen durch die Berufung auf Art. 24

Anstelle der Gründung der Resolutionen auf die jeweiligen Spezialermächtigungen in Kap. VI und VII findet sich in einem Teil der Resolutionen die Berufung auf die allgemeine Aufgabenstellung des SR gem. Art. 24 Abs. 1[109]. Ob Art. 24 als alleinige Ermächtigungsgrundlage

---

[101] UN Monthly Chronicle 1974 No. 6 S. 6; vgl. auch die inhaltlich gleichen Äußerungen von Lecompt (Frankreich), Schaufele (USA), Kusumasmoro (Indonesien), El Hassen (Mauretanien) ebd. S. 6, Stubbs (Peru), Maina (Kenia), Hoveyda (Iran) ebd. S. 7, El-Shibib (Irak) ebd. S. 7 f.

Der Konflikt ist, nachdem er zunächst erneut aufflammte und eine Schlichtungskommission aus Mitgliedstaaten der Araberliga sich vergeblich um eine Beilegung bemühte, nunmehr durch bilaterale Verhandlungen unter Nichtbeteiligung der VN endgültig beigelegt.

[102] Oldenhage, Die Reaktion, S. 139; Goodrich / Hambro / Simons S. 557.

[103] Lediglich das Corfu-Channel-Urteil ist nicht ausgeführt worden, vgl. Goodrich / Hambro / Simons S. 557.

[104] Goodrich / Hambro / Simons S. 557; Oldenhage, Die Reaktion, S. 139.

[105] Zum Problem, ob sich Art. 94 Abs. 2 auch auf die vorl. Maßnahmen des IGH bezieht, vgl. Goodrich / Hambro / Simons S. 557 f.; Schachter, Enforcement, S. 23 f.

[106] ICJ Reports 1951 S. 89.

[107] ICJ Reports 1952 S. 93.

[108] SCOR 7th Year 565th Meeting October 19, 1951, S. 12.

[109] Vgl. z. B. die Res. 43 (1948): „In the exercise of its primary responsibility for the maintenance of international peace and security"; 67 (1949): „Conscious

dienen kann, erscheint indessen fraglich. Der IGH hat diese Möglichkeit sogar für den Fall bejaht, in dem sich die fraglichen Resolutionen zumindest nicht ausdrücklich auf Art. 24 stützen:

„... the Security Council ... was acting (bei der Verabschiedung der Resolutionen 264 (1969), 269 (1969), 276 (1970)) in the exercise of what it deemed to be its primary responsibility, the maintenance of peace and security ... Art. 24 of the Charter vests in the Security Council the necessary authority to take action such as that taken in the present case. The reference in paragraph 2 of this Article to specific power of the Security Council under certain chapters of the Charter does not exclude the existence of general powers to discharge the responsibilities confered in paragraph 1“[110].

Da der IGH die o. g. Resolutionen als rechtsverbindlich ansieht[111], ermächtigt schon Art. 24 Abs. 1 nach seiner Auffassung den SR zur Verabschiedung von Entscheidungen i. S. d. Art. 25. Eine derartig weite Auslegung des Art. 24 Abs. 1 kann nicht geteilt werden. Denn abgesehen von der — historisch gewollten — Beschränkung des Art. 24 Abs. 2 Satz 2[112] kann die Frage, welche Handlungsmittel dem SR zur Erfüllung der Aufgabe „Wahrung des Weltfriedens und der internationalen Sicherheit“ zur Verfügung stehen, nicht aus dieser Norm heraus beantwortet werden. Art. 24 ist eine Norm, die — allenfalls — Kompetenzen des SR enthält, über seine Befugnisse bei der Wahrnehmung der Kompetenzen indes nichts besagt. Auch wenn man die Tätigkeit des SR nicht auf die in Art. 24 Abs. 2 Satz 2 genannten Kapitel beschränkt, so können doch die „general powers“ nur in Anlehnung an die aufgeführten Kapitel entwickelt werden[113]. Das heißt z. B., es muß dem für die entsprechende Maßnahme geltenden Abstimmungsverfahren Rechnung getragen werden, und es muß die funktionelle Differenzierung zwischen Kap. VI und VII beachtet werden. Denn die „general powers“ können nicht dazu verwandt werden, die „special powers“ zu überspielen und außer Kraft zu setzen. Insoweit ist Petrén zuzustimmen:

---

of its primary responsibility for the maintenance of international peace and security“; 91 (1951); 145 (1960): „Considering that the complete restoration of law and order in the Republic of the Congo would effectively contribute to the maintenance of international peace and security“; 353 (1974).

[110] ICJ „Legal Consequences“, ICJ Reports 1971, S. 51 f.; so auch ausdrücklich Padilla Nervo (sep. op.) ebd. S. 118.

[111] Dazu s. o. A. I.

[112] Auf diese Beschränkung stützt Fitzmaurice seine diss. op. in ICJ „Legal Consequences“ ICJ Reports 1971 S. 293: „... the second paragraph of Article 24 states in terms that the specific powers granted to the Security Council for these purposes are laid down in the indicated Chapters ... According to normal canons of interpretation this means that so far as peace-keeping is concerned, they are not to be found anywhere else, and are exercisable only as those chapters allow. It is therefore to them that recourse must be had in order to ascertain what the specific peace-keeping powers of the Security Council are, including the power to bind“.

[113] Dazu siehe auch die Erörterungen zu „implied powers“ (s. o. C. II. Exkurs).

„... I share the opinion of those who think that Articles 24 and 25 cannot have the effect of evading the conditions which Chapter VII lays down for the Security Council to be able to order, with binding effect for States, the kind of measures involved here, more particularly the partial interruption of economic relations. According to Article 41 in Chapter VII the Security Council may impose upon States the obligation to apply such measures only within the framework of action in the event of threats to the peace, breaches of the peace and acts of aggression. There can be no doubt that, in this particular case, the Security Council did not adopt the resolutions in question in the context of any such action, clearly defined as it must be because of its nature[114]."

Auf Art. 24 Abs. 1 allein kann sich daher eine Resolution nicht stützen.

II. Rechtliche Unbestimmtheit der Resolutionen des SR

Das Problem der Bindungswirkung von Empfehlungen und Entscheidungen in der Praxis des SR wurde bisher anhand der Auslegung der entsprechenden Normen durch den SR selbst analysiert. Dabei zeigte sich, daß die Beziehung zwischen einzelnen konkreten Satzungsbestimmungen und Handlungen des SR oftmals nicht hergestellt werden kann.

Im folgenden soll dieses Ergebnis anhand der Resolutionen des SR überprüft werden. Dabei wird sich zeigen, daß der bei weitem größte Teil der Resolutionen des SR weder seine Rechtsgrundlage erkennen läßt, noch in der Wortwahl deutlich macht, ob die Resolution rechtlich verpflichtend oder nur empfehlend sein soll.

1. Mangelnde Rechtsgrundlagen der Resolutionen

Der bei weitem größte Teil der Resolutionen läßt nicht erkennen, aufgrund welcher Norm der SR tätig geworden ist[115]. Die mangelnde ausdrückliche rechtliche Fundierung der meisten Resolutionen des SR[116]

---

[114] Petrèn (sep. op) in: ICJ „Legal Consequences" ICJ Reports 1971 S. 136.

[115] Vgl. die Resolutionen 2 (1946); 3 (1946), 5 (1946), 16 (1947), 27 (1947) 30 bis 32 (1947), 36 (1947), 38 (1948), 41 und 42 (1948), 46 (1948), 48 bis 50 (1948), 53 (1948), 55 (1948), 63 bis 65 (1948), 80 (1950), 89 (1950), 98 (1952), 100 (1953), 118 (1956), 127 und 128 (1958), 178 bis 183 (1963), 186 bis 194 (1964), 198 und 199 (1964), 201 bis 207 (1965), 209 bis 211 (1965), 214 bis 219 (1965), 220 (1966), 226 (1966), 228 (1966), 233 bis 242 (1967), 244 (1967), 245 bis 248 (1968), 250 (1968), 252 (1968), 255 und 256 (1968), 258 und 259 (1968), 262 (1968), 264 bis 275 (1969), 276 (1970), 280 bis 283 (1970), 285 und 286 (1970), 289 (1970), 291 (1970), 293 bis 295 (1971), 298 (1971), 300 bis 302 (1971), 309 bis 313 (1972), 315 bis 317 (1972), 319 (1972), 321 bis 324 (1972), 330 (1973), 332 (1973), 337 bis 344 (1973), 346 und 347 (1974), 349 und 350 (1974), 354 (1974).

[116] Auch die GV zeigt ein dem SR entsprechendes Verhalten; vgl. Vallat, Competence, S. 268; Rosner, Emergency Force, S. 37; Karaosmanoglu, Les actions, S. 290; Galino, Resoluciones, S. 100; Castaneda, Legal Effects, S. 111; UN Rep. I S. 258, 287, 588.

fällt insofern auf, als die vorangegangenen Stellungnahmen und Resolutionsentwürfe der Mitglieder des SR oft Verbindungen zu bestimmten Satzungsvorschriften herstellen[117]. Allerdings wurden dem SR besonders in jüngerer Zeit häufig Konflikte unterbreitet, die auch von den die Diskussion anregenden Staaten nicht unter Satzungsnormen subsumiert wurden[118]. Der SR insgesamt hat sich dem Verlangen einzelner Mitgliedstaaten, den Konflikt unter bestimmte Satzungsnormen zu fassen, in aller Regel entzogen. Eine besondere Rolle spielte dabei Art. 39, der den Weg zu Zwangsmaßnahmen eröffnet.

„The Indonesian question ... had been brought before the Council under Article 39 as a breach of the peace, and a draft resolution had been submitted determining a breach of the peace under the Article and calling for compliance with certain specified provisional measures under Article 40. Following a proposal to delete the references to specific Articles of the Charter on the ground that their explicit invocation raised complex and serious legal questions, the draft resolution was amended with the agreement of the sponsor and was adopted on 1 August 1947. Discussion arose subsequently regarding the relation of the resolution to the Charter and views were expressed on whether or not the particular resolution and certain other had been adopted under Articles 39 and 40.

Those who were of the view that the resolution amounted to action under Articles 39 and 40 maintained that there had been a breach of international peace ... and that the Council, by admitting the case under Article 39, had accepted the situation as a breach of international peace. Although the resolution of 1 August 1947 did not expressly mention Article 39, it was clear that only under that Article could the Council deal with the case and take the measures it did ...

Those who held a contrary view denied that the Charter was applicable, much less Chapter VII ... A determination about a threat to the peace, a breach of the peace or act of aggression in accordance with the actual terms of Article 39 would first have to be made before the Council could proceed to take, provisional measures under Article 40, and such a determination had not been made. It was contended that the Security Council could not possibly be bound by the interpretation of individual members regarding the relation of decisions to any particular Charter provision[119]."

Die Vermeidung der Bezugnahme auf Art. 39 führte jedoch nicht zur positiven Feststellung des Tatbestandes einer der Normen des Kap. VI. Vielmehr blieb die Beurteilung des Konfliktes in der Schwebe zwischen Kap. VI und VII. So heißt es z. B. in der Res. 217 (1965):

„... that the situation resulting from the proclamation of independence by the illegal authorities in Southern Rhodesia is extremely grave ... and that its continuance in time constitutes a threat to international peace and security"[120].

---

[117] Vgl. UN Rep. II S. 337 f.; SC Rep. 56/58 S. 99, 143, 146 ff.; SC Rep. 59/63 S. 199 f., 205, 246 ff.; SC Rep. 64/65 S. 99, 124, 132, 143, 173 ff., 185; SC Rep. 66/68 S. 18 ff.

[118] SC Rep. 66/68 S. 188 ff.; vgl. dagegen noch SC Rep. 59/63 S. 246 ff.

[119] UN Rep. II S. 339.

Nur durch derartige Formulierungen ist angesichts der unterschiedlichen Beurteilung eines Konfliktes oftmals die Verabschiedung einer Resolution zu erreichen. In besonderem Maße wird bei starken politischen Gegensätzen im SR in unklare Formulierungen ausgewichen. Als Beispiel sei auf die Diskussion verwiesen, die der Verabschiedung der Resolution 111 (1956) vom 19. 1. 1956 voranging[121] und Israels bewaffneten Angriff vom 12. 12. 1955 betraf. Die USA, Großbritannien und Frankreich brachten einen gemeinsamen Resolutionsentwurf ein, in dem vermieden wurde, den Angriff als Erfüllung des Tatbestandes von Art. 39 zu werten und der im operativen Teil vorsah:

„Expresses its grave concern at the failure of the Government of Israel to comply with its obligations;

Calls upon the Government of Israel to do so in the future, in default of which the Council will have to consider what further measures are required to maintain or restore the peace."

Demgegenüber hatte der syrische Delegierte beantragt, daß der SR

„3. Decides further that the said armed attack constitutes an aggression under the provisions of Article 39 of the Charter;

4. Calls upon the Members of the United Nations to adopt the necessary measures for applying economic sanctions against Israel".

Der sowjetische Delegierte deutete seine Kompromißbereitschaft an, indem er den syrischen Vorschlag in den beiden genannten Punkten entschärfte:

„4. Warns Israel that any future recurrence of such actions will bring about a situation requiring the Security Council to consider the question of the application of Article 39 of the United Nations Charter."

Nachdem die unterschiedlichen Positionen abgesteckt waren, begründete der französische Vertreter den Drei-Mächte-Entwurf, indem er zunächst feststellte, der israelische Angriff sei

„an aggressive act by its very nature ... an act of such a nature as to come as close as possible to a breach of the peace".

Jedoch sei er nach Ausmaß und Absicht begrenzt gewesen:

„That is the only reason why it does not fall within the scope of Chapter VII of the Charter. It was by only a very slight margin that the Council escaped having to intervene under Article 39 and the following articles of the Charter."

Das Ziel des Drei-Mächte-Entwurfs charakterisierte er:

„... the Council whose function is to preserve the peace rather than to dispense justice or distribute a posteriori condemnation and blame, would be failing in its duty if it did not try to find ways of making it more difficult for such incidents to recur".

---

[120] Vgl. auch die Res. 186 (1964) und die im Abschnitt E. I. 1. c) angeführten Beispiele.

[121] SC Rep. 56/58, S. 170 f.

Demgegenüber bemängelten die Vertreter der UdSSR und des Iran, daß die Bezugnahme auf Art. 39 und die daraus resultierenden Maßnahmen nicht deutlich genug zum Ausdruck kämen. Die Diskussion nahm daraufhin folgenden Verlauf:

„The representative of the United Kingdom ... remarked that, in his view, should Israel fail to comply with its obligations in the future, ‚the Council would have to consider what further measures were required under the Charter to maintain or restore the peace ... of course the possibility of the consideration of the application of Article 39 is in question‘. He added that it would be redundant and unnecessary to include in the relevant paragraph of the revised joint draft resolution any specific reference to the Charter. The representative of the USSR proposed that the joint draft resolution should state plainly that the further measures referred to were those provided for in the Charter, thus having the resolution ‚carry much more weight‘ and ‚become much more definite‘. He contended that the resolution ‚would indicate how the Council should consider a given action or situation in the event of non-observance of this Council decision‘.

The representative of the United Kingdom, on behalf of the sponsors of the joint draft resolution, stated that they had agreed to add the words ‚under the Charter‘ in the relevant paragraph, which would read then:

‚calls upon the Government of Israel to do so in the future, in default of which the Council will have to consider what further measures under the Charter are required to maintain or restore the peace‘.

... After the adoption of the resolution, the representative of the USSR drew attention to the relevant paragraph ... and stated: ‚... it will be remembered that the Charter provides for the application of the provision of Article 39 in the event of a threat of peace and security in any area‘."

Die Diskussion erweist, wie brüchig der in der Resolution zum Ausdruck kommende Kompromiß ist, denn die Stellungnahme des UK läßt erkennen, daß an die Anwendung des Kap. VII ernsthaft nicht gedacht wurde, während die SU gerade sie in Zukunft sichergestellt wissen wollte.

Nach der Satzung hat der SR für den Fall der Verneinung des Tatbestandes von Art. 39 nur die Möglichkeit, aufgrund des Kap. VI vorzugehen. Die darin enthaltenen tatbestandlichen Voraussetzungen werden jedoch gerade nicht aufgenommen. Der SR schafft somit durch die — gemessen an Kap. VI und VII — unbestimmte Formulierung eine beträchtliche Verhaltensunsicherheit, indem er durch die „Nähe" der Qualifizierung des Konfliktes zu Art. 39 Erwartungen erweckt, die er durch die Resolution dann doch nicht einlöst (und auch nicht einlösen will). Das Verhalten der Mitglieder des SR birgt also die Gefahr in sich, daß sich interpretative Differenzen bei den Adressaten der Resolutionen geradezu aufdrängen. Art. 25 bezweckt jedoch im Gegensatz zu Art. 16 SVB die kollektive Organisation eines Sicherheitssystems. Angesichts der Unbestimmtheit der Resolutionen und der Diskussion im SR bleibt es Sache der Adressaten, die Resolution auszulegen. Erst die Auslegung macht die Resolution vielfach operationabel, d. h. erst sie erfüllt den Zweck, dem die Resolution gewidmet ist: die Umsetzung abstrakter Befugnisse und Verpflichtungen in konkrete Handlungsanweisungen. Angesichts dieses Verhaltens des SR kann es nicht verwundern, wenn — auch vom IGH im Namibia-Gutachten[122] — die Ansicht vertreten wird, der Rechtscharakter der Resolutionen ließe sich nicht aus ihnen selbst, sondern nur aus den jeweiligen „spezifischen Umständen" ermitteln[123].

„The criterion whether it has exercised that power (i. e. ‚to make its wishes obligatory') is not to be found simply by ascertaining whether the form in which it has expressed its wishes is a recommendation or a decision. There is no rigid distinction in the Charter for this purpose between recommendation and decision. You must look at each particular case; you must observe under what particular article the matter has been dealt with, and then you must see whether the Security Council was intending to do something which the parties had agreed in advance to accept, whether it was intending to create an obligation or was merely intending to take persuasive action[124]."

Shawcross liefert mit dieser Argumentation Steine statt Brot: Oft ist es gerade unklar, welche Norm der Satzung die Grundlage der Diskussion bildet. Das Abstellen auf die „Absicht des SR" hilft dann nicht weiter, wenn weder die Resolution noch übereinstimmende Diskussionsbeiträge Anhaltspunkte bieten. Die „Absicht des SR" ist zudem irrelevant für die Frage, ob der SR diese „Absicht" verfolgen durfte.

Der SR kann keineswegs jede Resolution durch schlichte Bezugnahme auf Art. 25, 48, 49 für die Mitgliedstaaten bindend ausgestalten. Vielmehr ist in jedem Fall zu prüfen, ob das Handlungsmittel „Entscheidung" i. S. d. Art. 25 zulässig ist[125]. Angesichts der oft erbitterten Diskussion im SR um Wortlautnuancen läßt sich der positive Ausgang dieser Prüfung nicht einfach implizieren. Das Problem der Übernahme des Wortlauts oder der ziffernmäßigen Bezeichnung bestimmter Satzungsvorschriften in Resolutionen des SR könnte indes beiseite geschoben werden, wenn sich aus der Wortwahl im operativen Teil der Resolutionen erkennen läßt, ob der SR rechtlich verbindlich oder nur empfehlend tätig werden wollte.

2. Sprachstil der Resolutionen

„If the Council intends to make a definitive determination, it may, inter alia, ‚decide', or ‚determine', or ‚declare' something. On the other hand, if it

[122] ICJ „Legal Consequences" ICJ Reports 1971 S. 53.

[123] Sloan, Recommendation, S. 3; Virally, La valeur, S. 68.

[124] Shawcross in: ICJ „Corfu Channel" ICJ Reports 1950, Vol. III S. 87.

[125] Vgl. auch Halderman, The United Nations, S. 87: „This power (i. e. the power of recommendation) cannot, of course, be transmuted into a power of binding decisions by a mere choice of phraseology."

intends to do something less, it may ‚consider', or ‚regard', or ‚deem' something. The choice of words will usually indicate the intention of the Council[126]."

Die Wortwahl in den Resolutionen gibt zwar Auskunft über die Intensität, mit der der SR ein bestimmtes Verhalten fordert. Weil der SR indessen seine Resolutionen nicht auf bestimmte Satzungsnormen stützt, läßt auch der Wortgebrauch innerhalb der Resolutionen nur in Ausnahmefällen einen Rückschluß auf den Rechtscharakter der Resolutionen des SR zu[127]. Die Begriffe „recommend" und „decide", die die Anlehnung an die dem SR zugewiesenen Handlungsmittel klarstellen können, werden dabei am wenigsten benutzt. Der Begriff „recommend" taucht jeweils im Zusammenhang mit Methoden[128] oder Inhalten[129] der friedlichen Streitschlichtung und in jüngerer Zeit auch mit der Finanzierung von UNFICYP auf, die ausdrücklich auf freiwilliger Basis erfolgen sollte[130]. Der Begriff „decide" wird überwiegend dazu verwandt, um das weitere Verfahren des SR zu bezeichnen[131]. Weiterhin drückt er auch nur das „Sich-Entschließen" des SR[132] oder die Feststellung eines bestimmten Zustandes aus[133]. Schließlich werden durch ihn konkrete Maßnahmen bezeichnet[134], gefordert[135], bekräftigt[136] oder für den Fall eines bestimmten Verhaltens in Aussicht gestellt[137]. Den Erfordernissen des Art. 25 genügt allenfalls die Verwendung im Zusammenhang mit konkreten, auszuführenden Maßnahmen. Doch selbst wenn der SR die Entschließung über konkrete Maßnahmen mit „decide" einleitet, ist damit noch nichts über die Befugnis des SR zur rechtlichen Bindung gesagt. Die Neuaufstellung von UNEF nach dem

[126] ICJ „Legal Consequences" ICJ Reports 1971 Vol. II S. 262 (Viall).

[127] Zu einer ähnlichen Entwicklung in der GV vgl. Virally, La valeur, S. 68; Sloan, Recommendation, S. 3; Schwelb, Fortentwicklung, S. 33 f.; Johnson, Effect, S. 108; Halderman, The United Nations, S. 167 f.; Galino, Resoluciones, S. 101 f.; di Qual, Les effets, S. 23 f.; Manin, Le maintien, S. 108 f.; UN Rep. I S. 362 ff.

[128] SC Res. 135 (1960); vgl. auch den gescheiterten chinesischen Resolutionsentwurf in UN Rep. II S. 293.

[129] SC Res. 47 (1948), 67 (1949).

[130] SC Res. 186 (1964).

[131] SC Res. 202 (1965), 210 (1965), 217 (1965), 232 (1966), 246 (1968), 253 (1968), 264 (1969), 268 (1969), 269 (1969), 273 (1969), 276 (1970), 277 (1970), 283 (1970), 289 (1970), 302 (1971), 307 (1971), 308 (1972), 311 (1972), 320 (1972), 323 (1972), 326 (1973), 327 (1973), 331 (1973), 342 (1973), 353 (1974), 360 (1974), 366 (1974), 367 (1975).

[132] SC Res. 216 (1965), 284 (1970), 295 (1971), 303 (1971), 363 (1974).

[133] SC Res. 269 (1969).

[134] SC Res. 50 (1949), 246 (1968), 277 (1970), 338 (1973), 340 (1973), 341 (1973), 350 (1974).

[135] SC Res. 277 (1970).

[136] SC Res. 288 (1970).

[137] SC Res. 232 (1966), 253 (1968), 264 (1969), 310 (1972).

Oktoberkrieg wurde „entschieden“[138], obgleich es sich um eine Friedensstreitmacht auf freiwilliger Basis handelte.

Einige weitere Begriffe lassen sich von ihrer normalen Wortbedeutung her den Antipoden „decide“ und „recommend“ mit annähernder Sicherheit zuordnen. So entsprechen Worte wie „demand“[139], „order“[140] dem Begriff „decide“, und solche wie „invite“[141] und „request“[142] entsprechen eher dem Begriff „recommend“. Doch ist die Zuordnung des Begriffs „request“ schon zweifelhaft[143]. Denn eine „Empfehlung“ an ein nach der Satzung abhängiges Organ, z. B. die Bitte an den GenSekr., einen Bericht zu erstellen, läßt sich kaum als nichtbindend auffassen. Fälle, in denen z. B. der GenSekr. der „Empfehlung“ nicht entsprach, sind nicht bekannt.

Daneben kommen in den Resolutionen eine Reihe von Begriffen vor, die sich einer präzisen rechtlichen Verortung zwischen „Empfehlung“ und „Entscheidung“ entziehen, die teilweise sogar auf beide Handlungsformen bezogen werden. Im folgenden sollen derartige Begriffe, soweit

---

138 SC Res. 340 und 341 (1973).

139 SC Res. 246 (1968), 268 (1968), 277 (1968), 279 (1970), 285 (1970), 289 (1970), 290 (1970), 294 (1971), 307 (1971), 313 (1972), 318 (1972), 320 (1972), 326 (1973), 340 (1973); 353 (1974), 357 (1974), 366 (1974); vgl. auch Manin, Le Maintien, S. 44 zur Res. 234 (1967): „L'emploi du terme ‚exige‘ ... donne à penser que le Conseil de Sécurité a bien entendu prendre une décision.“

140 Vgl. dazu Jiménez de Arechaga, Voting, S. 151.

141 SC Res. 123 (1957) (die Resolution stützt sich ausdrücklich auf Kap. VI); 144 (1960) (die Resolution stützt sich auf die Art. 24, 33, 34, 35, 36, 52, 103); 205 (1965), 323 (1972) (in den letzten beiden Resolutionen wird der Begriff zur Bezeichnung eines erwarteten Verhaltens des GenSekr. verwandt, der als Exekutivorgan abhängig vom SR ist).

142 Als Aufforderung an den GenSekr.: SC Res. 113 (1956), 114 (1956), 123 (1957), 134 (1960), 145 (1960), 146 (1960), 169 (1961), 178 (1963), 181 (1963), 182 (1963), 186 (1964), 188 (1964), 199 (1964), 209 (1965), 210 (1965), 228 (1966), 232 (1966), 242 (1967), 246 (1968), 264 (1969), 267 (1969), 269 (1969), 271 (1969), 282 (1970), 284 (1970), 298 (1971), 308 (1972), 309 (1972), 312 (1972), 318 (1972), 322 (1972), 329 (1973), 331 (1973), 339 (1973), 340 (1973), 342 (1973), 344 (1973), 346 (1974), 350 (1974), 355 (1974), 360 (1974), 367 (1975).

Als Aufforderung an die GV: SC Res. 283 (1970).

Als Aufforderung an Unterorgane: SC Res. 107 (1955), 108 (1955), 111 (1956), 114 (1956), 123 (1957), 126 (1957), 127 (1958), 162 (1961), 171 (1962), 283 (1970), 314 (1972), 327 (1973).

Als Aufforderung an Mitgliedstaaten: SC Res. 98 (1952), 123 (1957), 135 (1960), 138 (1960), 169 (1961), 199 (1964), 202 (1965), 205 (1965), 267 (1969), 269 (1969), 276 (1970), 277 (1970), 283 (1970), 323 (1972), 327 (1973), 330 (1973), 333 (1973). Soweit es um das Verhältnis zu Unterorganen bzw. Beauftragten geht, verwendet der SR auch den die Abhängigkeit stärker herausstellenden Begriff „endorse“: SC Res. 98 (1952), 108 (1955), 114 (1956), 127 (1958), 162 (1961).

143 Daß „request“ auch rechtliche Bindung bezwecken kann, vertritt z. B. Castaneda, Legal Effects, S. 74: „Resolution S/4426 of August 9, 1960 expressly invoked, moreover, Article 49 in ‚request(ing)‘ all states to accept and carry out‘ the decision of the Council and to lend mutual aid in the implementation of the measures decreed by the Council.“

sie nicht nur einmal benutzt wurden, beispielhaft zusammengestellt werden. Dabei wird in Kauf genommen, daß eine getrennte Analyse der u. U. in derselben Resolution vorkommenden Begriffe durchgeführt wird. Denn jeder Absatz des operativen Teils einer Resolution enthält entweder die für weitere Maßnahmen entscheidende Ansicht des SR über einen Zustand oder ein Verhalten oder eine mehr oder minder konkrete Handlungsanweisung für einen oder mehrere Adressaten. Jeder dieser Teile ist daher Ausgangspunkt der juristischen Analyse[144].

Zum Zwecke der Systematisierung lassen sich die Begriffe in folgende Gruppen ordnen:

a) Begriffe, die zur Kennzeichnung eines internationalen Zustandes oder eines Verhaltens von Staaten dienen und die zugleich eine rechtliche Qualifizierung dieses Zustandes oder Verhaltens einleiten. In diese Gruppe gehören die Begriffe „affirm", „reaffirm", „confirm", „condemn", „censure", „deplore", „deprecate".

b) Begriffe, in denen der SR mit unterschiedlicher Intensität ein bestimmtes Verhalten von Mitgliedstaaten fordert. Dieser Gruppe sind zuzurechnen „call (upon)", „urge", „emphazise", „appeal", „authorize".

Die Begriffe „consider" und „declare" werden sowohl im Zusammenhang mit einer Verhaltenserwartung als auch mit der Beschreibung eines Zustandes verwandt.

Analysiert man die Begriffe im einzelnen, so ergibt sich:

„affirm", „reaffirm", „confirm" kennzeichnet:

— die Festlegung auf Prinzipien und Grundsätze der Satzung[145]

— die Bekräftigung vorheriger Resolutionen[146]

— die Bekräftigung von Grundsätzen für die Durchführung beschlossener Aktionen oder empfohlener Pläne[147].

Die Zielsetzung dieses Begriffs ergibt sich erst aus der Funktion der Rezitierung von Resolutionen des SR[148]. Zwar erfolgt die Bekräftigung

---

[144] Vgl. Manin, Le Maintien, S. 44; Martin / Edwards, Changing Charter, S. 81.

[145] z. B. SC Res. 232 (1966), 295 (1971), 301 (1971), 310 (1972), 312 (1972), 318 (1972), 319 (1972), 322 (1972), 323 (1972).

[146] SC Res. 135 (1960), 146 (1960), 187 (1964), 193 (1964), 194 (1964), 198 (1964), 206 (1965), 207 (1965), 217 (1965), 253 (1968), 265 bis 267 (1969), 269 (1969), 271 (1969), 274 (1969), 281 (1970), 282 (1970), 291 (1970), 293 (1970), 298 (1971), 301 (1971), 302 (1971), 305 (1971), 314 (1972), 315 (1972), 317 (1972), 320 (1972), 324 (1972), 334 (1973), 339 (1973), 343 (1973), 349 (1974), 354 (1974), 357 (1974).

[147] SC Res. 146 (1960), 169 (1961), 242 (1967), 277 (1970), 288 (1970).

[148] s. u. E. II. 3.

der Grundsätze und Prinzipien der Satzung im Zusammenhang mit der politischen Situation, die jeweils den Anlaß der Resolution bildet. Doch vermeidet der SR in einigen Fällen die ausdrückliche Feststellung, daß die jeweilige Situation die Prinzipien oder Grundsätze verletzt[149]. Oder es wird zwar die Verbindung zwischen den Prinzipien und Grundsätzen und der jeweils untersuchten Situation hergestellt, worauf jedoch keine Festlegung auf einen der Tatbestände des Kap. VI oder Art. 39 aufbaut[150].

„condemn" kennzeichnet:

— die Verurteilung der Verletzung eines Waffenstillstandes[151]

— die Verurteilung der Nichtbefolgung von Resolutionen, deren Rechtsverbindlichkeit nicht ausdrücklich festgelegt wurde[152]

— die Verurteilung der Nichtbefolgung rechtsverbindlicher Entscheidungen[153]

— die Mißbilligung einer bestimmten Handlung eines Mitglied-[154] oder Nichtmitgliedstaates[155].

Der Begriff wird fast immer in Situationen verwandt, in denen die Verhängung von Zwangsmaßnahmen zwar möglich ist, zumindest aber von Mitgliedern des SR angestrebt wird, der SR insgesamt wegen des Konsenszwangs der ständigen Mitglieder sich aber nicht zur Anwendung des Kap. VII entschließt. Er stellt durch seine Schärfe eine verbale Kompensation für die nicht beschlossenen Zwangsmaßnahmen dar.

„deplore" kennzeichnet den Ausdruck des Bedauerns

— einer bewaffneten Auseinandersetzung[156]

— eines bestimmten innerstaatlichen Verhaltens[157]

— der Nichtbeachtung des Art. 25[158]

— einer Nichtbefolgung von Resolutionen der GV und des SR[159].

---

[149] z. B. SC Res. 295 (1971), 319 (1972).

[150] z. B. SC Res. 301 (1971), 310 (1972), 312 (1972), 322 (1972), 323 (1972).

[151] SC Res. 106 (1955), 111 (1956), 256 (1968), 262 (1968), 265 (1969), 267 (1969), 316 (1972), 332 (1973).

[152] SC Res. 182 (1963), 264 (1969), 269 (1969), 271 (1969), 276 (1970), 280 (1970), 282 (1970), 294 (1971), 310 (1972), 311 (1972), 312 (1972).

[153] SC Res. 277 (1970), 318 (1972), 326 (1973), 328 (1973).

[154] SC Res. 188 (1964), 216 (1965), 217 (1965), 253 (1968), 273 (1969), 290 (1970), 301 (1971), 321 (1972), 337 (1973), 347 (1974), 366 (1974).

[155] SC Res. 275 (1970), 326 (1973).

[156] SC Res. 171 (1962), 178 (1963), 188 (1964), 228 (1966), 256 (1968), 267 (1969), 275 (1969), 353 (1974).

[157] SC Res. 134 (1960).

[158] SC Res. 253 (1968).

[159] SC Res. 267 (1969), 280 (1970), 298 (1971), 302 (1971), 317 (1972), 357 (1974).

Der Begriff ist in seiner satzungsrechtlichen Bedeutung nicht auszumachen; er diente in keinem Fall dazu, die Erfüllung des Tatbestandes einer Norm aus Kap. VI oder VII festzustellen.

„censure" dient

— der Verurteilung von Staaten, die einer Resolution des SR zuwider gehandelt haben[160]

— der Verurteilung eines Staates wegen bewaffneter Aktionen[161].

Auch dieser scharfe Ausdruck der Mißbilligung läßt sich in der Satzung nicht einordnen. Auffallend ist, daß die Interessenkonstellation bei der Verabschiedung der betreffenden Resolutionen dadurch gekennzeichnet war, daß ein ständiges Mitglied des SR einen politisch oder wirtschaftlich Verbündeten vor der Verhängung von (weitergehenden) Zwangsmaßnahmen bewahren wollte. Die bewußte Vermeidung konkreter Maßnahmen in den Fällen Israels[162] und Südafrikas[163] wurde kompensiert durch den scharfen Ton der Resolutionen, durch den Staaten, die weitergehende Forderungen gestellt hatten, besänftigt werden sollten.

„deprecate" wurde benutzt zur Mißbilligung

— der Sezession Katangas und der Angriffe auf UN-Truppen[164]

— der Apartheid-Politik Südafrikas[165].

In beiden Fällen wird nicht klar, auf welcher Rechtsgrundlage der SR die Resolutionen verabschiedet hat.

„call (upon)" kennzeichnet die Aufforderung

— zu einem Waffenstillstand, wobei sich die Resolutionen teils eng an den Wortlaut des Art. 40 hielten[166]

— zur Zusammenarbeit mit UN-Vermittlern[167]

— zu einem bestimmten Verhalten verbunden mit der Androhung von Zwangsmaßnahmen[168]

— zu einem bestimmten Verhalten ohne diese Androhung[169]

---

[160] SC Res. 246 (1968), 253 (1968), 267 (1969).

[161] SC Res. 228 (1966), 268 (1969).

[162] SC Res. 228 (1966).

[163] SC Res. 246 (1968).

[164] SC Res. 169 (1961).

[165] SC Res. 181 (1963).

[166] SC Res. 27 (1947), 50 (1948), 108 (1955), 164 (1961), 171 (1962), 193 (1964), 210 (1965), 338 (1973), 353 (1974).

[167] SC Res. 106 (1955), 108 (1955), 111 (1956), 113 (1956), 127 (1958), 171 (1962), 188 (1964), 193 (1964), 206 (1965), 207 (1965), 209 (1965), 216 (1965), 246 (1968), 253 (1968), 367 (1975).

[168] SC Res. 111 (1956).

— zur Ausführung von Resolutionen[170], teils unter Bezugnahme auf Art. 25, 49[171]

— zur Durchführung von Zwangsmaßnahmen[172].

Der Inhalt des Begriffs ist — wie sich aus diesen Beispielen ergibt — äußerst dehnbar. Teilweise läßt sein Gebrauch den Rückschluß auf die Uneinigkeit im SR zu: Wie ausgeführt[173], kann die auf Art. 40 gestützte Resolution je nach den intendierten weiteren Maßnahmen binden oder empfehlend ausgestaltet werden. Da sich jedoch die Mitglieder des SR in aller Regel nicht darüber einig sind, ob gegen bewaffnete Auseinandersetzungen Zwangsmittel angewandt werden sollen, verbleibt auch die Aufforderung gem. Art. 40 im unklaren[174]. Diese Uneinigkeit (und zugleich den Versuch, Bestimmungen der Satzung zu unterlaufen) deutet auch die Kombination des Begriffs mit Art. 25, 49 an: Resolutionen, die sich auf diese Normen stützen, sind bindend. Der Gebrauch eines nicht notwendig einheitlich in dieser Richtung zu interpretierenden Begriffs nimmt die unbedingte Verpflichtung aus Art. 25 zurück, ohne daß dem SR hierzu eine Befugnis zusteht.

Die Doppeldeutigkeit des Begriffs ist anläßlich der Südafrika-Diskussion 1963 angesprochen worden[175]. Damals wurde die Anwendung ökonomischer Zwangsmaßnahmen ausdrücklich abgelehnt, so daß der Begriff „call upon" nur als Empfehlung ausgelegt werden kann. Auch bei der Diskussion des Palästina-Konfliktes am 22. 5. 1948 gingen die Mitglieder des SR davon aus, daß mit dem Austausch der Worte „orders all Governments and authorities" in „calls upon all parties concerned" zugleich der Sprung von Kap. VII zurück zu Kap. VI und damit von der Entscheidung zur Empfehlung gemacht wurde[176].

---

[169] SC Res. 50 (1948), 106 (1955), 134 (1960), 169 (1961), 181 (1963), 182 (1963), 186 (1964), 193 (1964), 194 (1964), 198 (1964), 206 (1965), 207 (1965), 217 (1965), 221 (1966), 232 (1966), 253 (1968), 264 (1969), 267 (1969), 268 (1969), 269 (1969), 271 (1969), 273 (1969), 276 (1970), 283 (1970), 286 (1970), 298 (1970), 300 (1971), 301 (1971), 302 (1971), 307 (1971), 310 (1972), 311 (1972), 312 (1972), 322 (1972), 332 (1973), 337 (1973), 347 (1974), 361 (1974), 367 (1975).

[170] 114 (1956), 127 (1958), 146 (1960), 253 (1968), 277 (1970), 282 (1970), 288 (1970), 301 (1971), 309 (1972), 311 (1972), 312 (1972), 316 (1972), 317 (1972), 321 (1972), 322 (1972), 323 (1972), 328 (1973), 338 (1973), 346 (1974), 357 (1974), 367 (1975).

[171] SC Res. 232 (1966), 253 (1968), 290 (1970), 320 (1972).

[172] SC Res. 217 (1965), 221 (1966), 253 (1968), 314 (1972), 318 (1972), 326 (1973), 333 (1973). Die Resolutionen enthalten inhaltlich die Aufforderung zu wirtschaftlichen Zwangsmaßnahmen, wobei allerdings ihre satzungsrechtliche Verortung teilweise zweifelhaft ist (dazu s. o. C. II. 4.).

[173] s. o. D. II. 2. e).

[174] Vgl. auch die Resolutionen anläßlich des Krieges auf Zypern 1974, die sich lediglich auf Art. 24 stützen und die Kritik von Rossides (Zypern) am unbestimmten Verhalten des SR (s. u. E. II. 3.).

[175] SC Rep. 59/63 S. 258 f.

[176] UN Rep. II S. 295.

„urge" kennzeichnet die Aufforderung

— in Verhandlungen über die friedliche Streitschlichtung einzutreten[177]

— zu einem bestimmten Verhalten innerhalb einer Resolution, die sich auf Art. 40 stützt[178]; speziell die Aufforderung, in Verhandlungen über konkrete Punkte eines Waffenstillstandes einzutreten[179]

— zur Ausführung einer „decision"[180]

— zu einem bestimmten Verhalten, wobei sich der SR teils auf Kap. VII stützt[181], teils seine Handlungsvoraussetzungen unbestimmt läßt[182].

Der Begriff wird häufig im Zusammenhang mit Kap. VII gebraucht, läßt jedoch einen sicheren Schluß auf die Verpflichtung zum Vollzug des geforderten Verhaltens nicht zu. Vielmehr läßt sich in Anlehnung an die allgemeine Wortbedeutung folgern, daß er immer dann verwandt wird, wenn eine an sich bestehende Verpflichtung auf den Widerstand des Verpflichteten stößt und nun versucht werden soll, den Verpflichteten zu dem an sich erzwingbaren Verhalten zu bewegen, ohne daß tatsächlich an Zwangsmaßnahmen gegen ihn gedacht wird. Gerade in den Fällen wird auf den Begriff „urge" zurückgegriffen, in denen die rechtliche Verortung und Legalität des geforderten Verhaltens in Frage steht: Südafrika, Rhodesien, Kongo. Weil auch im SR Uneinigkeit besteht, ob Zwangsmaßnahmen in diesen Fällen beschlossen werden dürfen, bzw. wie stark der Druck sein soll, der bei einer Nichtbefolgung von Entscheidungen ausgeübt werden soll, beschränkt sich die Aufforderung zu resolutionskonformem Verhalten auf einen starken politischen Appell.

„emphazise" kennzeichnet die Betonung

— der Notwendigkeit eines bestimmten Verhaltens im Rahmen einer Resolution unter Kap. VII[183]

— der Mißbilligung eines bestimmten Verhaltens unter Androhung weitergehender Maßnahmen[184].

---

[177] SC Res. 135 (1960).

[178] SC Res. 50 (1948).

[179] SC Res. 98 (1952).

[180] SC Res. 171 (1962), 232 (1966), 253 (1963).

[181] SC Res. 161 (1962), 253 (1968), 277 (1970), 288 (1970), 290 (1970), 314 (1972), 320 (1972), 328 (1973).

[182] SC Res. 190 (1964), 246 (1968), 266 (1969), 274 (1969), 281 (1970), 291 (1970), 293 (1971), 305 (1971), 311 (1972), 315 (1972), 324 (1972), 330 (1973), 334 (1973), 343 (1973), 349 (1974), 359 (1974), 360 (1974), 364 (1974).

[183] SC Res. 253 (1968).

[184] SC Res. 228 (1966).

Eine rechtliche Verpflichtung zur Ausführung des geforderten Verhaltens läßt sich nicht eindeutig ausmachen: Für sie spricht, daß die Resolution ausdrücklich Bezug auf Art. 25 nimmt; auf der anderen Seite enthält sie eine weitere Bestimmung, die gesondert vorschreibt, daß (nur?) bestimmte Teile der Resolution ausgeführt werden sollen. Der zweite Fall ist im Zusammenhang mit dem Droheffekt von Resolutionen zu besprechen[185].

„appeal" kennzeichnet die Erwartung

— allgemeine Grundsätze zu beachten[186]

— Resolutionen zu befolgen[187]

— einen Waffenstillstand einzuhalten[188].

Der Begriff enthält seiner allgemeinen Wortbedeutung nach keine rechtliche Bindung, sondern lediglich eine starke Aufforderung[189]. Darauf deutet hin, daß sich das erwartete Verhalten in den ersten beiden Fällen auf die Befolgung von Grundsätzen bzw. Resolutionen bezieht, die in sich rechtlich nicht eindeutig sind.

„authorize" bezeichnet die Ermächtigung des GenSekr.[190] oder eines Beauftragten[191]. Der Begriff stellt klar, daß der GenSekr. gem. Art. 98 mit der Durchführung bestimmter Aufgaben betraut sein soll.

Das Bild, das sich dem Betrachter bei dem beispielhaften Überblick über die Terminologie in Resolutionen des SR bietet, ist nicht einheitlich. Wenn der SR in Anwendung bestimmter Satzungsvorschriften handeln will, dann gibt er dies deutlich zu erkennen (z. B. Rhodesien). In aller Regel vermeidet der SR jedoch auch in der Wortwahl mit Absicht den Bezug auf den Tatbestand und die Rechtsfolgen von Vorschriften der Satzung. Diese Erscheinung hat ihre Ursache in dem durch die Abstimmungsvorschriften erforderlichen Konsens der Mitglieder des SR[192]. Der Zwang zur Einstimmigkeit der ständigen Mitglieder führt bei unterschiedlicher politischer Bewertung eines Konfliktes

---

[185] s. u. S. 144.

[186] SC Res. 135 (1960), 286 (1970), 290 (1970).

[187] SC Res. 182 (1963), 329 (1973).

[188] SC Res. 199 (1964).

[189] Jiménez de Arechaga, Voting, S. 149.

[190] SC Res. 169 (1961).

[191] SC Res. 126 (1957).

[192] Bailey, S., Voting, S. 34; Emilianides, Forces, S. 153; Murray, Peace-Keeping, S. 449; Rosner-Lande, Effectiveness, S. 168; Schachter, Relation, S. 217; Higgins, Compliance with United Nations Decisions on Peace and Security and Human Rights Questions, in: Schwebel, Effectiveness, S. 42; Seyersted, UN Forces, S. 62; v. Siegler, Bilanz, S. 26 f.; Calvocaressi, The Politics of Sanctions: The League and the United Nations, in: Segal, Sanctions, S. 61.

notwendigerweise zur Distanz vom Wortlaut der Satzung. Denn wenn ein ständiges Mitglied die Anwendung des Kap. VII und ein anderes die des Kap. VI erstrebt, so läßt sich eine Einigung nur finden, indem der Konflikt unter Termini zwischen Kap. VI und VII subsumiert wird, die oftmals gerade und nur für den betreffenden Fall gebildet werden. Kennzeichen derartiger Termini ist, daß sie sich in den Normen der Satzung nicht finden. Die Konsequenz dieses Verfahrens ist, daß auch die Rechtsfolgen der Satzung nicht mehr angewandt werden. Anstatt konkreter Handlungsanweisungen enthalten die Resolutionen oftmals eine — verbal — radikale Verurteilung bestimmter Handlungen und Zustände. Auffallend häufig werden Handlungsanweisungen mit dem Begriff „call" eingeleitet, der so flexibel ist, daß er sowohl Maßnahmen gem. Kap. VI als auch Zwangsmaßnahmen gem. Kap. VII einleiten kann. Der SR kann sich der Behandlung von Konflikten nur in begrenztem Umfang entziehen. Die teilweise sich deckende Interessenlage der Großmächte (bei Beibehaltung der politischen Gegensätze), der Druck der internationalen „öffentlichen Meinung", der sich in Resolutionen der GV niederschlagen kann, zwingen den SR zur Stellungnahme. Auf der anderen Seite führen wirtschaftliche, militärische und politische Interdependenzen zwischen ständigen Mitgliedern des SR und potentiellen Adressaten der Resolutionen dazu, daß nur eine „halbherzige" Behandlung des Konfliktes erstrebt wird[193]. Die Distanz zur Satzung wird noch deutlicher, wenn man die Rezitierung von Resolutionen durch den SR mit in die Analyse einbezieht.

3. Rezitierung von Resolutionen durch den SR

Fast alle Resolutionen des SR enthalten die teils pauschale, teils spezifizierte Bezugnahme auf früher verabschiedete Entschließungen. Dabei fällt zunächst auf, daß immer nur Resolutionen, die zu demselben Konflikt beschlossen wurden, rezitiert werden. Querverbindungen — etwa die Anwendung der Grundsätze von ONUC auf UNFICYP — lassen sich in bezug auf Resolutionen des SR nicht nachweisen. Dagegen findet sich die Bezugnahme auf Resolutionen der GV in Entschließungen des SR zu verschiedenen Konflikten. Auch hieran erweist sich die Problembezogenheit der Resolutionen der GV und die Situationsbezogenheit der des SR: Eine Resolution wie „Declaration on the Granting of Independence to Colonial Countries and Peoples" (1654 [XVI]) ist wegen ihrer Relevanz für den Kolonialismus auch vom SR

[193] Vgl. die Äußerung Rossides' (Zypern) anläßlich der neuen Kämpfe auf Zypern: „‚Requests' became ‚calls'; ‚calls' became ‚demands'; and ‚demands' became ‚insists'; but the resolution remained in each case inoperative." (UN Monthly Chronicle 1974 No. 8 S. 61.)

sowohl auf Namibia und Südrhodesien als auch auf die portugiesischen Kolonien anwendbar. Vergleichbare Resolutionen hat der SR jedoch wegen seiner beschränkten Aufgabenstellung — von wenigen Ausnahmen abgesehen[194] — nicht verabschiedet. Interessant ist, daß in den Resolutionen, die die Anwendung von Zwangsmaßnahmen vorbereiteten bzw. beinhalteten, der Bezug auf Resolutionen der GV fast vollständig verdrängt wurde. Eine Ausnahme bildet lediglich die Resolution 253 (1968), in der die Resolution 2262 (XXII) allerdings lediglich zur Kenntnis genommen wird. Wenngleich die Meinungsäußerungen im SR keinen Grund hierfür angeben, so darf doch vermutet werden, daß die ausschließliche Zuständigkeit des SR für die Verhängung von Zwangsmaßnahmen betont werden sollte. Zu einer besonders weitgehenden Rezitierung kam es anläßlich der UN-Aktionen im Kongo[195] und auf Zypern[196]. In den Zypern-Resolutionen kam es auch zum ersten Mal zur Aufnahme eines Konsenses in den Katalog der rezitierten Entschließungen[197].

Die Funktion der Rezitierung war je nach der Art des zu regelnden Konfliktes unterschiedlich. Sie soll in Abgrenzung zu der Bedeutung der Rezitierung in der Praxis der GV untersucht werden.

Bleicher konnte bei seiner Analyse der Entschließungen der GV von folgenden quantitativen Aspekten ausgehen:

„1,149 resolutions, just over half of the 2,247 passed in the first twenty-one sessions of the General Assembly, refer to previous resolutions, and the cited resolutions have been invoked an average of 2.68 times ... Resolutions 1514 (XV) was cited in 95 subsequent resolutions in the first six sessions following its passage, and Resolution 217 (III) was cited 75 times in its first nineteen years[198].“

Am häufigsten wurden diejenigen Resolutionen rezitiert, die die Ziele und Zwecke der SVN näher umrissen und allgemeine politische Programme enthielten[199]. Die — beabsichtigte — Zielsetzung dieser Praxis der GV ist es, dem ihr zustehenden Handlungsmittel „Empfehlung“ mehr Gewicht zu verleihen, indem durch Empfehlungen ein Bei-

[194] s. u. Fn. 201 dieses Abschnitts.

[195] Vgl. dazu Castaneda, Legal Effects, S. 74.

[196] Vgl. SC Res. 349 (1974).

[197] SC Res. 194 (1964), 198 (1964) und 364 (1974).

[198] Bleicher, Legal Significance, S. 444; detaillierte quantitative Angaben ebendort, S. 455 ff.

[199] Vgl. Bleicher, Legal Significance, S. 458 ff.; es handelt sich um die Resolutionen 217 (III) „The Universal Declaration of Human Rights“, 1514 (XV) „Declaration on the Granting of Independence to Colonial Countries and Peoples“, 1654 (XVI) „The Situation with Regard to the Implementation of the Declaration on the Granting of Independence to Colonial Countries and Peoples“; eine thematische Sonderstellung nimmt die Res. 749 (VIII) „Question of South West Africa“ ein.

trag zur Rechtsetzung geleistet werden soll[200]. Das Bestreben der GV, zur Schaffung von Völkerrecht beizutragen, muß vor dem Hintergrund ihrer Funktion betrachtet werden. Art. 10, 11, 13 und 14 geben ihr zwar die Kompetenz, sich mit allen Fragen, die in den Zuständigkeitsbereich eines Organs oder „den Rahmen der Charta" fallen, zu beschäftigen und Empfehlungen in diesen Bereichen abzugeben. Diese thematisch weitgehenden Kompetenzen stehen jedoch unter den einschneidenden Vorbehalten der Art. 11 Abs. 2 Satz 2 und 12, die dazu führen, daß die GV problemorientiert handeln kann, während der SR fast ausnahmslos situationsorientiert handelt[201]. Die Problemorientierung der GV schlägt sich nieder in dem allgemeinen Charakter der Resolutionen, die sich gerade deshalb zur häufigen Rezitierung eignen.

Für den SR fehlt es an Vorschriften, die Art. 10, 11 Abs. 1, 13 ähneln. Anknüpfungspunkt seiner Handlungen ist jeweils eine bestimmte Situation zwischen streitenden Parteien, kein „Problem", das sowohl zwischen den Staaten A und B, als auch M und N und X und Y besteht. Daher erschöpft sich die Aussagekraft seiner Resolutionen in der Stellungnahme zu dem einzelnen Konflikt. Aus der Behandlung eines Grenzkonfliktes zwischen Israel und Ägypten lassen sich keine Rückschlüsse auf die Stellung des SR zu kriegerischen Auseinandersetzungen allgemein ableiten. Der SR schafft noch nicht einmal Präjudizien. Präjudizien können nur geschaffen werden, wenn Rechtsnormen auf einen Konflikt hin konkretisiert werden. Entzieht sich jedoch das Handeln des die Normen anwendenden Organs[202] der rechtlichen Verortung in der Satzung, so ist die Schaffung von Präjudizien schon theoretisch unmöglich. Die Rezitierung früherer Resolutionen kann daher nicht — wie in der GV — die Funktion haben, zur Schaffung von Völkerrecht beizutragen.

Aus der Zielsetzung des SR — „um ein schnelles und wirksames Handeln der Vereinten Nationen zu gewährleisten" — folgt die intendierte Konkretheit der Resolutionen des SR. Die insoweit zu fordernde Operationalität gefährdet jedoch den zur Verabschiedung der Resolution erforderlichen Konsens. Unter gleichzeitiger Berücksichtigung des unbestimmten Wortlauts der früheren Resolutionen führt die Rezitie-

---

[200] Vgl. Bleicher, Legal Significance, S. 445 ff.; Higgins, Lawmaking, S. 38 f., 42 f.; Asamoah, Declaration, S. 58; Schwelb, Fortentwicklung, S. 46 f.; Malintoppi, Raccomandazioni, S. 323 f.; Rosner-Lande, Effectiveness, S. 163.

[201] Eine Ausnahme bilden die Res. 135 (1960), die die Verbesserung der Zusammenarbeit der Großmächte anbetraf, die Res. 286 (1970) und der Konsens vom 20. 6. 1972, die zu Maßnahmen gegen die Entführung von Zivilflugzeugen aufriefen und die Res. 330 (1973), die die Ausübung wirtschaftlichen Drucks auf lateinamerikanische Länder verurteilte.

[202] Und zwar sowohl was das Willensbildungsverfahren als auch das Ergebnis des Willensbildungsprozesses anbetrifft.

rung dazu, daß auch bei dem zu verabschiedenden Resolutionsentwurf interpretatorische Differenzen und damit zugleich unterschiedliche Auffassungen über die Anwendung der Resolution möglich werden. Ein Beispiel hierfür bietet die Res. 338 (1973)[203]. In ihr wurde die Forderung nach einem Waffenstillstand verbunden mit dem Aufruf:

„Call upon the parties concerned to start immediately after the cease-fire the implementation of Security Council resolution 242 (1967) in all of its parts."

Die Auslegung der Resolution 242 ist jedoch wegen des differierenden Wortlauts der englischen und französischen Fassung außerordentlich strittig[204]. Durch die Formulierung „in all of its parts" — also auch gerade des strittigen Teils — wird die Meinungsverschiedenheit über die Auslegung in die nun verabschiedete Resolution übertragen. Ohne Übertreibung läßt sich formulieren, daß erst die Unbestimmtheit der in Bezug genommenen Resolution die Verabschiedung der Waffenstillstandsforderung ermöglichte.

Ein weiteres Beispiel für diese Funktion der Rezitierung bietet die Resolution 301 (1971), in der der SR zu dem IGH-Gutachten „Legal Consequences" Stellung bezog. Der amerikanische Delegierte betonte, daß die Zustimmung zu dieser Resolution nicht als Billigung der darin rezitierten Resolutionen, bei deren Verabschiedung sich die USA der Stimme enthalten hatte, verstanden werden dürfe[205]. Er setzt sich damit in Widerspruch zum Text der Resolution 301 (1971), die die rezitierten Resolutionen ausdrücklich bekräftigt. Demgegenüber äußerte der sowjetische Vertreter, daß eine Beschlußfassung über die Resolution 301 (1971) wenig „fruitful" wäre, wenn nicht zugleich herausgestellt würde, welche Aktionen der SR bereits unternommen hat[206].

Die möglichen interpretatorischen Differenzen werden noch größer in den Fällen, in denen der SR keinen Bezug zu bestimmten Resolutionen herstellt, sondern lediglich auf die vorangegangenen Entschließungen verweist.

Die Möglichkeit der unterschiedlichen Interpretation muß allerdings nicht in jedem Fall zu Differenzen bei der Anwendung führen. So lange die politische Übereinstimmung im Hinblick auf die Durchführung einer Aktion besteht, wirkt sie sich nicht aus. Falls jedoch der politische Kompromiß, der der Beschlußfassung des SR zugrunde liegt, zerbricht, bewirkt die Rezitierung bei gleichzeitig unbestimmtem Wortlaut, daß

[203] Und die Res. 339 (1973), 340 (1973), 346 (1974), 350 (1974), 363 (1974), die ihrerseits Bezug auf die Res. 338 (1973) nehmen.

[204] Vgl. Döll, Rückzug, S. 55 f.

[205] UN Monthly Chronicle Nov. 1971 S. 32.

[206] UN Monthly Chronicle Nov. 1971 S. 32.

die politische Uneinigkeit sich auch auf der rechtlichen Ebene, d. h. bei der Auslegung der Resolutionen, durchsetzen kann.

In einigen Fällen erfüllt die Rezitierung die Aufgabe, einen tatsächlichen oder nur vorgetäuschten „Droheffekt" in bezug auf den Adressaten der Resolution zu erreichen. Auf der einen Seite wird bewußt vermieden, die Erfüllung des Art. 39 festzustellen, auf der anderen Seite wird durch den Bezug auf frühere Konflikte zwischen den beteiligten Staaten angedroht, daß der verabschiedeten Resolution beim nächsten Konfliktsfall Zwangsmaßnahmen folgen werden. Als Beispiel sei auf die Diskussion um die Resolution 111 (1956) verwiesen[207]. Der „Droheffekt" dieser Resolution hinderte Israel, Frankreich und Großbritannien nicht, den Angriff auf Ägypten gemeinsam vorzubereiten. Mit ihm wurde lediglich das Ziel verfolgt, dem erheblich weitergehenden syrischen Entwurf im Ton entgegenzukommen, ihn in der Sache jedoch abzublocken.

Der Hang zur Rezitierung erklärt sich schließlich aus der mangelnden rechtlichen Verortung der Entschließungen des SR. Die Entschließungen des SR lassen in der Regel nicht erkennen, welche Tatbestand und welche Rechtsfolge ihnen zugrunde liegt. Statt dessen beruft sich der SR auf früher gefaßte Resolutionen. Der SR schafft sich ein Netz von formellen und informellen[208] Willensbekundungen, das die Frage nach der Berechtigung des SR, sich mit einem Konflikt in der gewählten Weise zu befassen, mit fortschreitender Zeit immer mehr überlagert. Dieser Handlungsrahmen besteht nicht aus Rechtssätzen allgemeiner Natur wie z. B. der Normen der Kap. VI und VII. Er ist vielmehr ausschließlich auf den jeweiligen Konflikt hin orientiert und will die Schaffung von Präjudizien gerade ausschließen, um dem Gebot der Gleichbehandlung gleichgelagerter Konflikte zu entgehen. Dies zeigt sich auch daran, daß der SR in allen referierten Fällen Bezug nur auf die Resolutionen nimmt, die anläßlich desselben Konfliktes verabschiedet wurden.

Sowohl die mangelnde rechtliche Verortung der Resolutionen als auch ihr häufig unklarer Wortlaut und der Hang zur Rezitierung haben ihren Ursprung in dem Zwang zur Einstimmigkeit der ständigen Mitglieder des SR. Er wurde virulent, als die zum Zeitpunkt der Gründung der VN noch vorhandene Bereitschaft der ständigen Mitglieder zur Zusammenarbeit einer weltweiten Konfrontation Platz machte, blieb jedoch bestehen, nachdem die beiden „Supermächte" sich erneut zu einer begrenzten Zusammenarbeit entschlossen. Denn die Konfliktsituation, auf die das Handlungssystem des SR „zugeschnitten"

---

[207] s. o. S. 129 f.

[208] s. u. E. III. 2.

war, trat nicht ein. Es gab keine internationale Spannungslage, bei der ein Staat, der nicht zu den ständigen Mitgliedern des SR zählte, sowohl die USA als auch die UdSSR bedrohte und die übereinstimmende Bedrohung die bestehenden Interessendifferenzen überspielte. Statt dessen war der SR gezwungen, Stellung zu Konflikten zu beziehen, bei denen die ständigen Mitglieder mit unterschiedlichen Interessen involviert waren.

III. Das Einstimmigkeitsprinzip als Ursache der rechtlichen Unbestimmtheit von Resolutionen des SR

Die Distanz des SR zur Satzung hat ihre Ursache in seinem Abstimmungsverfahren, insbesondere im Einstimmigkeitsprinzip. Schon während der Verhandlungen in San Francisco zeigte sich, daß das übereinstimmende Verhalten der drei Großmächte USA, UK und UdSSR nur durch den gemeinsamen Kampf gegen Deutschland, Italien und Japan bewirkt wurde. Mit dem Ende des 2. Weltkriegs traten die unterschiedlichen Interessenlagen dieser Mächte wieder in den Vordergrund. Da das Abstimmungsverfahren des SR in allen wesentlichen Punkten die Einstimmigkeit der ständigen Mitglieder vorschreibt, konnte durch die Uneinigkeit der Großmächte die Arbeit des SR lahmgelegt werden. Um diesen Zustand zu vermeiden, setzten schon in der Frühzeit der VN Versuche ein, Art. 27 umzudeuten. Diese Bestrebungen haben sich bis in die Gegenwart fortgesetzt, wobei neben das formelle Abstimmungsverfahren informelle Formen der Willensbildung traten.

1. Umdeutung des Art. 27

Die Diskussion um eine Änderung des Abstimmungsverfahrens im SR setzte schon kurz nach der Gründung der VN ein und beschäftigte mehrere Jahre lang die GV und den SR bzw. verschiedene von ihnen eingesetzte Kommissionen[209]. Dabei schälten sich zwei im Hinblick auf das Thema relevante Fragen als zentral heraus: die Bedeutung der Stimmenthaltung und der Abwesenheit eines ständigen Mitglieds des SR.

a) Stimmenthaltung

Daß die Gleichsetzung von Stimmenthaltung und Zustimmung dem Wortlaut des Art. 27 nicht entspricht, wird nicht bestritten[210]. Schon

[209] Gross, L., Voting, S. 218 ff.; Bailey, S., Voting, S. 48 ff.; Bentwich / Martin S. 66 f.

[210] Einhellige Ansicht: Vgl. Broms, Doctrine, S. 256; Brugière, Droit de Veto, S. 139; Engel, Revision, S. 137; Evatt, Task, S. 51; Green, Security Council, S. 101; Gross, L., Voting, S. 224; Jiménez de Arechaga, Derecho,

kurz nachdem der SR seine Arbeit aufgenommen hatte, setzte sich jedoch die zunächst noch umstrittene[211], nach kurzer Zeit aber kaum noch angezweifelte Praxis durch[212], daß die freiwillige Stimmenthaltung eines ständigen Ratsmitgliedes die Beschlußfassung über nichtprozedurale Anträge nicht ausschloß. Von der Möglichkeit der freiwilligen Stimmenthaltung haben die ständigen Ratsmitglieder mittlerweile häufig Gebrauch gemacht[213]. In der Frühzeit des SR beugten die ständigen Mitglieder dabei noch der Schaffung von Präzedenzfällen vor, indem sie ausdrücklich betonten, es solle keine allgemeine Regel aufgestellt werden[214]. Dieser Vorbehalt wurde jedoch bei späteren Stimmenthaltungen nicht mehr wiederholt. Ebenso wurde nur in der Frühzeit des SR das Argument vorgetragen, es müsse dem sich der Stimme enthaltenden Staat vorbehalten bleiben, wie die Stimmenthaltung zu werten sei[215].

Diejenigen, die diese Praxis des SR für rechtmäßig halten, berufen sich in aller Regel darauf, die Charta sei durch die Übung der Mitgliedstaaten im Hinblick auf die Effektivität des SR weiterentwickelt worden[216]. Doch auch nachdem die Praxis der freiwilligen Stimmenthal-

---

S. 238; Laurent, Charter, S. 365; Preux, Le droit de veto, S. 175; Schaeffer, Veto, S. 32; Schwarz-Liebermann, Mehrheitsentscheidung, S. 148; Stone, Legal Controls, S. 206; Wilcox, Charter, S. 6; ders., Unanimity, S. 56.

[211] Argentinien bezweifelte bei der Einsetzung der Kaschmir-Kommission die Praxis, ohne daraus Konsequenzen zu ziehen (vgl. Brugière, Droit de Veto, S. 137); die gleichen Bedenken erhob es bei der Aufnahme Israels (Stone, Legal Controls, S. 205; Sohn, Cases, S. 105 f.) und Portugals (Gross, L., Voting, S. 223 f.). Anläßlich der Aufnahme Israels sind Zweifel auch in der GV geltend gemacht worden (Gross, L., Voting, S. 220; Sohn, Cases, S. 106 ff.).

[212] Vgl. Brugière, Droit de Veto, S. 136 f.; Bailey, S., Voting, S. 69 f.; Stone, Legal Controls, S. 204 f.; Stavropoulos, Abstention, S. 742 ff.; Goodrich / Hambro / Simons S. 230 f.; vgl. auch UN Rep. II S. 81 f., 97 ff.; SC Rep. 52/55 S. 68, 110; SC Rep. 56/58, S. 64; SC Rep. 59/63, S. 95 f.; SC Rep. 64/65, S. 63 f. Die Gleichsetzung von Stimmenthaltung und Veto wurde von Südafrika und Portugal anläßlich der Verhängung der Zwangsmaßnahmen im Zusammenhang mit Rhodesien erneut vertreten, vgl. Stavropoulos, Abstention, S. 737.

[213] Bis 1966 264mal, vgl. die detaillierte Aufstellung bei Stavropoulos, Abstention, S. 743 f.; Bailey, S., Voting, S. 71 f.

[214] Frankenstein, Conflit coréen, S. 30; Green, Security Council, S. 101; Stone, Legal Controls, S. 205.

[215] Day, Le droit de veto, S. 126 f.; von der Möglichkeit, seine Stimmenthaltung als Veto zu werten, hat freilich kein ständiges Mitglied jemals Gebrauch gemacht.

[216] Evatt, Task, S. 51; Goodrich, Korea, S. 141; Green, Security Council, S. 101; Höhne / Rose, Handbuch, S. 29; Jiménez de Arechaga, Voting, S. 21; ders., Derecho, S. 259; Korowicz, Organisations, S. 196; Laurent, Charter, S. 365; Mahnke, Völkerrechtsgemeinschaft, S. 91; Schaeffer, Veto, S. 33 f.; Schwarz-Liebermann, Mehrheitsentscheidung, S. 147; Stavropoulos, Abstention, S. 747; Amerasinghe, Expenses Case, S. 207 f.; Bentwich / Martin S. 68; Broms, Doctrine, S. 256 f.; Castro, Veto, S. 82; Tunkin, Droit International Public, 1965, S. 94 f., zit. bei: Stavropoulos, Abstention, S. 747; Bailey, S., Voting, S. 69.

tung sich im SR eingebürgert hatte, wurde von einigen Autoren die Ansicht aufrechterhalten, eine Stimmenthaltung sei gleich einem Veto zu werten[217]. Diese Stimmen stammen allerdings fast ausschließlich aus der Frühzeit der VN. In der Gegenwart wird diese Ansicht nur noch von Portugal und Südafrika vertreten[218]. Auch der IGH hat unter Berufung auf die Praxis des SR den Standpunkt geteilt, eine Stimmenthaltung sei nicht gleich einem Veto zu bewerten[219].

Die Umdeutung des Art. 27 kann nach Ansicht von E. Gross nicht ohne Auswirkung auf Art. 25 bleiben:

„... abstention by permanent members in voting on such decision (i. e. eine Entscheidung gem. Kap. VII) may change or, to use a stronger word, frustrate the political basis for the action by the Security Council, particularly if abstention is followed by inaction by the permanent members ... This in itself could appear to justify the conclusion that decisions of the Security Council particularly under Chapter VII should be regarded as permissive rather than legally binding“[220].

Diese Auslegung vernachlässigt jedoch, daß die Stimmenthaltung — und auch die noch zu erörternde Nichtteilnahme an der Abstimmung — keine Ablehnung der jeweils zu verabschiedenden Resolution beinhaltet. Der sich der Stimme enthaltende Staat bringt vielmehr regelmäßig zum Ausdruck, daß er den Inhalt der Resolution toleriert. Doch selbst wenn ein ständiges Mitglied des SR eine bindende Entscheidung nicht beachtet, so kann diese Argumentation nicht durchgreifen, denn die Vertragsverletzung durch eine Partei kann nicht dazu führen, daß auch die anderen Parteien von ihren Verpflichtungen befreit sind. Im übrigen hängt die Effektivität beschlossener Zwangsmaßnahmen von vielen, nur anhand des konkreten Falles wägbaren Faktoren ab. Die Stimmenthaltung bzw. Inaktivität eines ständigen Ratsmitgliedes ist nur einer dieser Faktoren[221].

---

[217] Frankenstein, Conflit coréen, S. 30; Kelsen, Organization, S. 1098; Brugière, Droit de Veto, S. 139 ff.; Day, Le droit de veto, S. 126 f.; Stone, Legal Controls, S. 207 f.

[218] Als der SR Sanktionen gegen Rhodesien verhängte, bezweifelten Portugal und Südafrika die Ausdehnung der anhand von Problemen aus Kap. VI entwickelten Umdeutung des Art. 27 auf Kap. VII (Stavropoulos, Abstention, S. 738, 747 ff.). Abgesehen davon, daß diese Differenzierung im Wortlaut keine Stütze findet, ist darauf hinzuweisen, daß — zumindest nach Ansicht einiger ständiger Ratsmitglieder — auch schon früher Resolutionen gem. Kap. VII bei Stimmenthaltungen ständiger Mitglieder gefaßt wurden (Stavropoulos, Abstention, S. 748 ff.).

[219] ICJ „Legal Consequences“ ICJ Reports 1971 S. 22; ICJ „Legal Consequences“ ICJ Reports 1971 S. 185 f. (sep. op. de Castro).

[220] Gross, E., Voting, S. 331 f.

[221] Als historisches Beispiel mag die Aktion in Korea dienen: Sie kam gegen den Willen eines ständigen Ratsmitglieds und trotz der Passivität (Stimmenthaltung, Nichtteilnahme an der Abstimmung) von 3 gewählten Ratsmitgliedern zustande (Ägypten, Indien, Jugoslawien). Obgleich sie fast

b) Abwesenheit eines ständigen Ratsmitgliedes

Bei der Behandlung des russisch-iranischen Konfliktes nahm der Vertreter der UdSSR an drei Sitzungen des SR nicht teil, nachdem sein Vorschlag auf Vertagung abgelehnt worden war[222]. Dennoch tagte der SR weiter, faßte jedoch ausdrücklich nur Beschlüsse prozeduraler Natur, da diese mit den Stimmen von sieben beliebigen Ratsmitgliedern angenommen werden konnten[223]. Auch zwischen der 462. und 480. Sitzung vom 17. 1. 1950 bis zum 1. 8. 1950 nahm der sowjetische Vertreter nicht an den Sitzungen des SR teil, um dagegen zu protestieren, daß Taiwan an Stelle der VR China einen ständigen Sitz im SR innehatte[224]. Während dieser Zeit wurden Resolutionen hinsichtlich der Abrüstung[225], des Kaschmir-Konfliktes[226] und schließlich auch des Korea-Krieges verabschiedet[227]. Der sowjetische Vertreter rügte verschiedentlich die Unrechtmäßigkeit dieser Resolutionen mit dem Hinweis auf die Abwesenheit der VR China und der SU[228]. Er drang jedoch mit dieser Rüge bei den übrigen Ratsmitgliedern nicht durch[229].

Die überwiegende Ansicht wertet die Abwesenheit wie die freiwillige Stimmenthaltung und gelangt so zur Rechtmäßigkeit der in Abwesenheit eines ständigen Mitgliedes verabschiedeten Resolutionen[230]:

„Si l'abstention est déjà reconnue comme n'ayant aucun influence sur la validité du vote au C. S., l'absence, a plus forte raison, devrait être reconnue comme telle aussi[231]."

Die gegenteilige Ansicht[232] basiert auf der Überlegung, daß die Stimmenthaltung nur deshalb nicht als Veto aufzufassen sei, weil sie

---

ausschließlich von den USA getragen wurde, gelang es, effektive Zwangsmaßnahmen durchzuführen.

222 Vgl. UN Rep. II S. 82; Day, Le droit de veto, S. 129 f.; Green, Security Council, S. 104; Gross, L., Voting, S. 245 f.; Jiménez de Arechaga, Voting, S. 23; Schaeffer, Veto, S. 35 f.

223 Vgl. Day, Le droit de veto, S. 129 ff.

224 Vgl. UN Rep. II S. 82 f.

225 SC Res. 79 (1950); 81 (1950).

226 SC Res. 80 (1950).

227 SC Res. 82 (1950), 83 (1950), 84 (1950), 85 (1950).

228 Jiménez de Arechaga, Voting, S. 24; Garanin, Völkerrecht, Heft 1 S. 86; Korowin, Grundprinzipien, S. 5 f.

229 Jiménez de Arechaga, Voting, S. 25; Green, Security Council, S. 106; Day, Le droit de veto, S. 134 f.; Jiménez de Arechaga, Derecho, S. 263.

230 z. B. Jiménez de Arechaga, Derecho, S. 262; ders., Voting, S. 24; Schaeffer, Veto, S. 38. Für die Gleichsetzung von Abwesenheit und Stimmenthaltung bei Fehlen eines gewählten Mitglieds des SR gibt es in der Praxis des SR ein Präjudiz: Bei der Verabschiedung der Resolution Nr. 63 vom 24. 12. 1948 war der Vertreter der Ukrainischen SSR nicht anwesend, worauf „the President ruled that he should be counted as having abstained". (SCOR 2nd Year 392nd Meeting S. 30.)

231 Korowicz, Organisations, S. 196.

als stillschweigende Zustimmung — „consent in disguise“[233] — ausgelegt werden könne. Bei der Abwesenheit sei dies insbesondere dann nicht möglich, wenn der abwesende Staat zuvor die Rechtswidrigkeit aller in Zukunft gefaßten Entscheidungen reklamiert habe. Doch auch wenn man dem Argument der mangelnden Vergleichbarkeit von Abwesenheit und Stimmenthaltung folgt, ergibt sich eine andere Konsequenz: Die Frage nach der Wirkung einer freiwilligen Stimmenthaltung zielt darauf, ob eine Resolution die notwendige Stimmenmehrheit erhalten hat; die nach der Wirkung der Abwesenheit hingegen darauf, ob eine Resolution verabschiedet werden durfte. Während im ersten Fall die Beschlußfähigkeit des SR vorausgesetzt wird, ist sie im zweiten Fall gerade strittig. Weil weder die Satzung noch die Geschäftsordnung des SR Regelungen über ein Quorum enthalten, kann gefolgert werden, daß alle Mitglieder des SR anwesend sein müssen, damit der SR beschlußfähig ist[234]. In der Praxis der VN ist jedoch das Quorum auf die jeweils notwendige Abstimmungsmehrheit beschränkt worden[235]. Da nach der Praxis des SR zur Beschlußfassung nicht die ausdrückliche Zustimmung aller ständigen Mitglieder erforderlich ist, läßt sich folgern, daß die Abwesenheit eines ständigen Mitgliedes die Beschlußfähigkeit des SR nicht beeinträchtigt[236]. Das Problem ist indessen gegenwärtig nicht mehr von praktischer Bedeutung, da die Mitglieder des SR an den Sitzungen teilnehmen.

c) *Nichtteilnahme an der Abstimmung*

Als Zwischenstufe von Abwesenheit und freiwilliger Stimmenthaltung hat sich die Nichtteilnahme an der Abstimmung herausgebildet. Australien nahm an der Verabschiedung der SC Res. 3 (1946) nicht teil; ebenso verhielt sich Großbritannien bei der Abstimmung über die SC

---

[232] Gross, L., Voting, S. 248 f.; Stone, Legal Controls, S. 211; Day, Le droit de veto, S. 134.

[233] Gross, L., Voting, S. 253.

[234] Kelsen, UN Law, S. 244; Day, Le droit de veto, S. 130; Green, Security Council, S. 104; Gross, L., Voting, S. 245; Karaosmanoglu, Les actions, S. 241; Stone, Legal Controls, S. 207 ff.; Preux, Le droit de veto, S. 172.

[235] Kelsen, UN Law, S. 244 f., 940; Day, Le droit de veto, S. 130 f.; Gross, L., Voting, S. 245 f.; Stone, Legal Controls, S. 209 f.; Preux, Le droit de veto, S. 172 f.

[236] Um die Rechtmäßigkeit der bei Abwesenheit eines ständigen Mitgliedes beschlossenen Entscheidungen zu begründen, wird auch darauf verwiesen, daß der abwesende Staat seine Pflicht aus Art. 28 Abs. 1 verletzt hat (vgl. Day, Le droit de veto, S. 134 ff.; Schwarz-Liebermann, Mehrheitsentscheidung, S. 148; Stone, Legal Controls, S. 209). Indessen hat der IGH in seinem Gutachten „Interpretation of Peace Treaties (2nd phase)“ (ICJ Reports 1950 S. 221 ff.) ausgeführt, daß der Bruch vertraglicher Verpflichtungen durch eine Partei die andere nicht ohne weiteres ermächtige, die zur Verwirklichung des Vertragszieles notwendigen Schritte allein zu unternehmen (vgl. dazu auch Gross, L., Voting, S. 250 f.; Stone, Legal Controls, S. 207 f.).

Res. 22 (1947), in der der Streit über den Corfu-Kanal-Zwischenfall an den IGH verwiesen wurde[237]. Ägypten und Indien übten bei der Res. 83 (1950) ihr Stimmrecht nicht aus, da sie an der Rechtmäßigkeit der Resolution zweifelten. Pakistan stimmte über die Resolution 98 (1952) nicht mit ab, obgleich auch hier eine Stimmenthaltung gem. Art. 27 Abs. 3 ausgereicht hätte. Der französische Delegierte war zwar bei der Diskussion der Bizerta Krise 1961 anwesend, nahm jedoch an der Abstimmung nicht teil[238]. In der Gegenwart wird dieses Verfahren von dem Vertreter Chinas[239] und gelegentlich auch von dem des Irak[240] ausgenutzt, ohne daß die Rechtmäßigkeit der jeweiligen Resolution angezweifelt wird.

2. Abstimmung und informelle Willensbildung Resolutionen und andere Formen der Willensbekundung

Nach Art. 27 SVN, auf den die „Provisional Rules of Procedure" des SR lediglich verweisen[241], kann der Willensbildungsprozeß im SR nur beendet werden, indem festgestellt wird, welche Mehrheiten sich für einen Resolutionsentwurf finden, d. h. wenn über den Vorschlag abgestimmt wird. Zwar enthält der Wortlaut des Art. 27 nicht den Begriff „Abstimmung". Ausschließlich vom Wortlaut ausgehend, ist das Willensbildungsverfahren nur dadurch gekennzeichnet, daß zur Verabschiedung einer Willensbekundung eine bestimmte Mehrheit vorhanden sein muß. Auf welche Weise diese Mehrheit festgestellt wird, ist nicht ausdrücklich geregelt. Man kann jedoch davon ausgehen, daß die Abstimmung den Regelfall des Willensbildungsverfahrens darstellt. Darauf deutet auch Regel 30 der vorläufigen Geschäftsordnung des SR hin, wonach z. B. die Feststellung des Präsidenten, ein Vorschlag sei mangels Gegenstimme angenommen, durch eine „challenge" gekontert und damit eine formelle Abstimmung herbeigeführt werden kann. Dennoch haben sich in der Praxis des SR, wie auch der übrigen Organe[242], infor-

[237] Gem. Art. 27 Abs. 3 hätte es ausgereicht, daß das UK sich der Stimme enthielt.

[238] SC Rep. 59/63, S. 194.

[239] SC Res. 305 (1971), 309 (1972), 319 (1972), 323 (1972), 338 (1973), 339 (1973), 340 (1973), 341 (1973), 346 (1974), 347 (1974), 348 (1974), 350 (1974), 360 (1974), 362 (1974).

[240] 346 (1974), 347 (1974), 350 (1974), 362 (1974).

[241] Rule 40 (abgedruckt bei van Panhuys, S. 72).

[242] Zur informellen Willensbildung in der GV vgl. Charpentier, Procédure, S. 867; Flory / Tavenier, L'Année, S. 555 f.; Leichter, Krise, S. 42 f.; Chaumont, L'équilibre, S. 435; Goodrich / Hambro / Simons S. 170; Castaneda, Valeur juridique, S. 308 ff.; in Komitees der GV vgl. Lacharrière, Consensus, S. 10; Bastid, Droit International, S. 308; in Sonderorganisationen der VN vgl. Lacharrière, Consensus, S. 11; Jenks, Unanimity, S. 56; in anderen internationalen Organisationen vgl. Jenks, Unanimity, S. 57 f.

melle Verfahren entwickelt, die die Abstimmung teilweise ersetzt haben. Von den 1206 von 1946 bis zum 20. 8. 1959 verabschiedeten Resolutionen sind nur 835 durch eine Abstimmung gefaßt worden. Die restlichen 371 Entschließungen sind auf informelle Art verabschiedet worden[243]. Dabei lassen sich zwei Formen informeller Willensbildung unterscheiden: Konsensbildung und „decision without a vote".

Eine entsprechende Entwicklung läßt sich auch für den Bereich der Willensbekundung feststellen. Zwar enthält die Satzung keine Vorschrift für die Form der Willensbekundung des SR[244]. Doch ist in der Praxis die Resolution als „Prototyp" der Willensbekundung gebräuchlich, von dem nur in besonderen Situationen abgewichen wird. Daneben haben sich Konsens und Statement des Präsidenten als weitere Formen der Willensbekundung herausgebildet.

Die Praxis des SR läßt auf eine doppelte[245] Bedeutung des Konsenses schließen: Zum einen kennzeichnet er ein bestimmtes Ergebnis des Willensbildungsprozesses, zum anderen das Verfahren der Willensbildung selbst. Um dieser doppelten Bedeutung gerecht zu werden, soll im folgenden von Konsens immer dann gesprochen werden, wenn die Willensbekundung des SR gemeint ist, während durch Konsensbildung das Willensbildungsverfahren bezeichnet wird.

a) Konsens und Statement

Konsens und Statement des Präsidenten werden in der Praxis des SR nicht klar getrennt. Vielmehr kommt es häufig vor, daß der Präsi-

---

[243] Zahlen nach Goodrich / Hambro / Simons S. 222.

[244] Für die Unterscheidung zwischen Resolutionen und anderen Formen der Willensbekundung ist Art. 27 SVN nicht einschlägig, da er nur den Willensbildungsprozeß betrifft. Jedoch ergeben sich hinsichtlich der Ursachen und Konsequenzen der informellen Willensbildung und der Formen der Willensbekundung Zusammenhänge, die eine geschlossene Darstellung geboten erscheinen lassen.

[245] Daneben wird der Begriff noch verwandt, um den Grad der Zustimmung zu Resolutionen zu messen, die in formeller Weise verabschiedet werden (vgl. dazu Tandon, Consensus, S. 254 ff.; Asamoah, Declarations, S. 69 f.). Insoweit ist er von besonderer Bedeutung für Resolutionen der GV, die bei Stimmengewichtsgleichheit aller Mitgliedstaaten grundsätzlich mit Mehrheit verabschiedet werden können (vgl. Tandon, ebd., Asamoah, ebd.). Soweit in der GV vom Konsens Gebrauch gemacht wird (vgl. dazu Castaneda, Valeur juridique, S. 308 ff.), geht es regelmäßig darum, eine über die gem. Art. 18 SVN erforderliche Mehrheit hinausgehende Zustimmung zu erreichen, um die Durchführung oder Beachtung der Resolution zu sichern (vgl. Castaneda ebd.). Im SR werden durch die Vermeidung der Abstimmung über einen Resolutionsentwurf regelmäßig Meinungsverschiedenheiten zwischen den ständigen Mitgliedern überspielt. Wegen der erforderlichen Einstimmigkeit der Großmächte wird hier durch Konsens ein Abschluß des Willensbildungsprozesses überhaupt erst möglich. Daß der ausgesprochene oder zu erwartende Widerstand eines nichtständigen Mitgliedes den SR veranlaßt hat, von der Abstimmung über einen Resolutionsentwurf Abstand zu nehmen, läßt sich in keinem Fall nachweisen.

dent ein Statement abgibt, das die übereinstimmende Meinung der Mitglieder des SR enthält. Lediglich in seltenen Fällen enthält das Statement den Hinweis, daß es nur von einigen Mitgliedern des SR getragen wird[246].

1955 formulierte der Präsident des SR während des Nahost-Konfliktes einen Konsens, in dem er die Adressaten aufforderte, die zuvor gefaßten Resolutionen durchzuführen[247]. Gleichzeitig gab er zu erkennen, daß der SR keinen Anlaß für eine erneute Beschlußfassung in dieser Frage sah.

Am 9. 7. 1967 wurde ebenfalls anläßlich des Konfliktes im Nahen Osten durch den Präsidenten des SR ein Konsens vorgetragen, der unter Bezugnahme auf die Resolutionen des SR Nr. 233 bis 236 den GenSekr. ermächtigte, durch den Stabschef der UNTSO, General Odd Bull, die Bedingungen der Stationierung von militärischen Beobachtern entlang des Suez-Kanals mit den beteiligten Staaten ausarbeiten zu lassen[248]. Das Protokoll der Sitzung besagt nichts darüber, ob diesem Konsens informelle Beratungen vorausgingen.

Am 19. 4. 1972 formulierte der Präsident des SR nach vorangegangenen Konsultationen, in denen sich kein Widerspruch erhob, einen Konsens, der die Stationierung von UN-Beobachtern an der israelisch-libanesischen Grenze betraf[249].

Auch die technischen Einzelheiten der Neuaufstellung von UNEF nach dem „Oktoberkrieg" wurde durch ein „Statement representing the agreement of the members of the Council" beschlossen[250].

Bei der Behandlung der Unruhen in Zypern stellte der Präsident zwei Mal einen auch als solchen bezeichneten Konsens fest[251]. Der Inhalt der Konsense wurde bei beiden Gelegenheiten außerhalb der Sitzungen des SR ermittelt[252].

Anläßlich des Bürgerkrieges im Jemen wurde am 16. 8. 1966 durch den Präsidenten nach vorangegangenen informellen Konsultationen aller Ratsmitglieder ein Konsens formuliert, in dem die streitbeteilig-

---

[246] s. u. S. 154; in einem Fall enthält auch ein ausdrücklich als solcher bezeichneter Konsens den Hinweis auf die Unterstützung durch lediglich einen Teil der Mitglieder des SR (dazu s. u. Fn. 273 dieses Abschnitts).

[247] SC Rep. 52/55 S. 118.

[248] SC Rep. 66/68 S. 146.

[249] SCOR Supplement for April, May, June 1972, document S/10611.

[250] SCOR 28th Year, 1754th Meeting vom 2. 11. 1973. Der chinesische Delegierte betonte dabei, daß sein Land sich von dem Konsens distanziere.

[251] SC Rep. 64/65 S. 118; SC Rep. 66/68 S. 109.

[252] SC Rep. 64/65 S. 118; SC Rep. 66/68 S. 109.

ten Parteien aufgefordert wurden, die Spannungen abzubauen und der GenSekr. ermächtigt wurde, bei der Konfliktlösung zu vermitteln[253].

Bei der Behandlung des Problems der Flugzeugentführungen verabschiedete der SR am 20. 6. 1972 einen ausdrücklich als solchen gekennzeichneten Konsens[254].

Kurz bevor der SR in Anwendung der Uniting-for-Peace Resolution die Erörterung des Kongo-Konfliktes an die GV überwies[255], versuchte der Präsident des SR durch ein „statement ... interpreting the consensus of the Council“ den kleinsten gemeinsamen Nenner der Ansichten der SR-Mitglieder zu formulieren.

„In consideration of the decision to adjourn the meeting, as President of this Council, certain that I am interpreting the consensus of opinion around this table, I should like to stress how important it is, that in conformity with the letter and spirit of the Charter of the United Nations, no action should be taken by any party which might worsen the already very grave situation with which we are confronted in the Congo[256].“

Gegen diesen Teil des Statement erhob sich kein Widerspruch, ohne daß indessen in den nächsten Sitzungen eine inhaltsgleiche oder weiterführende Resolution verabschiedet wurde[257].

Am 12. 6. 1970 erklärte der Präsident des SR, die Mitglieder des SR befürworteten die Abhaltung periodischer Treffen, bei denen sie durch Regierungsmitglieder oder eigens dafür bestellte Delegierte vertreten werden sollten. Diesem Statement, das „the consensus of the views of the members of the Council“ enthielt, wurde ohne Stimmabgabe zugestimmt[258].

Die Ausführung der Resolution 295 (1971), in der die Entsendung einer „special mission“ nach Guinea beschlossen worden war, wurde durch ein Statement des Präsidenten präzisiert, das „the consensus of the Council“ ausdrückte[259]. Die Würdigung des Berichts der Kommission wurde ebenfalls in die Form eines Statement gekleidet, das den Konsens der Mitglieder ausdrückte und „with the authorization of the members of the Council“ abgegeben wurde.

Schließlich gab der Präsident des SR anläßlich der iranisch-irakischen Grenzzwischenfälle am 28. 2. 1974 ein Statement ab, das vom SR als Konsens angenommen wurde[260].

[253] SC Rep. 66/68 S. 183.

[254] SCOR 27th Year Supplement for April, May and June 1972, doc. S/10705.

[255] SC Res. 157 (1960).

[256] SC Rep. 59/63 S. 167.

[257] Vgl. SC Rep. 59/63 S. 168 ff.

[258] SCOR 25th Year, 1554th Meeting vom 12. 6. 1970.

[259] SCOR 26th Year, 1576th Meeting vom 26. 8. 1971.

Erheblich häufiger als durch einen ausdrücklich als solchen gekennzeichneten Konsens wurden Debatten im SR durch ein Statement des Präsidenten beendet, dem ein vorab ausgehandelter Konsens nicht — ausdrücklich — zugrunde lag.

Im Nahost-Konflikt wurde von dieser Möglichkeit häufig Gebrauch gemacht[261]. Die Umstände, unter denen das jeweilige Statement zustande kam, sind unterschiedlich: Teils wurde die vorangegangene Diskussion in ihm zusammengefaßt[262]; teils wurde es abgegeben, weil der SR sich zu keiner Resolution durchringen konnte[263]; teils wurde auf vorangegangene informelle Konsultationen Bezug genommen[264]. Eine Abstimmung im Hinblick auf das Statement fand in keinem Falle statt. Auch wurde es nicht in späteren Resolutionen rezitiert.

Bei der ägyptisch-sudanesischen Grenzstreitigkeit, die 1958 vor den SR gebracht wurde, schloß die Debatte mit einem Statement ab[265]. Vorher hatten informelle Konsultationen zwischen den wichtigsten Ratsmitgliedern stattgefunden, in denen Übereinstimmung erzielt wurde, daß der Streit direkt durch die Parteien geschlichtet werden sollte.

Im Konflikt zwischen Panama und den USA 1964 gab der Präsident auf die Aufforderung des größten Teils der Mitglieder des SR — allerdings nicht aller ständigen Mitglieder — ein Statement des Inhalts ab, die Parteien sollten baldmöglichst den Frieden im Bereich der Kanalzone wiederherstellen. Der Präsident stellte anschließend fest, daß dieser „Vorschlag" angenommen sei, da sich kein Widerspruch erhoben habe[266]. Nach dem Tonking-Zwischenfall stimmte der SR ohne formelle Willensbildung einem „text" des Präsidenten zu, in dem Nordvietnam aufgefordert wurde, dem SR Material über den Zwischenfall zugänglich zu machen[267].

Im Streit um Kaschmir gab der Präsident 1965 in einem Statement „on behalf of the entire Council" seiner Genugtuung darüber Ausdruck, daß die Parteien sich bereitgefunden hatten, der Waffenstillstandsforderung des SR nachzukommen[268]. Während der Auseinandersetzungen um Cypern appellierte der Präsident nach Konsultationen zwischen den SR-Mitgliedern in Form eines Statement an die beteiligten Parteien,

---

[260] UN Monthly Chronicle, März 1974, S. 10.

[261] SC Rep. 52/55, S. 116; SC Rep. 55/58 S. 99, 101, 105, 108; SC Rep. 66/68 S. 155.

[262] SC Rep. 52/55 S. 116.

[263] SC Rep. 55/58 S. 101, 108.

[264] SC Rep. 66/68 S. 155.

[265] SC Rep. 55/58 S. 119.

[266] SC Rep. 64/65 S. 100.

[267] SCOR 19th Year, 1141th Meeting S. 4.

[268] SC Rep. 64/65 S. 106.

„to give evidence of the utmost moderation and to co-operate in the total application of the Council's resolutions, and to refrain from any action likely to worsen the situation in Cyprus“[269].

Der Präsident des SR gab schließlich während der Auseinandersetzungen in der Dominikanischen Republik zwei Mal ein Statement ab[270], wobei er sich ein Mal auf das „unanimous desire“ der Mitglieder des SR berief[271].

Die Abgrenzung zwischen Statement und Konsens ist nur schwer auszumachen. Auffallend ist, daß nur auf einen Konsens in späteren Resolutionen Bezug genommen wird[272]. Daraus läßt sich schließen, daß die Erwartungshaltung der Mitglieder des SR hier stärker ausgeprägt ist als bei den Statements. Dieser Unterschied ist jedoch nur gradueller Natur. Ein Unterschied in der Weise, daß der Konsens die öffentliche oder in vorangegangenen Konsultationen herbeigeführte Zustimmung der Mitglieder des SR erfordert, während das Statement eine quasiprivate Äußerung des Präsidenten darstellt, der lediglich im Rat nicht widersprochen wird, läßt sich zwar in Einzelfällen nachweisen, bildet jedoch kein durchgängiges Unterscheidungskriterium. Denn auch Statements können informelle Konsultationen, in denen die Zustimmung erklärt wird, vorangehen. Auch wird davon gesprochen, daß die Ratsmitglieder mit dem Inhalt des Statements übereinstimmen. Schließlich lassen sich auch Unterschiede in bezug auf die Mehrheit, die hinter dem Konsens bzw. Statement steht, nicht nachweisen, da der Willensbildungsprozeß, der zu diesen Ergebnissen führt, in der Regel nicht öffentlich stattfindet[273].

---

[269] SC Rep. 64/65 S. 126.

[270] SC Rep. 64/65 S. 151, 152.

[271] SC Rep. 64/65 S. 151.

[272] Die Konsense vom 11. 8. 1964 und vom 24. 11. 1967 sind in einer Reihe späterer Resolutionen wieder aufgenommen worden, vgl. SC Res. 194 (1964); 198 (1964); 201 (1965); 206 (1965); 220 (1966); 222 (1966); 231 (1966); 238 (1967); 244 (1967); 247 (1968); 254 (1968); 261 (1968); 266 (1969); 274 (1969); 281 (1970); 291 (1970); 293 (1971); 305 (1971); 315 (1972); 324 (1972); 334 (1973); 343 (1973); 349 (1974); 364 (1974); auch die Resolution 348 (1974), die die irakisch-iranischen Grenzstreitigkeiten betraf, nahm auf den Konsens vom 28. 2. 1974 Bezug.

[273] Nur in seltenen Fällen ergibt die Formulierung des Konsenses Anhaltspunkte für die Abstimmungsverhältnisse: Im Konsens vom 20. 6. 1972, SCOR 27th Year, Supplement for April, May, June 1972, Doc. S/10705, werden jeweils 2 Abschnitte durch die Worte: „Members of the Security Council“ bzw. „The Security Council“ eingeleitet. Die erste Formulierung findet sich in den Absätzen, die die Entführungen verurteilen. Sie deutet darauf hin, daß nicht alle Mitglieder des SR in diesem Punkt übereinstimmen. Dennoch beantragte keines der ständigen Mitglieder eine offene Abstimmung, auf der es sein Vetorecht hätte ausüben können. Durch das gewählte Verfahren wird nur deutlich, daß Meinungsverschiedenheiten bestanden, ohne daß die Mehrheitsverhältnisse aufgedeckt wurden; siehe auch das Statement von 1964 anläßlich der Auseinandersetzung zwischen Panama und den USA (SC Rep. 64/65 S. 100).

Eine Ursache, die den Rückgriff auf informelle Willensbekundungen bewirken kann, ist die Vermeidung von Kampfabstimmungen bei gleichzeitiger Notwendigkeit, in einem Konflikt Stellung zu beziehen[274]. Situationen, in denen zum Hilfsmittel des Konsenses oder Statements gegriffen wurde, sind regelmäßig durch zwei Faktoren bestimmt: Auf der einen Seite besteht angesichts des „Lösungsdrucks" von akuten Konflikten und der Nichteinmischung aller ständigen Mitglieder bzw. der Nichteinmischung eines ständigen Mitgliedes in die Interessensphäre des anderen eine stillschweigende Bereitschaft zur Zusammenarbeit; auf der anderen Seite sind die ständigen Mitglieder nicht willens, ihre Zusammenarbeit offenkundig zu machen und somit ihre nach außen mehr oder minder deutlich bekundete Unterstützung für eine Partei des Konfliktes aufzugeben. Die informelle Willensbekundung ist also Kennzeichen einer internationalen Lage, in der die Großmächte von der Politik der globalen Konfrontation abgerückt sind zugunsten einer Nichteinmischung in die Interessensphäre der jeweils anderen Großmacht und einer begrenzten Zusammenarbeit in der dazwischen liegenden Zone. In diesen Situationen eröffnet die vorläufige Geschäftsordnung des SR den Ratsmitgliedern — insbesondere den ständigen — die Möglichkeit, den Präsidenten des SR „vorzuschieben" und seine Äußerung lediglich nicht zu beanstanden, ohne ihr indes ausdrücklich zustimmen zu müssen[275]. Das Ausweichen in informelle Willensbekundungen macht daher deutlich, daß die Willensübereinstimmung in der betreffenden Frage (schon oder noch) so gering ist, daß eine ausdrückliche Bestätigung der Übereinstimmung, wie sie in einer Resolution enthalten ist, nicht möglich erscheint. So wurde während der Behandlung des Zypern-Konfliktes bei zwei Gelegenheiten der politische Gegensatz zwischen Ost und West durch die Ermächtigung des Präsidenten des SR, nach Konsultationen außerhalb der Sitzungen des SR einen Konsens zu formulieren, überspielt[276]. Ebenso wurde direkt nach dem Ende des sogenannten Sieben-Tage-Krieges die Einrichtung der UNTSO durch einen Konsens vorangegrieben; dabei wurde vermieden, daß es über die Frage, wer die Zwischenfälle am Suez-Kanal provoziert hatte, zu einer Kampfabstimmung kam[277]. Die Überspielung politischer Gegensätze gelingt indes nicht immer. Die Behandlung der Kongo-Krise[278] zeigt, daß das Ausweichen in die informelle Willensbekundung auch darauf hinweisen kann, daß ein Auseinanderbrechen der Übereinstimmung bevorsteht[279].

---

274 Seidl-Hohenveldern, Recht, S. 125.

275 Zur Rollenverteilung zwischen dem Präsidenten des SR und den Mitgliedern bei Resolutionen, Konsens und Statement vgl. Lacharrière, Consensus, S. 13.

276 SC Rep. 64/65 S. 117 f.; SC Rep. 66/68 S. 108 f.

277 SC Rep. 66/68 S. 145 f.

278 s. o. S. 153.

Die Konsequenz dieses Verfahrens liegt in der Unbestimmtheit des Konsenses bzw. des Statement. So besagt der zweite Konsens anläßlich der Zypern-Krise z. B.:

„The Council has now acquainted itself with the position of the parties directly concerned. It is gravely concerned in view of the tense and dangerous situation with regard to Cyprus. The Council notes with satisfaction the efforts undertaken by the Secretary-General to help maintain peace in the region and calls upon all the parties concerned to show the utmost moderation and restraint and to refrain from any act which might aggravate the situation in Cyprus and constitute a threat to the peace. The Security Council further requests all concerned urgently to assist and cooperate in keeping the peace and arriving at a permanent settlement in accordance with Security Council resolution 186 (1964) of 4 March 1964[280]."

In welchem Umfang es die flexible Terminologie gestattet, die politischen Standpunkte trotz der gemeinsamen informellen Willensbekundung beizubehalten, zeigen die Äußerungen der Mitglieder des SR. Auch die Adressaten eines Statement legten, soweit sie an der Diskussion beteiligt waren, Wert auf die Beibehaltung ihrer Handlungsfreiheit. Während der Behandlung des Kaschmir-Konfliktes formulierte der Präsident am 18. 5. 1964 nach vorausgegangenen Konsultationen „the points of agreement among the members of the Council"[281]. Darauf erwiderte der Vertreter Pakistans:

„The summation of the President is neither a consensus nor a statement of agreed conclusions. As such, we consider it to be a purely descriptive and factual statement which the President of the Council has made, and not any kind of recommendation to the parties with any binding force. The question of our accepting or rejecting it, therefore, does not arise[282]."

Der Vertreter Indiens stimmte dieser Auffassung zu. Auch er war der Ansicht,

„that the President's statement was neither a consensus nor a resolution, and had therefore no binding effect on the parties"[283].

---

[279] Dies wird insbesondere deutlich, wenn man den völlig unbestimmten Inhalt des Konsenses vom 10. 9. 1960 berücksichtigt (s. o. S. 153).

[280] SC Rep. 66/68 S. 109; die Unbestimmtheit des Ergebnisses informeller Willensbildungsprozesse nahm zeitweilig geradezu groteske Formen an. Während der Behandlung der Kongo-Krise formulierte der Präsident des SR trotz der deutlich zutage tretenden Interessengegensätze folgende „final observation": „The Secretary-General asked for this meeting to be convened so that he might obtain clarification, for his own guidance, of the views of the Security Council. We have listened ... to different and sometimes conflicting opinions. I believe that on both sides everything has been said to bring out their respective points of view. I am convinced that the Secretary-General will have found in this debate the clarification which he desired, and that it will assist him in pursuit of his mission." (SC Rep. 59/63 S. 166.)

[281] SC Rep. 64/65 S. 178.

[282] SC Rep. 64/65 S. 178.

[283] SC Rep. 64/65 S. 178.

Der SR vertagte sich daraufhin ohne Stellungnahme zu diesen Äußerungen, obgleich die Äußerung des Präsidenten auf dem übereinstimmenden Willen der Mitglieder des SR beruhte.

Soweit Konsens und Statement ein Organ der VN — i. d. R. den GenSekr. — zum Adressaten haben und ihm ein bestimmtes Verhalten abverlangen, bewirkt ihr unbestimmter Inhalt dasselbe wie der von Resolutionen: Der Adressat wird zwar gestärkt, indem ihm größere Handlungsfreiheit eingeräumt wird; doch zugleich wird auch das Risiko größer, da Konsens und Statement keine konkrete Handlungsanweisung enthalten. Damit setzt sich z. B. der GenSekr. der Gefahr der nachträglichen Desavouierung durch den SR bzw. einzelne seiner Mitglieder aus.

Der unbestimmte Inhalt von Konsens und Statement läßt die Rechtsgrundlage der jeweiligen Willensbekundung unklar. Insoweit gleichen Konsens und Statement dem größten Teil der Resolutionen, die ebenfalls nicht erkennen lassen, auf welche Norm der Kap. VI oder VII sie sich stützen.

Schließlich stellt sich die Frage nach der Bindungswirkung von Konsens und Statement. Sie wird allerdings nur für den Fall relevant, in dem das Statement bzw. der Konsens dem SR als Organ zugerechnet werden können; d. h. nur dann, wenn die Willensbekundung durch Abstimmung oder ein der Abstimmung gleichzusetzendes Verfahren vom SR gebilligt worden ist[284]. Rechtlich in keiner Weise verbindlich sind daher alle die Willensbekundungen, die der Präsident nicht vom SR bestätigen läßt.

Unter der Voraussetzung der — wenn auch nur stillschweigenden — Zustimmung bejaht Lacharrière grundsätzlich die Bindungswirkung eines Konsenses[285]. Er macht indes nicht klar, ob sich die Bindungswirkung nur auf eine sich aus der Mitgliedschaft ergebende allgemeine Prüfungspflicht oder auf die Verpflichtung zur Ausführung der Willensbekundung selbst bezieht. Weiterhin schränkt er seine Auffassung dahingehend ein, daß nur die Staaten, die ihre Zustimmung erklärt haben, gebunden sind. Diese Eingrenzung vernachlässigt jedoch, daß es sich bei Konsens (und Statement) um Willensbekundungen des Organs und nicht einzelner seiner Mitglieder handelt. Konsequenz dieser Meinung ist zudem, daß Nichtmitglieder des SR von vornherein nicht an die Willensbekundung gebunden sind, da sie — mangels Mitgliedschaft — ihre Zustimmung nicht erteilen können. Die Auffassung läßt sich daher mit der Organeigenschaft des SR nicht vereinbaren[286].

---

[284] Dazu s. u. E. III. 2. b).

[285] Lacharrière, Consensus, S. 13.

Resolution einerseits und Statement und Konsens andererseits bilden allein von ihrer Form her keinen Gegensatz. Denn die Satzung enthält keine Vorschrift über die Form der Willensbekundung des SR. Daher läßt sich die Auffassung vertreten, daß im Hinblick auf die rechtliche Bindungswirkung zwischen diesen Willensbekundungen kein Unterschied besteht und daß ihre Rechtsqualität unabhängig von ihrer Form nur an Hand der einschlägigen Satzungsnormen zu messen ist. Nach dieser Auffassung bestünde sogar die Möglichkeit, rechtlich bindende Willensbekundungen in die Form eines Konsenses oder Statements zu kleiden.

Diese Möglichkeit ist freilich nur hypothetischer Natur und abstrahiert zu sehr von dem tatsächlichen Verhalten des SR. Denn betrachtet man den Anlaß, der den SR dazu bewegt, vom Mittel des Konsenses bzw. Statements Gebrauch zu machen, so ist es undenkbar, daß diese Willensbekundungen Regelungen enthalten, die die Mitgliedstaaten zur Ausführung verpflichten. Daß der SR auf informelle Willensbekundungen ausweicht, ist vielmehr ein deutliches Indiz dafür, daß er auch keine rechtlichen Verpflichtungen schaffen will. Es wurde bereits aufgezeigt, daß der SR für den Fall einer tatsächlichen Einigung über Zwangsmaßnahmen die entsprechenden Resolutionen „eng" an die einschlägigen Normen anlehnt[287]. Bei informellen Willensbekundungen fehlt dagegen in jedem Fall die „Nähe zur Satzung". Dies ist nicht zufällig, sondern wegen des aufgezeigten Zusammenhangs von Interessenübereinstimmung und Beachtung der Satzung beabsichtigt, um überhaupt zu einer Willensbekundung zu gelangen. Ebenso wie den rechtlich unbestimmten Resolutionen kommt daher den ebenfalls rechtlich unbestimmten Konsensen und Statements keinerlei Bindungswirkung zu.

b) Konsensbildung; „decision without a vote"

Ein Zusammenhang zwischen Konsens und Statement einerseits und informellen Formen der Willensbildung andererseits läßt sich insofern herstellen, als über einen Konsens und ein Statement in keinem Fall abgestimmt wurde. Vielmehr stellte der Präsident des SR in aller Regel nur fest, daß das Statement bzw. der Konsens angenommen sei, da sich kein Widerspruch erhoben habe[288]. Dieser Zusammenhang erklärt sich

---

[286] Ohne Beziehung zur Praxis des SR ist das weiter von Lacharrière, ebd. S. 13 aufgeworfene Problem, ob die Bindung sich nur auf dern Kern der Willensbekundung, oder auf die „mots précis choisis pour exprimer cette substance" bezieht. Da die Willensbekundung außerhalb der Sitzungen des SR ausgehandelt wird, läßt sich nicht rekonstruieren, wo der geltend gemachte Unterschied liegt.

[287] s. o. E. I. 1. c).

[288] Vgl. z. B. SC Rep. 64/65 S. 100, 118, 152; SC Rep. 66/68 S. 146; SCOR 25th Year, 1554th Meeting vom 12. 6. 1970; SCOR Supplement for April, May, June 1972, Doc. S/10611; UN Monthly Chronicle, März 1974, S. 10.

daraus, daß die Herbeiführung einer formellen Abstimmung gleichbedeutend mit der Ablehnung des Konsenses bzw. des Statements ist. Denn der Anlaß, auf diese Formen der Willensbekundung auszuweichen, liegt — wie aufgezeigt[289] — regelmäßig darin, daß sich die Mitglieder des SR auf eine gemeinsame Resolution nicht einigen können. Über die in der vorläufigen Geschäftsordnung des SR vorgesehene Möglichkeit der „challenge" eine Abstimmung erzwingen[290], heißt damit zugleich, daß der betreffende Staat mit dem Inhalt des Konsenses bzw. Statements nicht übereinstimmt. Die Zustimmung der Mitglieder des SR zu erreichen, ist jedoch Ziel der dem Konsens bzw. Statement regelmäßig vorausgehenden Konsultationen. Sofern bei den Beratungen, die häufig außerhalb der Sitzungen des SR stattfinden, keine Übereinstimmung erzielt wird, kommt es erst gar nicht zu dem Statement oder Konsens.

Als Mittelweg zwischen — stillschweigender — Zustimmung und Ablehnung hat sich bei der Verabschiedung einer informellen Willensbekundung die Distanzierung vom Konsens bzw. Statement ohne Erzwingung der formellen Abstimmung herausgebildet[291]. Dieses Verhalten entspricht der Stimmenthaltung bei der Abstimmung. Hier wie dort soll die Willensbildung des SR nicht verhindert werden, ohne daß es zu einer ausdrücklichen Unterstützung der Willensbekundung des SR kommt[292].

Auch Resolutionen werden häufig[293] ohne formelle Abstimmung, selten allerdings im Wege einer — ausdrücklich so bezeichneten — Konsensbildung verabschiedet. So wurde die Resolution, in der der GV die Aufnahme der beiden deutschen Staaten in die VN empfohlen wurde, durch Konsensbildung beschlossen[294]. Die SU hatte ursprünglich beantragt, die Empfehlung in zwei getrennten Resolutionen auszusprechen, um die Selbständigkeit der beiden Staaten zu betonen. Demgegenüber erstrebten die drei Westmächte eine Resolution, um die alliierten Vorbehaltsrechte gegenüber Gesamtdeutschland klarzustellen[295]. Obgleich der Fortbestand oder das Erlöschen der alliierten Vorbehalte in kei-

---

[289] s. o. S. 156.

[290] Rule 30 der vorläufigen Geschäftsordnung des SR (abgedruckt bei van Panhuys S. 71).

[291] Vgl. Huang Hua (China) in UN Monthly Chronicle, März 1974, S. 10.

[292] Bei formellen Abstimmungen ähnlich gelagerter Fälle hat China jeweils an der Abstimmung nicht teilgenommen, ohne von seinem Vetorecht Gebrauch zu machen. Da über den Konsens nicht abgestimmt wurde, konnte die Kontinuität des bisherigen Verhaltens nur durch die o. g. Erklärung nach außen deutlich werden.

[293] Zahlen s. o. S. 151.

[294] SC Res. 335 (1973).

[295] Vgl. dazu Menning, S. 105 ff.; Mahnke, Die beiden deutschen Staaten, S. 114 f.

nerlei Zusammenhang mit der Frage stand, ob die Aufnahme in einer oder in zwei Resolutionen verabschiedet wurde, wich man dennoch auf ein informelles Willensbildungsverfahren aus. Damit hatten auf der einen Seite die drei Westalliierten ihren Vorschlag im Ergebnis durchgesetzt; auf der anderen Seite blieb es der SU erspart, durch eine formelle Zustimmung eine Übernahme oder ausdrückliche Anerkennung des westlichen Standpunkts anzudeuten. Bei dieser Resolution wurde daher auf ein informelles Willensbildungsverfahren ausgewichen, um die Übereinstimmung im Ergebnis nicht durch Differenzen bei den — von den drei westlichen Alliierten und der SU angenommenen — Auslegungsmöglichkeiten zu gefährden[296].

Erheblich häufiger als im Wege der Konsensbildung wird die Willensbildung im SR dadurch abgeschlossen, daß der Präsident des SR erklärt, ein Resolutionsentwurf sei mangels entgegenstehender Stimmen angenommen[297]. Die Unterscheidung zwischen Konsensbildung und „decision without a vote" ist allerdings in der Praxis des SR nur schwer auszumachen, da auch die Annahme der Resolution ohne Abstimmung den formellen Konsens der Mitglieder des SR beinhalten kann und das Ergebnis — einstimmige Annahme — in beiden Fällen gleich ist. Es ist zudem zweifelhaft, ob die Unterscheidung rechtliche Konsequenzen hat. In beiden Fällen hat ein Mitglied des SR, das auf der Abstimmung besteht, die Möglichkeit, diese auch herbeizuführen und u. U. die Resolution zu Fall zu bringen. Insoweit besteht die gleiche Lage wie bei der Stimmenthaltung: hier wie dort wird durch das Abstimmungsverfahren allein die Rechtsqualität des Abstimmungsergebnisses nicht beeinflußt. Diese richtet sich vielmehr nach den übrigen Satzungsvorschriften, z. B. Kap. VI und VII. Eine Resolution, die durch Konsensbildung oder „decision without a vote" beschlossen worden ist, besitzt daher allein wegen des gewählten Verfahrens keine andere Rechtsqualität als die Resolution, die durch formelle Abstimmung verabschiedet worden ist.

Dieses Ergebnis wird unter Berücksichtigung des Anlasses, der die Mitglieder des SR dazu bewegt, auf informelle Willensbildungsverfahren zurückzugreifen, allerdings relativiert. Denn in keinem Fall, in dem rechtlich verbindliche Resolutionen verabschiedet wurden, verzichteten die Mitglieder auf eine formelle Abstimmung[298]. Da — empi-

[296] Diese Situation kann auch bei der formellen Abstimmung bestehen und wird dann bewältigt, indem der Staat, der Vorbehalte gegen mögliche Auslegungen der Resolution geltend macht, sie nicht insgesamt ablehnt, sondern sich der Stimme enthält. Aus Gründen der „politischen Optik" verbot sich dieses Verfahren jedoch bei der Aufnahme der BRD und DDR.

[297] Vgl. z. B. SC Res. 1 (1946); 11 (1946); 59 (1948); 72 (1949); 214 (1965); 272 (1969); 308 (1972); 325 (1972); 331 (1973); 345 (1974).

[298] Die Empfehlung an die GV zur Aufnahme der beiden deutschen Staaten stellt diese Aussage nicht in Frage. Denn dabei handelte es sich nicht um

risch betrachtet[299] — rechtlich verbindliche Resolutionen die vollständige Willensübereinstimmung der Mitglieder des SR voraussetzen, besteht in diesen Fällen kein Grund, auf informelle Willensbildungsverfahren auszuweichen. Unbeschadet einer satzungsrechtlich möglichen gegenteiligen Argumentation stellt daher das informelle Willensbildungsverfahren ein sicheres Indiz dafür dar, daß die zu verabschiedende Resolution rechtlich unverbindlich sein soll.

---

eine „aktionsorientierte“ Resolution i. S. d. Kap. VI und VII sondern lediglich um eine verfahrensmäßige Voraussetzung für das weitere Verfahren in der GV. Insoweit stellt diese Resolution einen Sonderfall dar.

[299] s. o. C. II. 2. - 5.

F. Ergebnisse der Arbeit und Schlußbemerkung

Die Untersuchung führt zu folgenden Ergebnissen:

1. Art. 25 selbst und die Normen, die sich mit den Verpflichtungen der Mitgliedstaaten gegenüber den VN befassen, geben keine Antwort auf die Frage, welche Resolutionen des SR die Mitgliedstaaten zur Annahme und Ausführung verpflichten.

a) Der Wortlaut des Art. 25 läßt keinen diesbezüglichen Schluß zu, weil der Begriff „decision" in der Satzung in doppelter Bedeutung gebraucht wird: i. S. v. Resolution und i. S. v. Entscheidung. Überdies finden sich in einzelnen Normen der Kap. VI und VII Begriffe wie z. B. „call", die ebenfalls Handlungsmöglichkeiten des SR kennzeichnen und deren Verhältnis zum Begriff „decision" in Art. 25 sich einer Wortlautinterpretation entzieht.

b) Die Stellung des Art. 25 innerhalb des Kap. V könnte zwar die Folgerung nahelegen, daß mit „decision" alle Resolutionen des SR gemeint sind. Dem steht jedoch entgegen, daß die Norm selbst die Einschränkung „in Übereinstimmung mit dieser Charta" enthält. Damit wird zum Ausdruck gebracht, daß die Frage der Bindungswirkung nur anhand der einzelnen Handlungsermächtigungen des SR beantwortet werden kann.

c) Auch die Berücksichtigung der Praxis des SR führt nicht weiter: eine Übereinstimmung hinsichtlich der Auslegung und Anwendung des Art. 25 läßt sich nicht feststellen. Vielmehr waren die Äußerungen der Staaten durch die konkrete politische Situation geprägt und teilweise widersprüchlich. Die Aufnahme des Art. 25 in Resolutionen diente dazu, die jeweils gewünschte politische Aktion des SR — formalrechtlich — abzusichern, wobei häufig satzungsrechtliche Probleme der Bindungswirkung nicht erörtert, geschweige denn übereinstimmend geklärt wurden.

d) Auch die Interpretation der übrigen Satzungsnormen, die die Bindung an Resolutionen des SR betreffen, führt nicht weiter:

Art. 2 Abs. 5 enthält den Vorbehalt, daß die jeweilige Aktion des Organs der VN in Übereinstimmung mit der Satzung stehen muß. Er bezieht sich zudem auf alle Organe der VN, so daß eine einheitliche Verpflichtung zur Ausführung einer Resolution in ihm nicht enthalten sein kann.

Art. 48 Abs. 1 schafft keine eigenständige Verpflichtung der Mitgliedstaaten, sondern enthält die Befugnis des SR, die Verpflichtung zur Ausführung von Zwangsmaßnahmen auf bestimmte Staaten zu beschränken.

Aufschluß über die Befugnis des SR, den Mitgliedstaaten die Ausführung einer Resolution rechtsverbindlich aufzuerlegen, können daher nur die einzelnen Handlungsermächtigungen des SR geben. Um den VN als internationale Organisation gerecht zu werden, muß dabei neben der historisch gewollten und in der Satzung niedergelegten Struktur die Entwicklung der Normen durch die Praxis des SR berücksichtigt werden.

2. Die Analyse der Kap. VI und VII von ihrer Entstehungsgeschichte her führt zu dem Ergebnis, daß — mit Ausnahme der Art. 34 und 40 — dem Bereich der friedlichen Streitschlichtung ausschließlich das Handlungsmittel „Empfehlung“ und dem Bereich der Zwangsmaßnahmen ausschließlich die „Entscheidung“ zugeordnet worden sind.

a) In San Francisco bestand Einigkeit darüber, daß es dem SR verboten sein sollte, die Adressaten einer Resolution zur Annahme von „terms of settlement“ zu verpflichten. Auch prozedurale Empfehlungen sollten die Adressaten nicht zur Ausführung verpflichten: Dies wurde bei der Einfügung des Art. 36 Abs. 3 ausdrücklich bestätigt und folgt auch aus der Aufnahme der Schlichtungsmittel „Schiedsspruch“ und „gerichtliche Entscheidung“ in Art. 33 Abs. 1, da jegliche Form der „compulsory jurisdiction“ strikt abgelehnt wurde. Demgegenüber ist die Anordnung einer Untersuchung gem. Art. 34 verbindlich. Sie stellt jedoch — nach der historischen Intention, die sich auch im Wortlaut der Norm niedergeschlagen hat — kein Mittel der Streitschlichtung dar, sondern eine vorbereitende Maßnahme zur Kompetenzbestimmung, die dem SR erst die Wahrnehmung seiner Befugnisse ermöglichen soll.

b) Im Rahmen des Kap. VII ist der SR dagegen zur Verabschiedung von Entscheidungen ermächtigt und — sofern er Zwangsmaßnahmen verhängen will — auch gezwungen. Bei der Ausarbeitung des Kap. VII, dem Kernstück des durch die Satzung geschaffenen kollektiven Sicherheitssystems, setzte sich in San Francisco die Auffassung durch, nach der dem SR weitreichende, jedoch zugleich funktionell begrenzte Handlungsmöglichkeiten zugebilligt werden sollten. Auf der einen Seite verzichtete man auf eine nähere Definition der Handlungsvoraussetzung des Art. 39 und stellte den SR in diesem Bereich von den Bindungen an „Gerechtigkeit“ und „Völkerrecht“ frei. Diese Maßnahmen bezweckten, die Handlungsfreiheit und -flexibilität des SR grundsätzlich möglichst frei zu gestalten, damit er jeder denkbaren Konfliktsituation begegnen konnte. Um der Gefahr einer „Diktatur der Großmächte“ zu entgehen, wurden die Befugnisse des SR jedoch funktionell gebunden:

— Um die Zentralisierung des Entscheidungsverfahrens zu gewährleisten und die Durchführung der Zwangsmaßnahmen nicht zur Disposition der einzelnen Staaten zu stellen, dürfen Zwangsmaßnahmen nicht in Form einer Empfehlung beschlossen werden. Die Befugnis des SR, gem. Art. 39 auch Empfehlungen auszusprechen, bedeutet, daß er auf Konflikte, die dem Tatbestand des Art. 39 unterfallen, mit Empfehlungen zur friedlichen Schlichtung i. S. d. Kap. VI — allein oder in Verbindung mit Zwangsmaßnahmen — einwirken kann.

— Um das Verbot der zwangsweisen Schlichtung von Streitigkeiten durchzusetzen, wurde zum einen die in den Vorentwürfen der Satzung häufig auftauchende Vorschrift gestrichen, wonach der SR die Nichtbefolgung von Empfehlungen durch Zwangsmaßnahmen ahnden durfte. Zum anderen wurde die Reichweite von Zwangsmaßnahmen begrenzt: sie dürfen nur dazu dienen, eine Streitigkeit so weit zu unterdrücken, daß die friedliche Schlichtung gem. Kap. VI durchgeführt werden kann. Sie dürfen dagegen nicht zur zwangsweisen Lösung eines Konflikts mißbraucht werden.

Eine Sonderstellung im Bereich des Kap. VII nimmt Art. 40 ein. Er läßt sowohl Empfehlungen als auch Entscheidungen zu, um der für die endgültigen Maßnahmen bestehenden Wahlmöglichkeit zu entsprechen.

3. Der historisch gewollte Aktionsrahmen ist in der Praxis des SR nur teilweise ausgenutzt worden. Dabei läßt sich grundsätzlich feststellen, daß von dem Handlungsmittel „Entscheidung“ nur äußerst selten Gebrauch gemacht wurde. Stattdessen behalf man sich mit der „Empfehlung“ auch in Bereichen, für die ursprünglich die „Entscheidung“ als adäquates Handlungsmittel vorgesehen war.

a) Da sich die Großmächte auf den Inhalt der gem. Art. 43 abzuschließenden Verträge nicht einigten, konnten militärische Zwangsmaßnahmen ohne Rücksicht auf die Bereitschaft der Staaten, sie auch durchzuführen, nicht in der Form der Entscheidung beschlossen werden. Soweit der SR dennoch — im Falle Südrhodesiens — dieses Handlungsmittel nutzte, war das vorab erklärte Einverständnis des gewaltanwendenden Staates, der zugleich ständiges Ratsmitglied war und damit die Verabschiedung der Entscheidung verhindern konnte, entscheidend für die Wahl des Handlungsmittels. Im übrigen jedoch wurde die Auffassung vertreten, daß entgegen der historischen Intention Zwangsmaßnahmen auch in Form einer Empfehlung beschlossen werden könnten. Da über die Annahme und Ausführung einer Empfehlung der jeweilige Adressat entscheidet, wurde die Zentralisierung des Entscheidungsverfahrens, die den wesentlichen Fortschritt gegenüber dem Völkerbund ausmachte, unterlaufen.

b) Auch im Bereich des Art. 34 wurde von der Befugnis, die Staaten bindend durch die Untersuchungsanordnung zu verpflichten, nur in den ersten Jahren nach 1945 Gebrauch gemacht. Später war auch hier die vorab erklärte Bereitschaft der betroffenen Staaten, die Untersuchung zu dulden, entscheidend für die Beschlußfassung. Entgegen der historischen Intention verknüpfte der SR zudem Untersuchung und Schlichtung. Das für die Schlichtung zugeschnittene Handlungsmittel „Empfehlung" wurde, da die Untersuchung als Teil der Schlichtung betrachtet wurde, auch auf die Untersuchung ausgedehnt.

c) Um das Scheitern des kollektiven militärischen Sicherheitssystems zu kompensieren, wurde das Verhältnis von Zwang und Schlichtung im Hinblick auf einen Konflikt durch die Konzeption der Friedensaktionen neu geregelt, wobei sich die Freiwilligkeit als entscheidendes Kriterium der militärischen Aktion auch auf die friedliche Schlichtung auswirkte:

— Als Rechtsgrundlage der Friedensstreitkräfte wird ausschließlich das Handlungsmittel der „Empfehlung" gewählt. Schaffung und Durchführung der jeweiligen Friedensaktion hängen von der freiwilligen Zustimmung aller beteiligten Staaten ab. Daraus folgt, daß das Konzept der „Friedensstreitkräfte" die rechtliche Unverbindlichkeit der Empfehlungen bekräftigt.

— Die rechtliche Unverbindlichkeit bezieht sich auf alle beteiligten Staaten, d. h. sowohl auf diejenigen, auf deren Territorium die Friedensaktion durchgeführt werden soll, als auch auf diejenigen, die die Truppen o. ä. zur Ausführung bereitstellen. Die rechtliche Unverbindlichkeit der Empfehlung schützt also alle Adressaten. Daran ändert sich nichts durch die Annahme der Empfehlung durch einen Adressaten.

— Friedensstreitkräfte haben nicht die Aufgabe, den Konflikt zu schlichten. Vielmehr erfüllen sie — mit Einschränkung — die Funktion, die historisch betrachtet den militärischen Zwangsmaßnahmen zukam: Sie sollen den Konflikt einer friedlichen Regelung zugänglich machen. Dabei unterliegen sie — anders als Streitkräfte, die aufgrund einer Entscheidung eingesetzt werden — einer aus dem Rechtscharakter der Empfehlung folgenden Aufgabenbeschränkung: Sie können die friedliche Schlichtung nur so lange ermöglichen, wie die grundsätzliche Bereitschaft der streitenden Parteien zur nichtmilitärischen Beilegung fortbesteht. Diese Beschränkung der Aufgabenstellung bestätigt das in San Francisco deutlich artikulierte Verbot der zwangsweisen Schlichtung von Streitigkeiten.

Diese satzungsrechtliche Entwicklung entspricht der politischen Situation, die durch den Abbau globaler Konfrontation[1] und die Bereitschaft der Großmächte zu partieller Zusammenarbeit gekennzeichnet ist. Auf der Basis nicht erzwingbarer Kooperation stellen die nichtverbindlichen Resolutionen, in denen sich kein Standpunkt vollends durchsetzt, das adäquate Handlungsmittel des SR dar.

d) Die politische Situation spiegelt sich auch im Wortlaut der Resolutionen, dem Ausweichen auf andere Formen der Willensbekundung und im Verfahren der Willensbildung:

— Ein Großteil der Resolutionen entzieht sich sowohl im Hinblick auf die Qualifikation des Konfliktes als auch auf das geforderte Verhalten der rechtlichen Zuordnung zu Kap. VI oder VII. Diese Entschließungen nehmen weder auf Satzungsnormen ausdrücklich Bezug, noch passen sie sich deren Wortlaut an. Vielmehr wird oftmals die Wortwahl mit Absicht so getroffen, daß weder der Tatbestand des Art. 39, noch der einer Norm des Kap. VI als erfüllt festgestellt wird. Auch im Bereich der Rechtsfolgen wählt der SR häufig Worte, die sich den — rechtlichen — Antipoden „Entscheidung" und „Empfehlung" nicht eindeutig zuordnen lassen. Vielmehr kommen in ihnen alle Grade von Verhaltenserwartungen zum Ausdruck. Die rechtliche Qualifikation dieser Verhaltenserwartungen wird i. d. R. vermieden. Oftmals geht es darum, einen — rechtlich — weitergehenden Resolutionsentwurf zurückzustufen, indem man ihm im Wortlaut durch rechtlich nicht einzuordnende Begriffsbildungen („condemn", „extremely grave situation") entgegenkommt, jedoch die Terminologie des Kap. VII vermeidet, ohne die des Kap. VI aufzunehmen.

— Statt sich auf die Satzung zu berufen, bezieht sich der SR auf bereits früher anläßlich des gleichen Konflikts verabschiedete Resolutionen. Hiermit wird zunächst nur die Vorgeschichte der Behandlung des Konfliktes durch den SR aufgezeigt. Darüber hinaus dient die Rezitierung indes auch dazu, die mangelnde Kompetenzbestimmung zu kompensieren: Mit fortschreitender Zeit wird das Recht des SR, sich mit einem Konflikt zu befassen, immer weniger in Frage gestellt. Zudem können über die Rezitierung die bei der Verabschiedung der früheren Resolu-

[1] Entspannung und Konfrontation sind hier nicht als zwei zeitlich präzise zu trennende Geschichtsphasen aufzufassen: Sie bezeichnen vielmehr die Verhaltensweisen der Großmächte in Bezug auf den jeweiligen Konflikt. Auch in der Blütezeit des Kalten Krieges gab es Aktionen des SR (z. B. Kaschmir; beschränkt auch Nahost); ebenso gibt es heute in der Phase weltweiter Entspannung Konflikte, die sich dem Zugriff des SR wegen der völlig gegensätzlichen Interessen der Großmächte entziehen (z. B. Vietnam, CSSR, Lateinamerika).

tionen bestehenden, lediglich übertünchten interpretatorischen Differenzen auch in die zu verabschiedende Resolution übernommen werden.

— Der SR vermeidet es regelmäßig durch die Beschränkung der Rezitierung auf Resolutionen in Bezug auf Konflikte mit gleichen Parteien, Präjudizien für eine eventuell notwendige Stellungnahme zu künftigen gleichgelagerten Konflikten mit anderen Parteien zu schaffen.

— Daneben weicht der SR auf Willensbekundungen in Form des Statements und Konsenses aus. Die Wahl dieser Willensbekundungen ist in aller Regel ein sicherer Hinweis, daß eine die Willensbekundung vollständig deckende Willensübereinstimmung in bezug auf das jeweilige Problem nicht besteht. Da jedoch die vollständige Übereinstimmung in der Praxis des SR die Voraussetzung für die Verabschiedung rechtlich zur Ausführung verpflichtender Willensbekundungen darstellt, können — im Ergebnis — Konsens und Statement keine „Entscheidungen" enthalten.

— Auch im Bereich der Willensbildung benutzt der SR informelle Verfahren (Konsensbildung, „decision without a vote"). Den Anlaß bildet auch hier die mangelnde Einigkeit bei gleichzeitigem Wunsch, eine Resolution oder andere Form der Willensbekundung zu verabschieden. Wegen der in jedem Fall bestehenden Möglichkeit, eine formelle Abstimmung herbeizuführen, beeinflußt die Wahl des Willensbildungsverfahrens nicht die Rechtsqualität der Willensbekundung. Da jedoch Willensübereinstimmung, formelle Verabschiedung einer als solche gekennzeichneten Resolution und enge Anlehnung des Wortlauts der Willensbekundung an die Satzung stets Hand in Hand gehen, falls Entscheidungen verabschiedet werden sollen, ist das Ausweichen auf informelle Willensbildungsverfahren ein sicherer Hinweis dafür, daß die Willensbekundung nicht angenommen und ausgeführt zu werden braucht.

Diese Praxis des SR konnte nicht ohne Rückwirkungen auf den Rechtscharakter der Resolutionen bleiben:

— Der unbestimmte Wortlaut der Resolutionen und ihre mangelnde rechtliche Verortung gestatten interpretatorische Differenzen sowohl bei den Mitgliedern des SR als auch bei den Adressaten. Die Möglichkeit unterschiedlicher Auslegung steht der von Entscheidungen zu fordernden inhaltlichen und rechtlichen Präzision diametral gegenüber. Wenn der SR seine Verhaltenserwartungen nicht klar ausdrückt, obgleich es gerade die Funktion der Entscheidung ist, abstrakte Verpflichtungen in konkrete Handlungsanweisungen zu „übersetzen", dann hat es keinen Sinn, von einer rechtlichen Bindung an die Resolution zu sprechen: denn der Inhalt dieser „Verpflichtung" bleibt diffus.

— Entscheidungen verfolgen das Ziel, alle Adressaten zu gleichgerichtetem Verhalten zu veranlassen. Verhaltensunsicherheit und rechtliche Verpflichtung widersprechen insofern einander. Der Staat, der Handlungen aufgrund einer inhaltlich unbestimmten und rechtlich nicht in der Satzung verankerten Resolution vornimmt, kann nicht sicher sein, daß er dem Willen des SR — und damit auch dem seiner ständigen Mitglieder — entspricht. Er trägt also das Risiko, das ihm durch die Zentralisation des Entscheidungsverfahrens gerade abgenommen werden sollte.

Stellt man die Entwicklung der Satzung in dem untersuchten Bereich in einen größeren Zusammenhang, so muß berücksichtigt werden, daß neben der Konfliktlösung durch den SR i. d. R. gleichzeitig bilaterale und multilaterale Bemühungen der Streitschlichtung ablaufen. Diese Bemühungen werden durch dieselben Staaten wahrgenommen, die auch im SR ständig vertreten sind. Die Großmächte stehen also in einer Doppelrolle: zum einen als Mitglieder des SR, der auf die Handlungsvoraussetzungen und -mittel der Kap. VI, VII begrenzt ist, zum anderen als Völkerrechtssubjekte, die außerhalb dieser Grenzen ihren Einfluß auf den Konflikt geltend machen. Mit fortschreitender Zeit haben die Großmächte die zweite Rolle auch in den SR transponiert. Die Häufigkeit der Entscheidungsfindung in bilateralen und multilateralen Gesprächen außerhalb der Sitzungen des SR ist hierfür ein deutliches Zeichen. In dieser doppelten Funktion der Großmächte liegt eine Ursache der Loslösung der Handlungen des SR von der Satzung. Hier erweist sich zugleich die begrenzte rechtliche Regelungsmöglichkeit internationaler Konflikte. Rechtliche Regelung zielt auf Sicherheit der Verhaltenserwartung. Sie selektiert im Hinblick auf Ursachen und Konsequenzen eines Konfliktes, indem sie bestimmte Faktoren als „nicht subsumierbar" ausscheidet. Der SR kann jedoch wegen der wechselnden Interessenlage seiner Mitglieder, die sich wegen der teilweisen Identität von Streitbeteiligten und -entscheidenden und der mangelnden Außenkontrolle des SR in Resolutionen unmittelbar niederschlagen kann, konstante Verhaltenserwartungen nicht erzeugen. In seine Entscheidungsfindung fließen überdies sämtliche Ursachen eines Konfliktes und die Konsequenzen möglicher Maßnahmen mit ein.

Dieser Zusammenhang macht die weit über den aktuellen Anlaß hinausgehende Brisanz der Mehrheitsauffassung im IGH-Gutachten „Legal Consequences" deutlich. Die Ansicht der Mehrzahl der Richter widerspricht nicht nur der historisch beabsichtigten Differenz zwischen Empfehlung und Entscheidung und dem gegenwärtigen Erscheinungsbild der Resolutionen, sie verkennt auch den Zusammenhang zwischen der politischen Situation und ihrer rechtlichen Bewältigung. Zu einer Zeit, in der der SR sich fast ausschließlich auf die Streitschlichtung durch rechtlich unverbindliche Handlungsmittel beschränkt, stellt sich der IGH auf den Standpunkt, die Adressaten jeder vom SR verabschiedeten Resolution seien zur Annahme und Ausführung der in ihr enthaltenen Regelungen verpflichtet. Wenn man bedenkt, daß die Vermeidung rechtlichen Zwangs die Verabschiedung einer Resolution häufig — ja fast immer — erst ermöglicht, so kann man von Glück sagen, daß das Gutachten des IGH weder die Mitgliedstaaten noch den SR rechtlich bindet. Die sich sonst ergebende Konsequenz läßt sich unschwer voraussehen: Entweder würde die rechtliche Verpflichtung zur Ausführung einer Resolution unterlaufen, indem die Wortwahl noch verschwommener würde und die eigentliche Streitschlichtung außerhalb des SR stattfände, oder die rechtliche Verpflichtung würde durch dauernde Nichtbeachtung zur Farce. Beide Folgerungen machten eine satzungsrechtliche Analyse der Resolutionen des SR hinfällig.

Literaturverzeichnis

Soweit keine besondere Zitierweise angegeben ist, wird die Literatur nach den jeweils in Kursivschrift gesetzten Titelausschnitten zitiert.

Akademie der Wissenschaften der UdSSR — Rechtsinstitut —: Völkerrecht (Bearbeiter: Korowin, Krylow u. a.), Hamburg 1960. (Zit.: Ak. d. Wiss., Völkerrecht.)

Al Chalabi, Hassan Abdel Hadi: *La légitime défense* en droit international, Le Caire 1952.

Alessi: L'evoluzione della prassi delle N. U. relative al mantenimento della pace, RDI, 1964, S. 519 - 565.

Amerasinghe, C. F.: The United Nations *Expenses Case* — A Contribution to the Law of International Organization, Indian Journal of International Law, 1964, Bd. 4, S. 177 - 232.

Anand, R. P.: *Compulsory Jurisdiction* of the International Court of Justice, New York 1961.

Armstrong, Hamilton Fish: The Calculated Risk, New York 1947.

Arntz, Joachim: Der Begriff der Friedensbedrohung in Satzung und Praxis der Vereinten Nationen, Berlin 1975.

Aron, Raymond: *Limits* to the Powers of the United Nations, The Annals of the American Academy of Political and Social Science, 1954, Bd. 296, S. 20 - 26.

Asamoah, Obed Y.: The Legal Significance of *Declarations* of the General Assembly of the United Nations, The Hague 1966.

Bailey, Sidney Dawson: *Voting* in the Security Council, London 1969.

Ballaloud, Jacques: *L'O. N. U.* et les opérations de maintien de la paix, Paris 1971.

Bancroft, Harding F.: The United Nations as a *Collective Security* Organization, Proceedings of the American Society of International Law, 1951, S. 159 - 164.

Bartel, Wilfried: *Neues Licht* auf die Frage der Schuld am Ausbruch des Korea-Krieges, VN, 1972, S. 41 - 49.

Bastid, Suzanne: *Droit international* public; Le droit des organisations internationales, 3 Bde., Paris 1967 - 1968.

Bebler, Ales: The *Yardstick* of Collective Interest, The Annals of the American Academy of Political and Social Science, 1954, Bd. 296, S. 85 - 92.

Bebr, G.: *Regional Organizations:* A United Nations Problem, AJIL, 1955, Bd. 49, S. 166 - 184.

Bentwich, Norman / *Martin*, Andrew: A Commentary on the Charter of the United Nations, 2nd impression, London 1951.

Bereshkow, Walentin: Wie die *Organisation* der Vereinten Nationen entstand, Deutsche Außenpolitik, 1970, Sonderheft 2, S. 13 - 36.

Bindschedler, Rudolf: *La délimination* des compétences des Nations Unies, RdC, 1963, Bd. 108, S. 312 - 423.

— *Grundfragen* der kollektiven Sicherheit, in: Festschrift für Hans Wehberg: Rechtsfragen der internationalen Organisation, Frankfurt 1956, S. 67 - 88.

— Das Problem der Beteiligung der Schweiz an *Sanktionen* der Vereinten Nationen, besonders im Fall Rhodesien, ZaöRVR, 1968, Bd. 28, S. 1 - 15.

Bleicher, Samuel A.: The *Legal Significance* of Re-Citation of General-Assembly Resolutions, AJIL, 1969, Vol. 63, S. 444 - 478.

Bloch, Henry: The *Security Council.* Enforcement Action, Annual Review of the United Nations Affairs, 1949, S. 153 - 168.

Bodmer, Heinrich: Die *Stellung* der Staaten in den internationalen Organisationen, Winterthur 1955.

Bothe, Michael: *Streitkräfte* internationaler Organisationen, Köln - Berlin 1968.

Bourquin: L'Etat souverain et l'organisation internationale, New York 1959.

Boutros-Ghali, B.: Le principe d'*égalité* des états et des organisations internationales, RdC, 1960, Bd. 100, S. 9 - 72.

Bowett, Derek W.: The International *Disarmament* Organisation, the United Nations and the Veto: Some Observations on Problems of Relationship and Functioning, in: Cambridge Essays in International Law; Essays in Honour of Lord McNair, London - New York 1965, S. 1 - 23.

— *The Law* of International Institutions, London 1963.

— *United Nations Forces.* A Legal Study of United Nations Practice, London 1964.

Brecht, Arnold: *Distribution* of Powers between an International Government and the Governments of National States, American Political Science Review, 1943, Bd. 37 (II), S. 862 - 872.

Briggs, Herbert: The *United Nations* and Political Decisions of Legal Questions, Proceedings of the American Society of International Law, 1948, S. 42 - 53.

Broms, Beng: *The Doctrine* of Equality of States as Applied in International Organizations, Helsinki 1959.

Brugière, Pierre F.: *Les pouvoirs* de l'Assemblée Générale des Nations-Unies en matière politique et de sécurité, Paris 1955.

— La règle de l'unanimité des membres permanents au Conseil de Sécurité: *Droit de Veto,* Paris 1952.

Brunner, Guido: Die *Friedenssicherungsaktionen* der Vereinten Nationen in Korea, Suez und Kongo, Vierteljahreshefte für Zeitgeschichte, 1964, Bd. 12, S. 414 - 442.

Bühler, Ottmar: *Verfassungsurkunde* der Vereinten Nationen, Bonn 1946.

Buehrig, E. H.: The *Security Council,* Department of State Bulletin vom 25. 11. 1945, Bd. 13, S. 825 - 828.

Byrnes, James F.: In aller Offenheit, Frankfurt/M. 1949.

Carstens, Karl: Das Recht des Europarates, Berlin 1956.

Castaneda, Jorge: *Legal Effects* of U. N. Resolutions, New York - London 1969.

— *Valeur juridique* des résolutions des Nations Unies, RdC, 1970 (I), S. 205 - 332.

Castro, Zadit Baez: El *veto* en la Carta de la U. N. y la paz mundial, Anales de la Facultad de Ciencias Juridicas y Sociales de la Universidad de La Plata, 1961, Bd. 20, S. 71 - 100.

Cavaré, Louis: *Les sanctions dans le Cadre de l'ONU,* RdC, 1952, Bd. 80, S. 195 - 288.

— *Les sanctions dans le Pacte de la SdN* et dans la Charte des N. U., RGDIP, 1950, Bd. 54, S. 647 - 674.

Chakste, Mintauts: *Justice* and Law in the Charter of the United Nations, AJIL, 1948, Bd. 42, S. 590 - 600.

Charpentier, Jean: La *procédure* de non objection, RGDIP, 1966, Bd. 70, S. 862 - 877.

Chaumont, Charles: *L'équilibre* des organes politiques des Nations Unies et la crise de l'Organisation, AFDI, 1965, S. 428 - 446.

— L'Organisation des Nations Unies, 6. Aufl., Paris 1968. (Zit.: L'ONU).

— *Les organisations* internationales, o. O., 1960/61.

— *Les rôles* respectifs de l'Assemblée Générale et du Conseil de Sécurité, Revue de droit contemporain, 1965, Bd. 2, S. 25 - 35.

— La situation juridique des Etats membres à l'égard de *la Force* d'Urgence des Nations-Unies, AFDI, 1958, S. 399 - 440.

Cheever, Daniel / *Haviland,* H. Field jr.: Organizing for *Peace,* London 1954.

Christophides, Michel: *Critique* politico — juridique de la Charte des Nations Unies (suivie d'un essaie de réorganisation de la communauté internationale), Egypte contemporaine, 1948, Bd. 39, S. 391 - 623.

Claude, Inis L.: *Power* and International Relations, New York 1962.

— *Swords* into Plowshare, 3. Aufl., New York 1964.

Cohen, Benjamin V.: *Principles* Governing the Imposition of Sanctions under the United Nations Charter, Proceedings of the American Society of International Law, 1951, Bd. 45, S. 151 - 159.

Colliard, Claude-Albert: *Institutions* Internationales, 4. Aufl., Paris 1967.

Commission to Study the Organization of the Peace (ed.): 17th Report: *New Dimensions* for the United Nations. The Problems of the Next Decade, New York 1966.

Cordier, Andrew W. / *Foote,* Wilder: *Public Papers* of the Secretaries-General of the United Nations, Vol. I: Trygve Lie 1946 - 1953, New York - London 1969.

Dahm, Georg: *Völkerrecht* Band II, Stuttgart 1961.

— *Die völkerrechtliche Verbindlichkeit* von Empfehlungen internationaler Organisationen, Die öffentliche Verwaltung, 1959, S. 361 - 367.

Day, Georges: *Le droit de veto* dans l'Organisation des Nations Unies, Paris 1952.

Delbrück, Jost: *Die Entwicklung* des Verhältnisses von Sicherheitsrat und Vollversammlung der Vereinten Nationen, Kiel 1963.

Detter, Ingrid: *Law Making* by International Organizations, Stockholm 1965.

Döll, Bernhard: *Rückzug* aus „Territorien" oder aus „allen Territorien", Vereinte Nationen, 1971, S. 53 - 58.

Dolivet, Louis: The *United Nations*, London 1946.

Doxey, Margaret: The Rhodesian *Sanctions* Experiment, Yearbook of World Affairs, 1971, Bd. 25, S. 142 - 162.

Dugard, John: *Namibia* (South West Africa): The Court's Opinion, South Africa's Response, and Prospects for the Future, Columbia Journal of Transnational Law, Vol. 11, 1972, S. 14 - 19.

— (ed.): The *South West Africa*/Namibia Dispute, Berkeley 1973.

Dupuy, René-Jean: *San Francisco* et la Charte des Nations Unies, Paris 1945.

Eagleton, Clyde: International *Government*, 3. Aufl., New York 1957.

— *The Jurisdiction* of the Security Council over Disputes, AJIL, 1946, Bd. 40, S. 513 - 533.

— *Palestine* and the Constitutional Law of the United Nations, AJIL, 1948, Vol. 42, S. 397 - 399.

— The United Nations: *Aims* and Structure, Yale Law Journal, 1945 - 46, Bd. 55, S. 974 - 996.

— The United Nations: *Peace* and Security, American Political Science Review, 1945, Bd. 39, S. 934 - 992.

— The *Yardstick* of International Law, The Annals of the American Academy of Political and Social Science, 1954, Bd. 296, S. 68 - 76.

Eeckman, Paul: The *Domestic Jurisdiction* Clause of the Charter: A Belgian View, IO, 1955, Bd. 9, S. 477 - 485.

Emilianides, Achilles: United Nations *Forces* Function in International Conflicts and Civil Strifes, in: Mélanges Marcel Bridel, Lausanne 1968, S. 147 - 168.

Engel, Salo: The *Changing Charter* of the United Nations, The Yearbook of World Affairs, 1953, Bd. 7, S. 71 - 101.

— De facto *Revision* of the Charter, The Journal of Politics, 1952, Bd. 14, S. 132 - 144.

Engelhardt, Hanns: Das *Vetorecht* im Sicherheitsrat, ArchdVR, 1962/63, Bd. 10, S. 377 - 415.

Esfandiary, Moshaen Sadigh: The *Role* of the General Assembly in Dealing with Threats to the Peace, Breaches of the Peace, and Acts of Agression, Columbia 1960.

Evatt, Herbert Vere: *Risks* of Big Power Peace, Foreign Affairs, 1946, Bd. 24, S. 195 - 209.

— The *Task* of Nations, New York 1949.

— *Die Vereinten Nationen*, Frankfurt/M. 1951.

Fabbri: *Le misure provisorie* nel sisteme di sicurezza delle Nazioni Unite, RDI, 1964, S. 186 - 230.

Fakher, Hossein: The *Relationship* among the Principle Organs of the United Nations, Genf 1950.

Felder, Joseph Friedrich: Das Problem der *Staatengleichheit* in der Organisation der Völkergemeinschaft, Schöpfheim 1950.

Ferencz, Benjamin B.: A Proposed *Definition of Aggression:* by Compromise and Consensus, International and Comparative Law Quarterly, 1973, S. 407 - 433.

Fernbach, Alfred P.: The United Nations Security Council, Virginia Law Review, 1945, Bd. 32, S. 114 - 146.
(Zit.: Fernbach, The UN.)

Fincham, Charles B. H.: *Domestic Jurisdiction:* the Exception of Domestic Jurisdiction as a Bar to Action, by the League of Nations and the United Nations, Leiden 1948.

Finkelstein, Lawrence S.: *Reviewing* the United Nations Charter, IO, 1955, Bd. 9, S. 213 - 231.

Fitzmaurice, Sir Gerald: *The Law and Procedure* of the International Court of Justice: International Organizations and Tribunals, BYBIL, *1952,* S. 1 - 62.

— *The Law and Procedure* of the International Court of Justice 1951 - 4: Question of Jurisdiction, Competence and Procedure, BYBIL, *1958,* S. 1 - 169.

Flory, Maurice: L'Organisation des Nations Unies et les opérations de maintien de la *paix,* AfDI, 1965, S. 446 - 468.

Flory, Thiébaut / *Tavernier,* Paul: *L'Année* des Nations Unies (15 septembre 1964 - 21 septembre 1965), AfDI, 1965, S. 546 - 581.

Fox, William T.: The United Nations: Peace and Security; IV: *Collective Enforcement* of Peace and Security, American Political Science Review, 1945, Bd. 39, S. 970 - 981.

Frankenstein, Marc: L'Organisation des Nations Unies devant le *conflit coréen,* Paris 1952.

Frowein, Jochen Abr.: *Friedenssicherung* durch die Vereinten Nationen, in: Scheuner, Ulrich / Lindemann, Beate: Die Vereinten Nationen und die Mitarbeit der Bundesrepublik Deutschland, München - Wien 1973, S. 45 - 67.

Frydenberg, Per (ed.): *Peacekeeping:* Experience and Evaluation; The Oslo Papers, Oslo 1964.

Galino, Francisco Ramos: Las *resoluciones* de la Asamblea General de las Naciones Unidas y su fuerza legal, Revista Espanola de Derecho Internacional, 1958, Bd. 11, S. 95 - 128.

Garanin, E. I.: Völkerrecht; Vorlesungsreihe, Berlin 1955, 7 Hefte.

Garcia Arias, L.: *El primer caso* ante el Tribunal Internacional de Justicia: El caso del Canal de Corfu, Revista Espanola de Derecho Internacional, 1948, Bd. 1, S. 411 - 435; 1949, Bd. 2, S. 531 - 592.

Gerold, Rainer: *Die Sicherung* des Friedens durch die Organisation der Amerikanischen Staaten, Berlin 1971.

Gilmour, D. R.: The Meaning of *„Intervene"* within Art. 2 (7) of the UN-Charter — An Historical Perspective, The International and Comparative Law Quarterly, 1967, S. 331 - 351.

Goodrich, Leland M.: *Korea:* Collective Measures against Aggression, International Conciliation, 1953, S. 131 - 192.

— The *Pacific Settlement* of Disputes, American Political Science Review, 1945, Bd. 39, S. 956 - 970.

Goodrich, Leland M. / *Hambro,* Edvard: Charter of the United Nations, 1. Aufl., Boston 1947; 2. Aufl., Boston 1949.

Goodrich, Leland M. / *Hambro,* Edvard / *Simons,* Anne Patricia: Charter of the United Nations, 3. Aufl., New York - London 1969.

Goodrich, Leland M. / *Rosner,* Gabriella E.: The United Nations *Emergency Force,* IO, 1957, S. 413 - 430.

Goodrich, Leland M. / *Simons,* Anne: The *United Nations* and the Maintainance of International Peace and Security, Washington 1955.

Goodspeed, Stephen S.: The *Nature* and Function of International Organization, 2. Aufl., New York 1967.

Grabowsky, Adolf: Die Charta von San Francisco, Zürich 1945.

Green, L. C.: The *Security Council* in Retreat, The Yearbook of World Affairs, 1954, S. 95 - 117.

Gross, Ernest A.: *Voting* in the Security Council: Abstention in the Post-1965 Amendment Phase and its Impact on Article 25 of the Charter, AJIL, 1968, Bd. 62, S. 315 - 334.

Gross, Leo: *Domestic Jurisdiction;* Enforcement Measures and the Congo, Australian Yearbook of International Law, 1965, Bd. 1, S. 137 - 158.

— The Question of *Laos* and the Double Veto in the Security Council, AJIL, 1960, Bd. 54, S. 118 - 131.

— *Voting* in the Security Council: Abstention from Voting and Absence from Meetings, Yale Law Journal, 1951, Bd. 60, S. 209 - 257.

Guckel, Peter: Die *Streitbeilegungsvorschriften* in den Satzungen der Internationalen Organisationen mit Ausnahme der Vereinten Nationen und der Europäischen Gemeinschaften, Bonn 1962.

Gunst, Dietrich W.: Der *Begriff der Souveränität* im modernen Völkerrecht, Berlin 1953.

Gutteridge, J. A. C.: The *United Nations* in a Changing World, Dobbs Ferry 1969.

Hagemann, Max: *Der provisorische Frieden;* Die Bauprinzipien der internationalen Ordnung seit 1945, Erlenbach 1964.

Halderman, John W.: *Regional* Enforcement Measures and the United Nations, Georgetown Law Journal, 1963, Bd. 52, S. 89 - 118.

— *The United Nations* and the Rule of Law, New York 1966.

Harley, John Eugene: Documentary *Textbook* on the United Nations, 2. Aufl., Los Angeles 1950.

Hasluck, Paul: *Workshop* for Security, Melbourne 1948.

Haviland, H. Field: The *Political Role* of the General Assembly, New York 1951.

Henderson, William: *Pacific Settlement* of Disputes: the Indonesian Question 1946 - 1949, New York 1954.

Higgins, Rosalyn: The Advisory Opinion on *Namibia:* Which UN Resolutions are Binding under Article 25 of the Charter?, International and Comparative Law Quarterly, Bd. 21, 1972, S. 270 - 286.

— *Conflicts* of Interests: International Law in a Divided World, London 1965.

— The *Development* of International Law through the Political Organs of the United Nations, London - New York - Toronto 1963.

— *The Place* of International Law in the Settlement of Disputes by the Security Council, AJIL, 1970, Bd. 64, S. 1 - 18.

— The United Nations and *Lawmaking:* The Political Organs, Proceedings of the American Society of International Law, in: AJIL, 1970, Bd. 64, S. 37 - 48.

— United Nations *Peacekeeping* 1946 - 1967; Documents and Commentary, Bd. 1: The Middle East, London - New York - Toronto 1969; Bd. 2: Asia, London - Bombay - Karachi - Kuala Lumpur 1970.

Hilmi, Abbas: Die *Unvollkommenheit* der Satzung der Vereinten Nationen, Bonn 1952.

Hinsley, Francis Harry: *Power* and the Pursuit of Peace: Theory and Practice in the History of Relations between States, Cambridge 1963.

Höhne / Rose (Hrsg.): *Handbuch* der Internationalen Organisationen, Berlin 1969.

Hogg, James F.: The International Court: Rules of *Treaty Interpretation*, Minnesota Law Review, 1958 - 59, Bd. 43, S. 369 - 441.

Holborn, Louise W. (ed.): *War and Peace* Aims of the United Nations, Bd. 2, Boston 1948.

Hudson, Manley O.: *Compulsory* Jurisdiction of the International Court of Justice, Proceedings of the American Society of International Law, 1946, Bd. 40, S. 12 - 21.

Hull, Cordell: The *Memoirs* of Cordell Hull, Bd. 2, London 1948.

Institute d'étude du Developpement Economique et Social *de l'Université de Paris: Les Nations Unies* chantier de l'avenir, Bd. 2: Les Nations Unies au service de la paix, Paris 1962.

Institute for International Politics and Economy: New Trends in International Law, Beograd 1961.

Jacob, Phillip E. / *Atherton*, Alexine L.: The *Dynamics* of International Organization. The Making of World Order, Hornewood 1965.

Jenks, Wilfried: *Some Constitutional Problems* of International Organizations, BYBIL, 1945, Bd. 22, S. 11 - 72.

— *Unanimity*, The Veto, Weighted Voting, Special and Simple Majorities and Consensus as Modes of Decision in International Organizations, in: Cambridge Essays in International Law. Essays in Honour of Lord McNair, London - New York 1965, S. 48 - 63.

Jessup, Philip C.: *Parliamentary Diplomacy*, and Examination of the Legal Quality of the Rules of Procedure of the Organs of the United Nations, RdC, 1956, Bd. 89, S. 185 - 320.

Jiménez de Arechaga, Eduardo: *Derecho* constiticional de las Naciones Unidas, Madrid 1958.

Jiménez de Arechaga, Eduardo: *Le traitement* des différends internationaux par le Conseil de Sécurité, RdC, 1954, Bd. 85, S. 5 - 105.

— *Voting* and the Handling of Disputes in the Security Council, New York 1950.

Johnsen, Julia E. (ed.): *United Nations* or World Government, New York 1947.

Johnson, D. H. N.: The *Effect* of Resolutions of the General Assembly of the United Nations, BYBIL, 1955 - 56, Bd. 32, S. 97 - 123.

Jones, J. Mervyn: *Corfu Channel* Case-Jurisdiction, Transactions of the Grotius Society, 1949, Bd. 35, S. 91 - 112.

Jully, Laurent: *Le premier arrêt* de la Cour Internationale de Justice, Friedenswarte, 1948, S. 144 - 157.

Kahng, Tae Jin: *Law,* Politics and the Security Council, The Hague, 1964.

Kappelmann, Uwe: *Die Geschäftsordnungen* internationaler Organisationen unter besonderer Berücksichtigung der Allgemeinen Versammlung der Vereinten Nationen, Mainz 1956.

Karaosmanoglu, Ali L.: *Les actions* militaires coercitives et non coercitives des Nations Unies, Lausanne 1970.

Kay, David A. (ed.): The *United Nations* Political System, New York 1967.

Kelsen, Hans: *Collective Security* and Collective Self-Defense under the Charter of the United Nations, AJIL, 1948, Bd. 42, S. 783 - 796.

— The Law of the United Nations, London 1951.
(Zit.: UN Law).

— *Limitations* on the Functions of the United Nations, Yale Law Journal, 1945 - 46, Bd. 55, S. 997 - 1015.

— The Old and the New League: The Covenant and the *Dumbarton Oaks* Proposals, AJIL, 1945, Bd. 39, S. 45 - 83.

— E possible e desiderabile definire *l'aggressione,* in: Scritti di Diritto Internazionale in onore di Tomaso Perassi, Milano 1957, Bd. 2, S. 3 - 19.

— *Organization* and Procedure of the Security Council of the United Nations, Havard Law Review 1945 - 46, Bd. 59, S. 1087 - 1121.

— *Sanction* in International Law under the Charter of the United Nations, Iowa Law Review, 1946, Bd. 31, S. 499 - 543.

— The *Settlement* of Disputes by the Security Council, International Law Quarterly, 1948 - 49, Bd. 2, S. 172 - 213.

Kerley, Ernest L.: *The Powers* of Investigation of the United Nations Security Council, AJIL, 1961, Vol. 55, S. 892 - 918.

Kewenig, Wilhelm A.: Das Problem der *Bindungswirkung* von Empfehlungen des Sicherheitsrates, in: Festschrift für Ulrich Scheuner, Berlin 1973, S. 259 - 284.

Khan, Rahmatulla: *Collective Security* Versus Preventive Diplomacy: The Role of the United Nations in the Maintenance of World Security, Indian Journal of International Law, 1964, Bd. 4, S. 408 - 427.

Klein, Friedrich: *Das Vetorecht* der Großmächte im Weltsicherheitsrat, AöR, 1948, Bd. 74, S. 3 - 44.

Koo, Wellington jr.: *Voting Procedures* in International Political Organizations, New York 1947.

Kooijmans, P. H.: *The Advisory Opinion on Namibia* of the International Court of Justice, Nederlands Tijdschrift voor Internationaal Recht, Jahrgang XX, 1973, S. 17 - 25.

Kopelmanas, Lazare: L'*Organisation* des Nations Unies. I. L'Organisation constitutionelle de l'ONU, Paris 1947.

— The Problem of *Aggression* and the Prevention of War, AJIL, 1937, S. 244 - 257.

Korowicz, Marc-Stanislas: *Organisations* internationales et souverainité des Etats membres, Paris 1961.

Korowin, J.: *The Second World War* and International Law, AJIL, 1946, Bd. 40, S. 742 - 755.

— Die UN-Satzung und die *Grundprinzipien* der internationalen Beziehungen, Neue Zeit, 1955, Nr. 25, S. 3 - 6.

Kotani, Hidejiro: *Peacekeeping:* Problems for Smaller Countries, International Journal, 1964, Bd. 19, S. 308 - 325.

Krüger, Herbert: *Souveränität* und Staatengemeinschaft, Berichte der Deutschen Gesellschaft für Völkerrecht, Heft 1, Karlsruhe 1957, S. 1 - 26.

Krüger, Joachim: Zur Arbeit des UN-*Sicherheitsrates*, Deutsche Außenpolitik, Sonderheft 1: UNO Bilanz 1970/71, 1971, S. 45 - 58.

Kruse, Hans: *Implied Powers* und Implied Limitations, ArchdVR, 1953/54, Bd. 4, S. 169 - 182.

Kunz, Josef L.: *Sanctions* in International Law, AJIL, 1960, Bd. 54, S. 324 - 347.

Kutzner, Gerhard: Die Organisation der Amerikanischen Staaten, Hamburg 1970.
(Zit.: OAS).

Kybal, Vlastimil: The *Atlantic Charter*, World Affairs Interpreter, 1942, Bd. 12, S. 367 - 381.

Lacharrière, Guy de: *Consensus* et Nations Unies, AfDI, 1968, S. 9 - 14.

Lachs, Manfred: Le problème de la *revision* de la Charte des Nations Unies, RGDIP, 1957, Bd. 61, S. 51 - 70.

Langenhoven, Fernand van: La *crise* du système de sécurité collective des Nations Unies 1946 - 1957, Den Haag 1958.

Lapenna, Ivo: *Conceptions* soviétique de droit international public, Paris 1954.

Laurent, Louis S.: The *Charter* of the United Nations, Canadian Bar Review, 1948, Bd. 26, S. 363 - 372.

Lauterpacht, Hersch: *Restrictive Interpretation* and the Principle of Effectiveness in the Interpretation of Treaties, BYBIL, 1949, Bd. 26, S. 48 - 85.

Leichter, Otto: 19. Vollversammlung vertagt — *Krise* dauert an, VN, 1965, S. 37 - 47.

Levi, Werner: *Fundamentals* of World Organization, Minneapolis 1950.

Levontin, A. V.: *The Myth* of International Security: A Juridicial and Critical Analysis, Jerusalem 1957.

Lewan, Kenneth: *Die Vereinten Nationen* und der Anfang des Koreakonfliktes, VN, 1972, S. 124 - 138.

Liang, Yuen-Li: *The Settlement* of Disputes in the Security Council, BYBIL, 1947, Bd. 24, S. 330 - 359.

Lissitzyn, Oliver J.: *International Law* and the Advisory Opinion on Namibia, Columbia Journal of Transnational Law, Vol. 11, 1972, S. 50 - 73.

Mac Gibbon, I. C.: The Scope of *Acquiescence* in International Law, BYBIL, 1954, Bd. 31, S. 143 - 186.

Mahnke, Hans-Heinrich: Das Problem der Einheit der *Völkerrechtsgemeinschaft* und die Organisation der internationalen Sicherheit, Berlin 1965.

— *Die beiden deutschen Staaten* in den Vereinten Nationen, VN, 1973, S. 112 - 117.

Malintoppi, Antonio: Le *raccomandazioni* internazionali, Milano 1958.

Mangone, Gerard J.: A Short *History* of International Organization, New York - Toronto - London 1954.

Mani, V. S.: The Advisory Opinion in *Namibia* Case: A Critique, The Indian Journal of International Law, Vol. 11, 1971, S. 467 - 480.

Manin, Philippe: L'Organisation des Nations Unies et *le maintien* de la paix, Paris 1971.

Martin, Andrew / *Edwards,* John B. S.: The *Changing Charter;* A Study of the Reform of the United Nations, London 1955.

McDougal, Myres / *Gardner,* Richard N.: The *Veto* and the Charter: An Interpretation for Survival, Yale Law Review, 1951, Bd. 60, S. 258 - 292.

McDougal, Myres S. / *Laswell,* Harold D. / *Miller,* James C.: The *Interpretation* of Agreements and World Public Order, New Haven - London 1967.

Mecham, John Lloyd: The *Integration* of the Inter-American Security System into the United Nations, Journal of Politics, 1947, Bd. 9, S. 178 - 196.

Meder, Walter: Die Stellung der *Sowjetunion* zur UNO, Jahrbuch für internationales und ausländisches öffentliches Recht, 1949, S. 754 - 765.

Meeker, Leonard C.: *Defensive Quarantine* and the Law, AJIL, 1963, Bd. 57, S. 515 - 524.

Menning: Der deutsche Aufnahmeantrag im Sicherheitsrat, VN, 1973, S. 105 - 107.

Merleau-Ponty, Jacques: *San Francisco* et l'organisation de la paix, Paris 1945.

Miller, E. M.: *Legal Aspects* of the United Nations Action in the Congo, AJIL, 1961, Bd. 55, S. 1 - 28.

Miller, Linda B.: *World Order* and Local Disorder: The United Nations and International Conflict, Princeton 1967.

Morgenthau, Hans J.: *Peace,* Security and the United Nations, Chicago 1946.

Murray, G. S.: United Nations *Peace-Keeping* and Problems of Political Control, International Journal, 1963, Bd. 18, S. 442 - 457.

Murty, B. S.: *Settlement* of Disputes, in: Max Sørensen (ed.): Manual of Public International Law, London 1968, S. 673 - 737.

Nagel, Heinrich: *Einige rechtsvergleichende Bemerkungen* zu den Empfehlungen der Vereinten Nationen, des Europarates und des Nordischen Rates, Internationales Recht und Diplomatie, 1958, S. 223 - 235.

Nagel, Heinrich: *Lassen die Empfehlungen* der Vereinten Nationen Rückschlüsse auf die rechtliche Natur der Empfehlungen des Europarates und des Nordischen Rates zu?, Nordisk Tidskrift for International Ret og Jus Gentium, 1960, S. 52 - 72.

Nicholas, Herbert: UN *Peace Forces* and the Changing Globe: The Lessons of Suez and Congo, IO, 1963, Bd. 17, S. 321 - 337.

Nincic, Djura: The Problem of *Sovereignty* in the Charter and the Practice of the United Nations, Den Haag 1970.

Nisot, Joseph: *La Namibie* et la Cour Internationale de Justice; L'avis consultatif du 21 Juin 1971, RGDIP, 1971, Bd. 75, S. 933 - 943.

Nölle, Werner: Der *Kampf* der Sowjetunion in den Vereinten Nationen für Frieden und internationale Zusammenarbeit, Jena - Leipzig 1956.

Oeser, Edith: Die *friedliche Lösung* internationaler Konflikte, Wissenschaftliche Zeitschrift der Humboldt-Universität zu Berlin, 1969, 18. Jahrgang, S. 993 - 1007.

Oldenhage, Gerd: *Die Reaktions*maßnahmen internationaler Organisationen gegen Pflichtverletzungen ihrer Mitgliedstaaten, Göttingen 1963.

Oppenheim, L. / *Lauterpacht,* H.: International Law, Bd. 1: Peace, 8. Aufl., London 1955; Bd. 2: Disputes, War and Neutrality, 7. Aufl., London 1952.

Padelford, Norman J.: Financing *Peacekeeping:* Politics and Crises, IO, 1965, Bd. 19, S. 444 - 462.

— Fourth Commission: The *Judicial Organization,* International Conciliation, 1945, S. 469 - 479.

van Panhuys, Brinkhorst, Maas u. a.: International Organisation and Integration, Deventer - Leyden 1968.

Peaslee, Amos J.: United Nations *Government,* New York 1945.

Polak, Karl: Das *System* der kollektiven Sicherheit — die Grundlage des Völkerrechts, Neue Justiz, 1955, S. 419 - 423, 547 - 552.

Pompe: Aggressive War and International Crime, Den Haag 1953.

Popper, David H.: *Lessons* of the United Nations Peacekeeping in Cyprus, Proceedings of the American Society of International Law, in: AJIL, 1970, Vol. 64, S. 1 - 9.

Possony, Stefan T.: *Peace* Enforcement, Yale Law Journal, 1946, Bd. 55, S. 910 - 949.

Preuss, Lawrence: Article 2, paragraph 7 of the Charter of the United Nations and Matters of *Domestic Jurisdiction,* RdC, 1949, Bd. 74, S. 547 - 652.

Preux, Jean de: *Le droit de veto* dans la Charte des Nations Unies, Paris 1949.

Qual, Lino di: *Les effets* des résolutions des Nations Unies, Paris 1967.

Rama-Montaldo, Manuel: International Legal Personality and *Implied Powers* of International Oganization, BYBIL, 1970, Bd. 44, S. 111 - 156.

Razi, G. M.: La *compétence* de l'Assemblée Générale de l'ONU, Revue de Droit International pour le Moyen Orient, 1952 - 53, Bd. 2, S. 36 - 66.

Reuter, Paul: International *Institutions,* London 1958.

Reuter, Paul: Les *organes subsidiaires* des organisations internationales, in: Hommage d'une Génération des Juristes au Président Basdevant, Paris 1960, S. 415 - 440.

Riad, Fouad A. M.: *The United Nations Action in the Congo* and its Legal Basis, Revue Egyptienne de Droit International, 1961, Bd. 17, S. 1 - 53.

Rittberger, Volker: *Die Vereinten Nationen* als Institution und ihre friedenserhaltende Funktion, in: Möglichkeiten der Friedenssicherung heute, Politische Bildung, 1967, Heft 3, S. 28 - 59.

Röling, Bert, V. A.: *International Law* and the Maintenance of Peace, Netherlands Yearbook of International Law, Vol. 4, 1973, S. 1 - 103.

Rosenne, Shabtai: *The Law and Practice* of the International Court, 2 Bde., Leyden 1965.

Rosner, Gabriella: The United Nations *Emergency Force,* New York - London 1963.

Rosner-Lande, Gabriella: The Changing *Effectiveness* of General Assembly Resolutions, Proceedings of the American Society of International Law, 1964, S. 162 - 170.

Ross, Alf: *Constitution* of the United Nations: Analysis of Structure and Function, New York 1950.

— The United Nations *Peace and Progress,* Totowa 1966.

Rouyer-Hameray, Bernard: Les *compétences implicites* des organisations internationales, Paris 1962.

Rovine, Arthur W.: The World Court's Opinion on *Namibia,* Columbia Journal of Transnational Law, Vol. 11, 1972, S. 203 - 239.

Roy, S. N. Guha: *The World Court's* Advisory Opinion of 20 July 1962 on Certain Expenses of the United Nations, ÖZöR NF, 1965, Bd. 15, S. 179 - 269.

Rudzinski, Aleksander Witold: *Majority* Rule versus Great Power Agreement in the United Nations, IO, 1955, Bd. 9, S. 366 - 375.

Russell, Ruth B.: *Development* by the United Nations of Rules Relating to Peacekeeping, Proceedings of the American Society of International Law, 1965, S. 53 - 60.

— United Nations *Experiences* with Forces: Political and Legal Aspects, Washington 1964.

Russell, Ruth B. / *Muther,* Jeanette E.: A History of the United Nations Charter. The Role of the United States 1940 - 1945, London 1958.

Salomon, André: L'ONU et la paix; *le Conseil de Sécurité* et le règlement pacifique de différends, Paris 1948.

Scelle, Georges: *Cours* de Droit International Public, Paris 1948.

Schachter, Oscar: The *Enforcement* of International Judicial and Arbitral Decisions, AJIL, 1960, Bd. 54, S. 1 - 24.

— *Legal Aspects* of the United Nations Action in the Congo, AJIL, 1961, Bd. 55, S. 1 - 28.

— *The Place* of Law in the United Nations, Annual Review of United Nations Affairs, 1950, S. 205 - 223.

— The *Relation* of Law, Politics and Action in the United Nations, RdC, 1963, Bd. 109, S. 169 - 256.

Schaeffer, Uli: Die Vereinigten Staaten und das *Veto* in den Vereinten Nationen, Freiburg 1961.

Scharnow, Wolfgang: *Vereinigte Nationen* und Völkerbund. Ein Vergleich auf völkerrechtlicher Grundlage, Tübingen 1948.

Scheuner, Ulrich: Die *kollektive Sicherung* des Friedens im gegenwärtigen Völkerrecht, Berichte der Deutschen Gesellschaft für Völkerrecht, 1958, Heft 2, S. 1 - 23.

Schlüter, Hilmar: *Die politische Funktion* des Sicherheitsrates der Vereinten Nationen von 1945 bis 1950, Bonn 1970.

Schneider, J. W.: *Congo Force* and Standing U. N. Force: Legal Experience with ONUC, Indian Journal of International Law, 1964, Bd. 4, S. 269 - 300.

Schwarz-Liebermann von Wahlendorf, Hans Albrecht: *Mehrheitsentscheidung* und Stimmenwägung, Tübingen 1953.

Schwarzenberger, Georg: *Legal Problems* of a United Nations Force, in: International Law Commission; Report of the 49th Conference held at Hamburg 8. - 12. 8. 1960, Hamburg 1960, S. 96 - 99, 130 - 152.

— Machtpolitik, Tübingen 1955.

Schwebel, Stephan M. (ed.): The *Effectiveness* of International Decisions, Leyden 1971.

Schwelb, Egon: Neue Etappen der *Fortentwicklung* des Völkerrechts durch die Vereinten Nationen, ArchdVR, 1966 - 67, Bd. 13, S. 1 - 52.

Segal, Ronald (ed.): *Sanctions* against South Africa, Harmondsworth 1964.

Seidl-Hohenveldern, Ignaz: Das *Recht* der Internationalen Organisationen einschließlich der supranationalen Gemeinschaften, 2. Aufl., Köln 1971.

Seyersted, Finn: *Objective* International Personality of Intergovernmental Organisations, Nordisk Tidsskrift for International Ret og Jus Gentium, 1964, Bd. 34, S. 1 - 112.

— Can the United Nations Establish *Military Forces* and Perform Other Acts without Specific Basis in the Charter, ÖZöR (NF), 1962 - 63, Bd. 12, S. 188 - 229.

— United Nations Force: Some *Legal Problems*, BYBIL, 1961, Bd. 37, S. 351 - 475.

— United Nations *Forces* in the Law of Peace and War, Leyden 1966.

Sibert, Marcel: *Traité* de Droit International Public, Bd. 2, Paris 1951.

Siegler, Heinrich von: Die Vereinten Nationen — Eine *Bilanz* nach 20 Jahren, Bonn 1966.

Simmonds, R.: *Legal Problems* Arising from the United Nations Military Operations in the Congo, Den Haag 1968.

Skubiszewski, Krzysztof: A New Source of the Law of Nations: *Resolutions* of International Organizations, in: Recueil d'études de droit international en Hommage à Paul Guggenheim, Genf 1968, S. 508 - 520.

— *Use of Force* by States; Collective Security; Law of War and Neutrality, in: Max Sørensen: Manual of Public International Law, London 1968, S. 739 - 854.

Sloan, F. Blaine: The Binding Force of a *Recommendation* of the General Assembly of the United Nations, BYBIL, 1948, Bd. 25, S. 1 - 33.

Sloan, F. Blaine: *Enforcement* of Arbitral Awards in International Agencies, Arbitration Journal, 1948, Bd. 3, S. 134 - 146.

Sohn, Louis B.: The *Authority* of the United Nations to Establish and Maintain a Permanent United Nations Force, AJIL, 1958, Bd. 52, S. 229 - 240.

— *Cases* and Materials on United Nations Law, London 1956.

Spartafora, Marcello: Gli *interventi* collettivi delle Nazioni Unite e il parere della Corte Internazionale di Guistizia del 20 luglio 1962, RDI, 1964, Bd. 47, S. 23 - 49.

Stavropoulos, Constantin A.: The Practice of Voluntary *Abstentions* by Permanent Members of the Security Council under Article 27, Paragraph 3, of the Charter of the United Nations, AJIL, 1967, Bd. 61, S. 737 - 752.

Stone, Julius: *Legal Controls* of International Conflict; A Treatise on the Dynamics of Disputes — and War-Law, 2. Aufl., London 1959.

Swedish Institute of International Affairs: *Peace and Security* after the Second World War, Uppsala 1945.

Szekely, Jules de: Le *règlement* pacifique des différends internationaux selon les dispositions de la Charte des Nations Unies, Revue de Droit International de Sciences Diplomatiques et Politiques, 1947, S. 314 - 332.

Tammes, A. J. P.: *Decisions* of International Organs as a Source of International Law, RdC, 1958, Bd. 94, S. 265 - 363.

Tandon, Yashpal: *Consensus* and Authority behind United Nations Peace Keeping Operations, IO, 1967, Bd. 21, S. 254 - 283.

Thompson, Kenneth: *Collective Security* Reexamined, American Political Science Review, 1953, Bd. 47, S. 753 - 773.

Tunkin, Grigori: Die *rechtliche Natur* der UNO und der Weg zur Festigung der internationalen Organisation, VN, 1965, S. 121 - 126.

— Das *Völkerrecht* der Gegenwart, Berlin 1963.

United Kingdom: A Commentary on the Charter of the United Nations, London 1945 (Miscellaneous No. 9; Cmd. 6666).
(Zit.: UK, Charter of the UN.)

United Kingdom Government: A Commentary on the Dumbarton Oaks Proposals for the Establishment of a General International Organization, London 1944.
(Zit.: UK Commentary.)

United Nations: Repertory of the Practice of United Nations Organs,
Bd. 1: Articles 1 - 22, New York 1955.
(Zit.: UN Rep. I.)
Bd. 2: Articles 23 - 54, New York 1955.
(Zit.: UN Rep. II.)

United Nations: Repertory of the Practice of the Security Council,
Supplement 1952 - 1955, New York 1957 (ST/PSCA/1/Add 1).
(Zit.: SC Rep. 52/55.)
Supplement 1956 - 1958, New York 1959 (ST/PSCA/1/Add 2).
(Zit.: SC Rep. 56/58.)
Supplement 1959 - 1963, New York 1965 (ST/PSCA/1/Add 3).
(Zit.: SC Rep. 59/63.)

Supplement 1964 - 1965, New York 1968 (ST/PSCA/Add 4).
(Zit.: SC Rep. 64/65.)
Supplement 1966 - 1968, New York 1971 (ST/PSCA/Add 5).
(Zit.: SC Rep. 66/68.)

United Nations Conference on International Organization: Documents, 16 Bde., London - New York 1945.
(Zit. UNCIO Bd. , S. .)

United States Department of State: Charter of the United Nations: Report to the President on the Results of the San Francisco Conference, by the Chairman of the United States Delegation, the Secretary of State, Washington 1945.
(Zit.: US Report to the President.)

United States Congress. Senate. Committee on Foreign Relations: The Charter of the United Nations. Hearings before the Committee on Foreign Relations, United States Senate, 79th Congress, 1st Session on the Charter of the United Nations for the Maintainance of International Peace and Security, submitted by the President of the United States on July 2, 1945 (Revised) July 9 - 13, 1945, Washington 1945.
(Zit.: US Senate, Hearings.)

United States Congress. Senate: Revision of the United Nations Charter, 81st Congress, 2nd Session, Report No. 2501, Washington 1950.
(Zit.: US Senate, Revision.)

United States Congress. Senate. Committee on Foreign Relations. Subcommittee on the United Nations Charter: Pacific Settlement of Disputes in the United Nations, 83rd Congress, 2nd Session, Staff Study No. 5, Washington 1954.
(Zit.: US Senate, Pacific Settlement.)

United States Congress. Senate. Committee on Foreign Relations. Subcommittee on the United Nations Charter: Review of the United Nations Charter: A Collection of Documents, 83rd Congress, 2nd Session, Senate Doc. No. 87, Washington 1954.
(Zit.: US Senate, Review.)

Universities Committee on Post-War International Problems: The Dumbarton Oaks Proposals: The *Enforcement of Peace,* International Conciliation, 1945, S. 659 - 669.

— *Peaceful Settlement* of International Disputes, International Conciliation, 1945, S. 670 - 681.

Uschakow, Alexander: Die friedliche *Beilegung* internationaler Streitigkeiten, in: Maurach, Reinhart / Meissner, Boris: Völkerrecht in Ost und West, Stuttgart - Berlin - Köln - Mainz 1967, S. 219 - 240.

— *Das Prinzip der Einstimmigkeit* der Großmächte in der Organisation der Vereinten Nationen, Berlin 1958.

Vallat, Francis: The *Competence* of the United Nations General Assembly, RdC, 1959, Bd. 97, S. 203 - 292.

— The *Peaceful Settlement* of Disputes, in: Cambridge Essays in International Law; Essays in Honour of Lord McNair, London - New York 1965, S. 155 - 177.

Verdross, Alfred: *Idées* directrices de l'Organisation des Nations Unies, RdC, 1953, Bd. 83, S. 1 - 75.

Virally, Michel: *La valeur* juridique des recommendations des organisations internationales, AfDI, 1956 (II), S. 66 - 96.

Visscher, Charles de: *Theory* and Reality in Public International Law, Princeton 1957.

Vulcan, Constantin: *L'Exécution* des décisions de la Cour Internationale de Justice d'après la Charte des Nations Unies, RGDIP, 1947, Bd. 51, S. 187 - 205.

Walters, Francis Paul: A History of the League of Nations, London - New York - Toronto 1960, Reprint.

Waters, Maurice (ed.): The *United Nations:* International Organization and Administration, New York - London 1967.

Wehberg, Hans: *Einführung* in die Satzung der Vereinten Nationen, Friedenswarte, 1945, S. 329 - 393.

Weinschel, Herbert: The Doctrine of the *Equality* of States and its Recent Modifications, AJIL, 1951, Bd. 45, S. 417 - 442.

Wengler, Wilhelm: *Nichtanerkennung* völkerrechtswidriger Ausübung von Gebietshoheit, NJW, 1971, S. 1493 - 1494.

Wilcox, Francis O.: The *Atlantic Community* and the United Nations, IO, 1963, Bd. 17, S. 683 - 708.

— The Rule of *Unanimity* in the Security Council, Proceedings of the American Society of International Law, 1946, S. 51 - 63.

— How the United Nations *Charter* has Developed, The Annals of the American Academy of Political and Social Science, 1954, Bd. 296, S. 1 - 13.

— The *Yalta* Voting Formula, American Political Science Review, 1945, Bd. 39 (II), S. 943 - 956.

Wild, Payson S. jr.: *Sanctions* and Treaty Enforcement, Cambridge 1934.

Wright, Quincy: *Accomplishments* and Expectations of World Organization, Yale Law Journal, 1945 - 46, Bd. 55, S. 870 - 888.

— International Law and the United Nations, London 1960.

— The Study of *International Relations,* New York 1955.

Wünsche, Harry: Die Vereinten Nationen, Berlin 1966.

Ziebura, Gilbert (Hrsg.): *Nationale Souveränität* oder übernationale Integration?, Berlin 1966.

Urteile und Gutachten des StIGH und IGH

„Article 3, Paragraph 2, of the Treaty of Lausanne (Frontier between Turkey and Iraq)“, Publications of the Permanent Court of International Justice, Ser. B., No. 12.

„Corfu Channel Case“, Judgement of Preliminary Objection, ICJ Reports, 1948, S. 15.

„Corfu Channel Case“, Judgement of April 9th, 1949, ICJ Reports, 1949, S. 4.

„Corfu Channel Case“, „Pleadings, Oral Arguments, Documents“, Vol. III, ICJ Reports 1950.

„Admission of a State to the United Nations (Charter Art. 4)“, Advisory Opinion, ICJ Reports 1948, S. 57.

„Reparation for Injuries Suffered in the Service of the United Nations“, Advisory Opinion, ICJ Reports 1949, S. 174.

„Reparation for Injuries Suffered in the Service of the United Nations“, „Pleadings, Oral Arguments, Documents“, 1949.

„Interpretation of Peace Treaties (Second Phase)“, Advisory Opinion, ICJ Reports 1950, S. 221.

„Competence of the Assembly Regarding Admission to the United Nations“, Advisory Opinion, ICJ Reports 1950, S. 4.

„Anglo-Iranian Oil Co. Case“, Order of July 5th, 1951, ICJ Reports 1951, S. 89.

„Anglo-Iranian Oil Co. Case“, Judgement on Preliminary Objections of July 22nd, 1952, ICJ Reports 1952, S. 93.

„Effect of Awards of Compensation Made by the United Nations Administrative Tribunal“, Advisory Opinion, ICJ Reports 1954, S. 47.

„Certain Expenses of the United Nations (Art. 17 Paragraph 2 of the Charter)“, Advisory Opinion, ICJ Reports 1962, S. 151.

„Certain Expenses of the United Nations (Art. 17 Paragraph 2 of the Charter)“, „Pleadings, Oral Arguments, Documents“, 1962.
(Zit.: „Certain Expenses“ Vol. I.)

„Legal Consequences for States of the Continued Presence of South Africa in Namibia, notwithstanding Security Council Resolution 276 (1970)“, Advisory Opinion, ICJ Reports 1971, S. 16.

„Vol. I: Request for Advisory Opinion: Documents; Written Statements“, ICJ Reports 1971.

„Vol. II: Oral Statements and Correspondence“, ICJ Reports 1971.

FSC
www.fsc.org
MIX
Papier | Fördert
gute Waldnutzung
FSC® C083411

Kolibri 360 GmbH
Ferdinand-Jühlke-Straße 7
99095 Erfurt, Deutschland
produktsicherheit@kolibri360.de

Druck:
CPI Druckdienstleistungen GmbH
im Auftrag der
Kolibri 360 GmbH
Ferdinand-Jühlke-Str. 7
99095 Erfurt